职业教育·城市轨道交通类专业教材

城市轨道交通
无线集群系统与设备维护

Chengshi Guidao Jiaotong
Wuxian Jiqun Xitong yu Shebei Weihu

张 荐 宋 团 主 编
薛 瑞 张 磊 副主编
张利彪 聂伯霖 主 审

人民交通出版社股份有限公司
China Communications Press Co., Ltd.

内 容 提 要

本书是职业教育城市轨道交通类专业教材。本书依据教育部发布的《高等职业学校城市轨道交通通信信号技术专业教学标准》编写，对城市轨道交通无线集群系统与设备维护的课程标准进行了深度研讨，以城市轨道交通企业对通信信号技术相关工作人员的素质、技能要求为基础，采用模块单元式教学设计编写了本教材。本书共9个模块，从无线通信、移动通信的基本知识讲起，引导学生认知无线集群通信系统并掌握 TETRA、PDT、iDEN、GoTa、GT800 等系统相关设备的应用与维护。

* 本教材配套丰富的助学助教资源，其中课件、课程标准、教案、案例分析、实训工单、习题及答案仅向任课教师提供，请有需求的任课教师通过加入职教轨道教学研讨群（QQ号 129327355）获取。

图书在版编目（CIP）数据

城市轨道交通无线集群系统与设备维护 / 张荐，宋团主编. —北京：人民交通出版社股份有限公司，2021.6（2025.2重印）
ISBN 978-7-114-16116-2

Ⅰ. ①城… Ⅱ. ①张… ②宋… Ⅲ. ①城市铁路—轨道交通—无线电通信—维护 Ⅳ. ①U239.5

中国版本图书馆 CIP 数据核字（2019）第 287669 号

职业教育·城市轨道交通类专业教材

书　　名：	城市轨道交通无线集群系统与设备维护
著 作 者：	张　荐　宋　团
责任编辑：	钱　堃
责任校对：	刘　芹
责任印制：	张　凯
出版发行：	人民交通出版社股份有限公司
地　　址：	(100011) 北京市朝阳区安定门外外馆斜街3号
网　　址：	http://www.ccpcl.com.cn
销售电话：	(010)85285911
总 经 销：	人民交通印务有限公司发行部
经　　销：	各地新华书店
印　　刷：	北京印匠彩色印刷有限公司
开　　本：	787×1092　1/16
印　　张：	18
字　　数：	430千
版　　次：	2021年6月　第1版
印　　次：	2025年2月　第4次印刷
书　　号：	ISBN 978-7-114-16116-2
定　　价：	49.00元

（有印刷、装订质量问题的图书由本公司负责调换）

【编写背景】

随着我国城市轨道交通线网规模持续扩大,城市轨道交通系统安全运行的压力日益增大。城市轨道交通系统设备先进、结构复杂,高新技术在该系统中的应用越来越普遍,高素质专业化人才队伍是该系统安全和高效运行的保障。

2018年7月,教育部发布了《高等职业学校城市轨道交通通信信号技术专业教学标准》。为了培养城市轨道交通通信系统相关岗位高水平人才,本书编写团队依据以上教学标准,对城市轨道交通无线集群系统与设备维护的教学标准进行了研讨,以城市轨道交通企业对从事通信信号工作人员的素质、技能、业务要求为基础,以模块化教学为出发点,设计了学习任务、实训工单、二维码数字资源等,是以学习者为中心进行教学设计、教材编写与数字资源开发的一体化教材。

【编写特色】

1. 贯彻教育部新标准,够学适用

本书依据《高等职业学校城市轨道交通通信信号技术专业教学标准》对城市轨道交通无线集群系统与设备维护课程的教学要求编写,采用模块单元式教学设计,内容难易适中。

2. 紧贴职业岗位需求,实用性强

本书以城市轨道交通通信工、信号工岗位所需要的理论知识和操作技能为主线,重点介绍了无线集群系统设备基础知识及维护内容,具有较好实用性。

3. 以典型案例为载体,易教易学

本书编写团队通过深入地铁企业调研学习,吸取了一线工作人员的建议,在教材中融入了大量设备维护案例、作业标准等,例如北京地铁、武汉地铁的设备实物图片和典型维护案例,便于教师备课、授课的同时,也能使学生更好地进行知识学习和技能学习。

4. 配套丰富数字资源,一体化教材

本书是以学习者为中心进行教学设计、教材编写与数字资源开发的一体化教材。本书重难点通过二维码视频、动画资源辅助教学,配套有精心设计的教学课件、实训工单等,方便开展线上线下混合式教学。

【主要内容】

本书从无线通信、移动通信的基本知识讲起,通过对城市轨道交通通信系统相关知识

(主要以地铁为例)的介绍,引导学生认知无线集群系统,了解无线集群系统在城市轨道交通行业中的应用。本书详细介绍了无线集群通信的特点、方式、功能以及多址技术和信道控制方式;针对常用的 TETRA、GoTa 以及 GT800 做了类比;对无线集群系统设备在城市轨道交通中常见故障的分类及正确处理方式进行了举例分析。学生通过对本书内容的学习,可以对无线集群通信系统有一个基本的了解,从而建立城市轨道交通无线集群通信的整体概念。

【编写团队】

本书由北京交通运输职业学院张荐、武汉铁路职业技术学院宋团担任主编,北京交通运输职业学院薛瑞、张磊担任副主编。本书模块1、模块2、模块8、模块9由北京交通运输职业学院张荐老师编写;模块3~模块7由武汉铁路职业技术学院宋团老师编写。本书中所有的插图和课后习题由北京交通运输职业学院薛瑞老师、张磊老师完成。北京地铁通信信号有限公司的张莅远工程师、张硕工程师参与编写了单元9.2和单元9.3。全由北京交通运输职业学院通信信号技术专业带头人张利彪、爱立信(中国)通信有限公司聂伯霖高级工程师担任主审。

【教学资源】

本书配套丰富的助学助教资源,其中课件、课程标准、教案、案例分析、实训工单、习题及答案仅向任课教师提供,请有需求的任课教师通过加入职教轨道教学研讨群(QQ号129327355)获取。

【致谢】

本书的编写得到了北京市轨道交通运营管理有限公司、北京地铁运营有限公司、武汉铁路集团有限公司相关专家的指导和建议,得到了人民交通出版社股份有限公司编辑团队为书稿质量提升提供的支持和协助,在此谨向以上单位、人员以及本书直接或间接引用研究成果的作者表示深切的谢意。

由于编者水平有限,书中不妥之处在所难免,敬请广大读者批评指正。

编 者

2021年3月

目 录
CONTENTS

模块 1 无线传输基本概念 (1)
　单元 1.1　无线传输通信系统 (1)
　单元 1.2　无线通信方式 (37)
　单元 1.3　无线通信传输的干扰原因及消除方法 (39)
　实训任务 (43)
　思考与练习 (43)

模块 2 集群移动通信系统 (45)
　单元 2.1　通信系统概述 (45)
　单元 2.2　集群通信系统 (57)
　单元 2.3　集群通信系统组网形式 (66)
　单元 2.4　集群移动通信的功能 (68)
　单元 2.5　集群通信系统重要概念 (72)
　实训任务 (74)
　思考与练习 (74)

模块 3 数字集群通信系统关键技术 (76)
　单元 3.1　调制与编码 (76)
　单元 3.2　信道控制 (83)
　单元 3.3　信令 (84)
　实训任务 (88)
　思考与练习 (88)

模块 4 数字集群通信系统及其在城市轨道交通中的应用 (90)
　单元 4.1　数字集群通信系统 (90)
　单元 4.2　数字集群通信系统在城市轨道交通中的应用 (99)
　实训任务 (103)
　思考与练习 (103)

模块 5　TETRA 及其应用 …………………………………………………………（105）
　单元 5.1　TETRA 的基本概念 ……………………………………………………（105）
　单元 5.2　TETRA 技术应用 ………………………………………………………（111）
　单元 5.3　TETRA 设备组成 ………………………………………………………（122）
　实训任务 ……………………………………………………………………………（124）
　思考与练习 …………………………………………………………………………（125）

模块 6　GoTa 及其应用 …………………………………………………………（126）
　单元 6.1　GoTa 概述 ………………………………………………………………（126）
　单元 6.2　GoTa 关键技术 …………………………………………………………（129）
　单元 6.3　GoTa 技术应用 …………………………………………………………（135）
　实训任务 ……………………………………………………………………………（140）
　思考与练习 …………………………………………………………………………（141）

模块 7　GT800 及其应用 …………………………………………………………（142）
　单元 7.1　GT800 概述 ……………………………………………………………（142）
　单元 7.2　GT800 技术体制 ………………………………………………………（145）
　单元 7.3　GT800 的解决方案 ……………………………………………………（147）
　单元 7.4　GT800 的接口与信令 …………………………………………………（148）
　单元 7.5　GT800 的帧结构特性 …………………………………………………（148）
　单元 7.6　信道共享技术 …………………………………………………………（150）
　单元 7.7　语音编码技术 …………………………………………………………（151）
　单元 7.8　GT800 快速呼叫方式 …………………………………………………（155）
　单元 7.9　GT800 组成 ……………………………………………………………（156）
　实训任务 ……………………………………………………………………………（157）
　思考与练习 …………………………………………………………………………（157）

模块 8　城市轨道交通信号系统的无线传输技术 ………………………………（159）
　单元 8.1　空间无线信号的覆盖设施 ………………………………………………（159）
　单元 8.2　其他无线设备的认知 ……………………………………………………（195）
　实训任务 ……………………………………………………………………………（202）
　思考与练习 …………………………………………………………………………（202）

模块 9　城市轨道交通无线通信系统维检修与典型故障 ………………………（204）
　单元 9.1　无线通信系统设备概述 …………………………………………………（204）
　单元 9.2　无线通信系统维检修 ……………………………………………………（227）

单元 9.3　无线通信系统典型故障分析 …………………………………………（240）

实训任务 …………………………………………………………………………（249）

思考与练习 ………………………………………………………………………（249）

附录 1　课程标准 ……………………………………………………………………（250）

附录 2　无线通信系统常用缩略语 …………………………………………………（257）

参考文献 ………………………………………………………………………………（262）

模块 1　实训工单 ……………………………………………………………………（263）

模块 2　实训工单 ……………………………………………………………………（265）

模块 3　实训工单 ……………………………………………………………………（267）

模块 4　实训工单 ……………………………………………………………………（269）

模块 5　实训工单 ……………………………………………………………………（271）

模块 6　实训工单 ……………………………………………………………………（273）

模块 7　实训工单 ……………………………………………………………………（275）

模块 8　实训工单 ……………………………………………………………………（277）

模块 9　实训工单 ……………………………………………………………………（279）

二维码资源索引

序号	二维码	名称	页码	序号	二维码	名称	页码
1		数据传输技术	2	9		并行传输	37
2		动画模拟无线发送和接收模式1	2	10		线路交换技术	37
3		动画模拟无线发送和接收模式2	2	11		电路交换的三个阶段	50
4		模拟信号与数字信号	9	12		分组传输与重组	51
5		多路复用技术	16	13		电磁波传播	167
6		频分多路复用	16	14		电生磁、磁生电	168
7		同步时分多路复用	16	15		椭圆极化波	169
8		串行传输	37	16		无线电波的极化	170

模块 1　无线传输基本概念

学习目标

知识目标:重点掌握无线传输的基本概念,掌握无线传输的通信方式;了解无线通信和移动通信的分类;熟知影响无线传输的干扰因素以及改善的方法。

能力目标:能正确把握无线传输的基础知识和移动通信的基础知识;能正确画出无线通信系统的模型图。能够画出城市轨道交通中无线通信子系统的连接设备图,并对各个子系统的通信系统示意图进行设计。

素质目标:培养学生时刻关注无线通信的知识更新和新技术在无线通信传输中的应用,使学生养成刻苦学习、努力钻研的精神,锻炼学生通过网络等途径自主学习的能力。

建议学时

模块总学时 12 学时＝8 理论学时+2 实验学时+2 实训学时。

知识导航

无线传输的内容涉及很多方面,学生可首先从无线传输的基本概念入手,了解移动通信的基本概念,深入了解无线通信和移动通信的分类以及无线通信的特有技术;通过城市轨道交通中无线通信的使用,认真学习城市轨道交通的通信子系统,掌握无线通信方式中的单工、半双工、全双工及串行传输和并行传输,为掌握城市轨道交通无线通信技术打下基础。

单元 1.1　无线传输通信系统

学习任务

了解无线传输的定义和无线传输的通信原理;掌握无线传输通信相比于有线传输通信的优势;理解微波通信与卫星通信的相关概念和技术;掌握无线集群移动通信系统的发展概况,熟悉目前主流的数字集群移动通信系统,并了解各系统的特点;掌握城市轨道交通中各子系统之间的相互通信。

问题引导

各行各业的大系统是如何工作的？城市轨道交通在当今可以实现无人驾驶,车-地通信与人-车通信是怎样联系起来的？无线通信技术又将如何发展？

 知识学习

1.1.1 无线传输基本知识

1. 无线传输的定义

无线传输（Wireless transmission）是指利用无线技术进行数据传输的一种方式。无线传输和有线传输是对应的。随着无线传输技术的日益发展，其越来越被各行各业所接受。

2. 无线通信的原理

无线通信是利用电磁波信号可以在自由空间中传播的特性进行信息交换的一种通信方式。在移动中实现的无线通信又通称为移动通信，人们把二者合称为无线移动通信。简单讲，无线通信是仅利用电磁波而不通过线缆进行传输的通信方式。

数据传输技术

动画模拟无线发送
和接收模式 1

动画模拟无线发送
和接收模式 2

3. 无线传输的特征

虽然有线信号和无线信号具有许多相似之处，如协议和编码的使用，但是其传输媒介——自由空间使得无线传输与有线传输有很大的不同。人们谈到无线传输时，将自由空间作为"无制导的介质"。因为自由空间没有提供信号可以跟随的固定路径，所以信号的传输是无制导的。无线发送和接收信号示意图如图1-1所示。

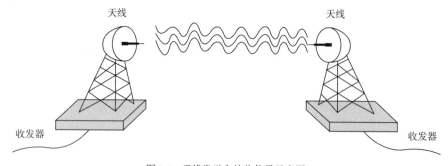

图1-1 无线发送和接收信号示意图

4. 无线传输与有线传输的异同

表1-1列出了有线传输和无线传输的区别。与有线传输相比，无线传输具有许多优点，最突出的是其更灵活。无线信号可以从一个发射器发出，不需通过电缆传送到许多接收器。所有无线信号都是随电磁波通过空气传输的，电磁波是由电子部分和能量部分组成的能量波。

有线传输与无线传输的区别　　　　　　　　　　　　　　　　　　　表1-1

比较项目	有 线 传 输	无 线 传 输
布线	布线烦琐，需要大量的人力物力	完全不需要布线
扩展性	较弱。由于一些原因，原有布线所预留的端口不够用，增加新用户就会遇到重新布置线缆烦琐、施工周期长等麻烦	较强。只需要增加微波发射机与接收机即可完成
衰减	由于一些原因，有的电缆出现衰减现象而无法更换或者难以更换，新布线或更换工作烦琐，需大量人力物力	全无衰减。但如果设备有老化现象，只需更换老化部分的设备而无须全套更换
施工难度	施工难度高。埋设电缆需挖坑铺管，布线时要穿线排，还有穿墙过壁及许多不明因素（如停电、停水），使施工难度大大增加	施工难度低。免除了许多不明因素，施工速度快，所需人力物力少，工程完成质量高
移动性	非常低。如要移动需再铺设电缆，费时费力，工作烦琐	非常高，在一些特殊情况下，前端设备只需在某一范围内移动
成本	安装成本高，设备成本低，维护成本高	由于不需要铺设线缆和无线传输本身的许多优点，安装成本非常低廉，维护成本低

5.无线通信的分类

无线通信主要包括微波通信和卫星通信。微波是一种无线电波，它传送的距离一般只有几十千米，但微波的频带很宽，通信容量很大，微波通信每隔几十千米就要建一个微波中继站。卫星通信是利用通信卫星作为中继站在地面上两个或多个地球站之间或移动体之间建立微波通信联系。

1）微波通信

微波通信（Microwave communication）是指使用微波（Microwave）作为载波，携带信息进行中继通信的方式。微波是频率范围300MHz～3THz（1THz=1000GHz）的电磁波，波长范围是0.1mm～1m，表1-2列出了频率与波长范围对比。

频率及波长范围对比　　　　　　　　　　　　　　　　　　　　　　表1-2

频段名称	缩写	频率范围	波段	波长范围	备　注
极低频	ELF	3Hz～30Hz	极长波	10000～100000km	—
超低频	SLF	30Hz～300Hz	超长波	1000～10000km	—
特低频	ULF	300Hz～3kHz	特长波	100～1000km	—
甚低频	VLF	3kHz～30kHz	甚长波	10～100km	—
低频	LF	30kHz～300kHz	长波	1～10km	长距离点对点
中频	MF	300kHz～3MHz	中波	100m～1km	广播、传播、飞行通信
高频	HF	3MHz～30MHz	短波	10～100m	短波广播、军事通信
甚高频	VHF	30MHz～300MHz	米波	1～10m	电视、调频广播、雷达
特高频	UHF	300MHz～3GHz	分米波	100mm～1m	电视、雷达、移动通信
超高频	SHF	3GHz～30GHz	厘米波	10～100mm	雷达、中继、卫星通信
极高频	EHF	30GHz～300GHz	毫米波	1～10mm	射电天文设备、卫星、雷达
		300GHz～3THz	亚毫米波	0.1～1mm	特高频、极高频微波

微波通信并没有使用微波的全部频率,而是主要使用3GHz~40GHz这个频率范围。人类使用微波进行通信的历史如图1-2所示。

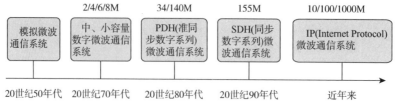

图1-2 微波通信技术的发展

如今,虽然以光纤通信为主的有线传输网络占据主导,但是在某些特殊应用场景下,我们仍然离不开微波通信方式。例如,在偏远地区布设有线传输难度太大或成本过高,又或者发生自然灾害,光纤传输可能遭到损坏的情况。采用微波通信设备在特殊应急情况下进行通信也比较常见,如图1-3所示。

图1-3 应急移动通信车上面的微波通信设备

相比于光纤通信,微波通信具有很多无法替代的优势。例如,成本低、抗自然灾害能力强等。光纤通信与微波通信对比见表1-3。

光纤通信与微波通信对比　　　　表1-3

比较项目	光纤通信	微波通信
传输媒介	光纤	自由空间
抗自然灾害能力	弱	强
灵活性	较低	高
建设费用	高	低
建设周期	长	短
传输速率	频带宽、速率高	频带窄、速率低

讲到光纤通信和微波通信,就不得不提卫星通信。我们通常说有三大通信传输系统:光

纤通信、微波通信、卫星通信。实际上,卫星通信也是微波通信的一种,只是比较特别而已,下文会详细讲述。

微波通信也属于电磁波通信,电磁波通信一般可以分为广播通信和点对点通信,如图1-4所示,微波通信属于后者,这是由微波频率高、波长短的特性决定的。

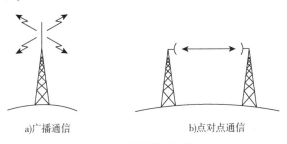

a)广播通信　　　　　　b)点对点通信

图1-4　电磁波通信的两种方式

微波绕射能力和穿透力很差,在地表传输时,衰减很大,传输距离短。电磁波除了在地面沿空气传播之外,还可以利用天空中的电离层反射进行远距离传播,如图1-5所示。但微波无法利用这种方式,这是因为微波的频率太高,以至于电离层无法有效反射(只能穿透)。所以,微波几乎只能进行视距传输。所谓视距传输就是发送天线和接收天线之间没有障碍物阻挡,可以相互"看见"的传输。视距传输,除了容易受山体或建筑物等影响之外,还会受到地球表面弧度的限制。微波天线发出的微波,经过一定距离之后,就会被地球表面所阻挡(图1-6),无法继续传播。

地球是一个球体,其表面是有弧度的,因此,微波通信存在距离限制。通常来说,如果微波天线挂在正常高度的铁塔上,它的传输距离就是50km。如果要进行远距离传输,就必须进行"接力",也就是说,需要设置微波中继站(图1-7)。微波中继站接收到前一站的微波信号,进行放大等处理,再转发到下一站去,就像接力赛跑一样,直到抵达最终收信端。也正是因为这个传输特点,微波通信经常被称为微波中继通信或微波接力通信。

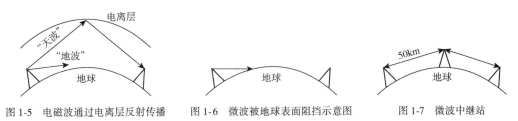

图1-5　电磁波通过电离层反射传播　　图1-6　微波被地球表面阻挡示意图　　图1-7　微波中继站

根据上述内容可知,微波天线距离地面越高越好。那么,为什么不干脆把中继站挂到天上去呢?是的,这就是卫星通信。借助地球同步卫星,将"微波中继站"挂在太空中,可以最大限度地扩大微波通信的距离。地球同步卫星距离地面36000km,可以覆盖地球表面积的三分之一,理论上来说,只需要3颗卫星就能保证地球上任意两个中继站进行通信。

2) 卫星通信

(1) 卫星通信的定义。

卫星通信利用通信卫星作为中继站来转发无线电波,从而实现两个或多个地球站或移动体之间的通信。

（2）通信卫星的分类。

根据不同的标准，通信卫星可以分为不同的类型。

①按照是否包含通信转发器，通信卫星分为：

a.无源通信卫星，即仅仅用来反射无线电信号的卫星。无源通信卫星因为其反射信号十分微弱、通信质量不佳等原因，早已不再开发研究。

b.有源通信卫星，其拥有具有放大和变频功能的转发器，通过转发器转发无线电信号。1958年12月，美国发射的世界上第一个低轨道试验通信卫星"斯科尔"就是有源通信卫星。

②按照运行的轨道不同，通信卫星也可分为：

a.低轨道通信卫星(LEO)。

b.中轨道通信卫星(MEO)。

c.高轨道同步通信卫星(GEO)。

（3）卫星通信系统的组成。

卫星通信系统包括通信和保障通信的全部设备。一般由跟踪遥测及指令分系统、监控管理分系统、空间分系统(通信卫星)、通信地球站四部分组成。

①跟踪遥测及指令分系统。

跟踪遥测及指令分系统负责对卫星进行跟踪测量，控制其准确进入静止轨道上的指定位置。待卫星正常运行后，要定期对卫星进行轨道位置修正和姿态保持。

②监控管埋分系统。

监控管理分系统负责对定点的卫星进行业务开通前后通信性能的检测和控制，如对卫星转发器功率、卫星天线增益以及各地球站发射的功率、射频频率和带宽等基本通信参数进行监控，以保证正常通信。

③空间分系统(通信卫星)。

空间分系统主要包括通信系统、遥测指令装置、控制系统和电源装置(包括太阳能电池和蓄电池)等几个部分。

通信系统是通信卫星的主体，它主要包括一个或多个转发器，每个转发器能同时接收和转发多个地球站的信号，从而起到中继站的作用。

④通信地球站。

通信地球站是微波收、发信站，用户通过它接入卫星线路，进行通信。

（4）卫星通信的特点。

卫星通信与其他通信方式相比，有以下几个方面的特点：

①通信距离远，且费用与通信距离无关。

②广播方式工作，可以进行多址通信。

③通信容量大，适用于多种业务传输。

④可以自发自收进行监测。

⑤无缝覆盖能力。

⑥广域复杂网络拓扑构成能力。

⑦安全可靠性。

6.城市轨道交通无线通信传输的应用

随着无线网络在各行各业的普及,尤其是物联网中的车联网的实现,城市轨道交通中关于无线通信系统的人与人、人与车、人与设备以及设备与设备之间的互联已经成为重要的数据传输方式。具体内容参见 1.1.2 中的"6.无线通信在城市轨道交通中的应用"。

1.1.2 移动通信基础知识

1.移动通信的定义

移动通信(Mobile Communication)是指通信双方至少有一方处在运动状态中所进行的信息交换。移动体与固定点之间、移动体相互之间信息的交换都可以称为移动通信。

移动通信系统由移动台(Mobile Station,MS)、基地站(Base Station,BS)、移动业务交换中心(Mobile Service Switching Center,MSC)以及传输线(中继线等)四个部分组成,如图 1-8 所示。

1)移动台

移动台:GSM(全球移动通信系统)移动通信网中用户使用的设备。移动台可分为车载台、便携台和手机。移动台通过无线接口接入 GSM 系统,即具有无线传输与处理的功能。

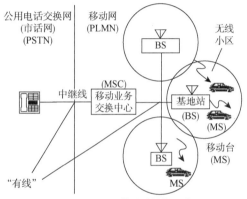

图 1-8 移动通信系统结构组成

移动终端:移动台的主体,是完成语音编码、信道编码、信息加密、信息调制和解调、信号发射和接收的主要设备。

用户识别模块:存储有关用户的个人信息和网络管理的一些信息以及加密、解密算法等的用户识别卡。通过这些信息可以验证用户身份、防止信息被非法盗用、提供特殊服务等,因而又称为智能卡。

2)基地站

从整个 GSM 网络来看,基站子系统(简称基站)介于网络交换子系统和移动台之间,起中继作用:一方面,基站通过无线接口直接与移动台相接,负责空中无线信号的发送、接收和集中管理;另一方面,它与网络交换子系统中的移动业务交换中心采用有线信道连接,以实现移动用户之间或移动用户与固定用户之间的通信,传送系统信号和用户信息等。

基站主要由基站无线收发信机(Base Transceiver Station,BTS)和基站控制器(BSC)构成。

BTS 属于基站子系统的无线接口设备,由 BSC 控制,主要负责无线传输,实现无线与有线的转换、无线分集、无线信道加密、无线调制、编码等功能。它可以接收来自移动台的信号,也可以把 BSC 提供的信号发送给移动台,从而完成 BSC 与无线信道之间的信号转换。

BSC 在基站内充当控制器和话务集中器,主要负责管理 BTS 及所有的移动通信接口,主要包括无线信道的分配、释放和管理。除此之外,一个 BSC 还对本控制区内移动台的越区切换进行控制。

3)移动业务交换中心

移动业务交换中心是 GSM 系统的核心,是对位于它所覆盖区域中的移动台进行控制和完成话路交换的功能实体,也是移动通信系统与其他公用通信网之间的接口。它使用户使用各种业务成为可能。

移动业务交换中心提供交换功能并面向基站、本地位置寄存器(HLR)、鉴权中心(AUC)、移动设备识别寄存器(EIR)、操作维护中心(OMC)和固定网(公用电话网、综合业务数字网等)等功能实体把移动用户与固定网用户、移动用户与移动用户互相连接起来。

移动业务交换中心作为网络的核心,应能完成位置登记、越区切换和自动漫游等移动管理工作。此外,移动业务交换中心还支持信道管理、数据传输以及包括鉴权、信息加密、移动台设备识别等安全保密功能。

2. 移动通信的特点

移动通信的主要特点概括如下。

(1)用户的移动性。要保持用户在移动状态中的通信,必须是无线通信或无线通信与有线通信的结合。因此,系统中要有完善的管理技术来对用户的位置进行登记、跟踪,使用户在移动时也能进行通信,不因为位置的改变而中断通信。

(2)电波传播条件复杂。移动台可能在各种环境中运动,如建筑群或障碍物等,因此电波在传播时不仅有直射信号,而且会产生反射、折射、绕射、多普勒效应等现象,从而产生多径干扰、信号传播延迟和展宽等。因此,必须充分研究电波的传播特性,使系统具有足够的抗衰落能力,这样才能保证通信系统的正常运行。

(3)噪声和干扰严重。移动台在移动时不仅受到城市环境中的各种工业噪声和天然电噪声的干扰,而且由于系统内有多个用户,用户之间还会有互调干扰、邻道干扰、同频干扰等状况。这就要求在移动通信系统中对信道进行合理的划分和频率的再用。

(4)系统和网络结构复杂。移动通信系统是一个多用户通信系统和网络,必须使用户之间互不干扰且能协调一致地工作,此外,移动通信系统还应与固定网、数据网等互联,所以系统和网络结构复杂。

(5)有限的频率资源。在有线网中,可以依靠多铺设电缆或光缆来提高系统的带宽资源。而在无线网中,频率资源是有限的,ITU(International Telecommunication Union,国际电信联盟)对无线频率的划分有严格的规定。如何提高系统的频率利用率是移动通信系统的一个重要课题。

3. 移动通信系统的分类

移动通信系统按不同的分类标准,有多种类型。

1)按通信的业务和用途分类

按照通信的业务和用途分类,有常规通信、控制通信等。其中常规通信又分为话务通信和非话务通信。话务通信业务主要以电话服务为主,程控数字电话交换网络的主要目标就是为普通用户提供电话通信服务。非话务通信主要是分组数据业务、计算机通信、传真、视频通信等。

2) 按是否采用调制分类

根据是否采用调制,可以将移动通信系统分为基带传输和调制传输。基带传输是将未经调制的信号直接传送,如音频市内电话(用户线上传输的信号)、以太网(Ethernet)中传输的信号等。调制的目的是使载波携带要发送的信息。对正弦载波进行调制,可以用要发送的信息去控制或改变载波的幅度、频率或相位。接收端通过解调就可以恢复信息。如图1-9所示。

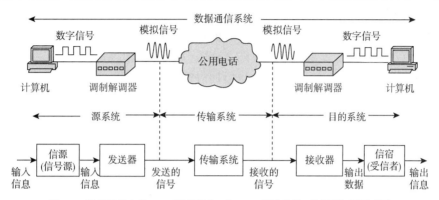

图1-9 数据通信中的D/A(数模转换)和A/D(模数转换)的调制解调示意图

3) 按传输信号的特征分类

按照信道中所传输的信号是模拟信号还是数字信号,可以相应地把移动通信系统分成两类,即模拟通信系统(图1-10)和数字通信系统(图1-11)。数字通信系统在最近几十年获得了快速发展,也是目前商用通信系统的主流。

模拟信号与数字信号

图1-10 模拟通信系统模型

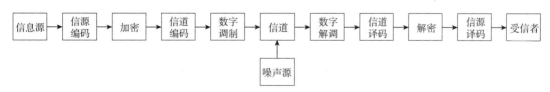

图1-11 数字通信系统模型

4) 按照传输媒介分类

按照传输媒介分类,移动通信系统可以分为有线通信(包括光纤通信)和无线通信两大类。有线通信的有线信道包括架空明线、双绞线、同轴电缆、光缆等。使用架空明线的通信系统主要有早期的载波电话系统,使用双绞线的通信系统有电话系统、计算机局域网等,同轴电缆在微波通信、程控交换等系统中以及设备内部和天线馈线中使用。无线通信依靠电磁波在空间传播,达到传递消息的目的。

5）按照通信设备的工作波段分类

按照通信设备的工作波段的不同，移动通信系统可分为长波通信、中波通信、短波通信、微波通信等。

6）按使用要求和工作场合分类

按使用要求和工作场合不同，移动通信系统可分为以下几种。

(1) 集群移动通信。

集群移动通信，也称大区制移动通信。它的特点是只有一个基站，天线高度为几十米至百余米，覆盖半径为30km，发射机功率可达200W。用户数为几十至几百个，可以是车载台，也可以是手持台。它们可以与基站通信，也可通过基站与其他移动台及市话用户通信，基站与市站通过有线网连接。

(2) 蜂窝移动通信。

蜂窝移动通信，也称小区制移动通信。它的特点是把整个大范围的服务区划分成许多小区，每个小区设置一个基站，负责本小区各个移动台的联络与控制，各个基站通过移动交换中心相互联系，并与市话局连接。利用超短波电波传播距离有限的特点，离开一定距离的小区可以重复使用频率，使频率资源可以得到充分利用。每个小区的用户在1000个以上，全部覆盖区最终的容量可达100万个用户。

(3) 卫星移动通信。

利用卫星转发信号也可实现移动通信。对于车载移动通信可采用赤道固定卫星；而对于手持终端，采用中低轨道的多颗星座卫星较为有利。

(4) 无绳电话。

对于室内外慢速移动的手持终端的通信，可采用小功率、通信距离近的、轻便的无绳电话。它们可以通过通信点与市话用户进行单向或双方向的通信。

7）按服务对象分类

按服务对象分类，移动通信系统可分为公用移动通信、专用移动通信。

公用移动通信系统是最典型的移动通信系统，使用范围广，用户数量多。通常所用的汽车电话就属于公用移动通信系统。早在1946年，美国圣路易市就启用了第一个公用汽车电话通信网，其采用了人工接续方式。移动用户在通信前要选择一个空闲频道与移动电话交换局联系，并将被呼用户的电话号码告诉话务员，由话务员呼叫用户，接通后通话。这种方式接续速度比较慢，往往需要几分钟才能接通一次电话。

专用移动通信系统是在一定的业务范围内，为某些单位提供服务的移动通信系统。该系统的应用非常广泛，如无线列车调度系统、消防、救护、出租车的指挥等。这类系统大多是中、小容量，一般不接入公用电话网，但也可以根据部门需要，通过本单位的交换机接入公用电话网，其通信半径通常在30km左右，系统结构一般是设一个基站，工作方式多采用半双工制。

专用移动通信系统可以建立自己的控制中心、基站，使用分配到的固定信道，但这样做会导致信道和设备的利用率降低，目前比较先进的是采用集群系统（Trunking System）。其思想是：通过控制中心将一组信道自动最优地分配给系统内全部用户使用，实现统一管理、资源共享。

移动通信系统按服务对象分类示意图如图 1-12 所示。

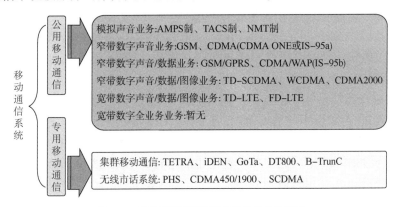

图 1-12　移动通信系统按服务对象分类示意图

8）按工作方式分类

按工作方式分类，移动通信系统可以分为单工通信、半双工通信和全双工（双工）通信系统三种。

9）按组网方式分类

按组网方式分类，移动通信系统可分为蜂窝状移动通信、移动卫星通信、移动数据通信、公用无绳电话通信、集群调度电话通信等。

10）按采用的技术分类

按采用的技术分类，移动通信系统可分为模拟移动通信系统和数字移动通信系统。

4. 移动通信系统的发展

在 21 世纪的前 10 年内，世界电信发生了巨大的变化，移动通信特别是蜂窝小区的迅速发展，使用户彻底摆脱了终端设备的束缚。进入 21 世纪，移动通信将逐渐演变成社会发展和进步必不可少的工具。移动通信系统的发展阶段如下：

1）第一代移动通信系统

第一代移动通信系统（1G）是在 20 世纪 80 年代初提出的，完成于 20 世纪 90 年代初，如 NMT 和 AMPS，NMT 于 1981 年投入运营。1G 是基于模拟信号传输的，其特点是业务量小、质量差、安全性差、没有加密和速度低。1G 主要基于蜂窝结构组网，直接使用模拟语音调制技术，传输速率约为 2.4kbit/s。不同国家采用不同的工作系统。

2）第二代移动通信系统

第二代移动通信系统（2G）起源于 20 世纪 90 年代初期。2G 技术在发展中不断得到完善，但随着用户规模和网络规模的不断扩大，频率资源已接近枯竭，语音质量不能达到用户满意的标准，数据通信速率低，无法在真正意义上满足移动多媒体业务的需求。

3）第三代移动通信系统

第三代移动通信系统（3G），也称 IMT2000，其最基本的特征是智能信号处理技术，智能信号处理单元成为基本功能模块，支持话音和多媒体数据通信。它可以提供前两代产品不能提供的各种宽带信息业务，如高速数据、慢速图像与电视图像等。例如，WCDMA（宽带码分多址移动通信系统）的传输速率在用户静止时最大为 2Mbps，在用户高速移动时最大支持速率为

144kbps，所占频带宽度 5MHz 左右。

但是，3G 的通信标准共有 WCDMA、CDMA2000 和 TD-SCDMA 三大分支，共同组成一个 IMT2000 家庭，成员间存在相互兼容的问题，因此已有的 3G 移动通信系统不是真正意义上的个人通信和全球通信系统；而且，3G 的频谱利用率比较低，不能充分利用宝贵的频谱资源；此外，3G 支持的速率还不够高。

4）第四代移动通信系统

第四代移动通信系统（4G）是集 3G 与 WLAN（无线局域网）于一体并能够传输高质量视频图像，且图像传输质量与高清晰度电视不相上下的技术产品。4G 的下载速度能达到 100Mbps，比拨号上网快 2000 倍，上传的速度也能达到 20Mbps，并能够满足几乎所有用户对于无线通信的要求。而在用户最为关注的价格方面，4G 与固定宽带网络不相上下，而且计费方式更加灵活，用户完全可以根据自身的需求购买所需的服务。此外，4G 可以在数字用户线路（DSL）和有线电视调制解调器没有覆盖的地方部署，然后再扩展到整个地区。很明显，4G 有着不可比拟的优越性。

5）第五代移动通信系统

第五代移动通信系统（5G）与 4G、3G、2G 不同的是，其并不是独立的、全新的无线接入技术，而是对现有无线接入技术，包括 2G、3G、4G 和 Wi-Fi 技术的演进，以及一些新增的补充性无线接入技术集成后解决方案的总称。从某种程度上讲，5G 将是一个真正意义上的融合网络，其以融合和统一的标准，提供人与人、人与物以及物与物之间高速、安全和自由的联通。

各代移动通信系统技术指标见表 1-4。

各代移动通信系统技术指标 表1-4

通信网络	信号	典型频段	传输速率（理论值/bps）	关键技术	技术标准	提供服务
1G	模拟	800/900MHz	2.4K	FDMA、模拟语音调制、蜂窝结构组网	NMT、AMPS 等	模拟语音业务（语音时代）
2G	数字	900~1800MHz GSM900 890~900MHz	64K	CDMA、TDMA	GSM、CDMA	数字语音传输（文本时代）
3G	数字	WCDMA 上行/下行：（1920~1980MHz）/（2110~2170MHz）	2M	WCDMA、SCDMA	CDMA 2000（电信）、TD-CDMA（移动）、WCDMA（联通）	同时传送声音及数据信息（图片时代）
4G	数字	TD-LTE 上行/下行：（555~2575MHz）/（2300~2320MHz）FDD-LTE 上行/下行：（1755~1765MHz）/（1850~1860MHz）	100M	OFDM、SC-FDMA、MIMO	TD-LTE、FDD-LTE、WiMax 等	快速传输数据、音频、视频、图像（视频时代）
5G	数字	3300MHz~3600MHz 4800MHz~5000MHz（我国）	7.5G	毫米波、大规模 MIMO、NOMA、OFDMA、SC-FDMA、FBMC、全双工技术等	—	快速传输高清视频、用于智能家居等（物联网时代）

5.移动通信技术

1)相关术语

同步:发送器和接收器必须达成同步。接收器须能够判断信号的开始到达时间、结束时间和每个信号的持续时间。

差错控制:对通信中可能出现的错误进行检测和纠正。

带宽:可分为信道带宽和信号带宽两部分。信道带宽为传送电磁波的有效频率范围,信号带宽为信号所占据的频率范围。

利用率:吞吐量和最大数据传输速率之比。其中吞吐量是信道在单位时间内成功传输的信息量。

延迟:从发送者发送第一位数据开始,到接收者成功收到最后一位数据为止所经历的时间。该延迟分为传输延迟和传播延迟。传输延迟与数据传输速率、发送机/接收机/中继/交换设备的处理速度有关,传播延迟与传播距离有关。

抖动:延迟的实时变化为抖动,与设备处理能力和信道拥挤程度有关。

差错率:分为比特差错率、码元差错率、分组差错率。

数字调制技术:由于无线通信的传输媒介为电磁波,电磁波必须为正弦波的形式,通信信息需要调制到正弦波上。2ASK 振幅键控调制如图 1-13 所示,2FSK 频移键控调制如图 1-14 所示,2PSK 相移键控调制如图 1-15 所示。

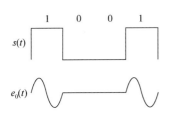

图 1-13　2ASK 振幅键控调制

$s(t)$-信号波形;$e_0(t)$-调制后的信号

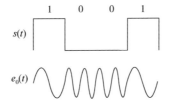

图 1-14　2FSK 频移键控调制

$s(t)$-信号波形;$e_0(t)$-调制后的信号

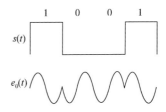

图 1-15　2PSK 相移键控调制

$s(t)$-信号波形;$e_0(t)$-调制后的信号

2)数字集群

数字集群通信系统是一种用于集团调度指挥通信的移动通信系统,如图 1-16 所示,主要应用在专业移动通信领域。和普通的移动通信不同,数字集群通信系统最大的特点是,话音通信采用 PTT(Push To Talk)按键,以一按即通的方式接续,被叫无须摘机即可接听,且接续速度较快,并能支持群组呼叫等功能。

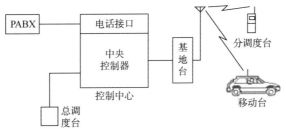

图 1-16　数字集群通信系统

集群通信系统，即无线专用调度通信系统，是很早就已出现的一种通信方式。多年来，集群通信系统已从"一对一"的对讲机形式、同频单工组网形式、异频双工组网形式以及进一步带选呼的系统，发展到多信道用户共享的调度系统，并在政府部门、军队、警务、铁路、水利、电力、民航以及钢铁、物流等各行各业的调度指挥 中发挥了重要作用。

全球集群通信系统正从无线接口采用模拟调制方式进行通信的模拟集群向采用数字调制方式的数字集群转换。与传统的模拟集群通信系统相比，数字集群通信系统可以提供更丰富的业务种类、更好的业务质量、更好的保密特性、更好的连接性和更高的频谱效率。正如公用移动通信已从模拟蜂窝电话转向数字蜂窝电话，集群通信从模拟集群向数字集群的过渡，也是历史发展的必然趋势。

目前欧洲和北美的数字集群通信市场发展比较成熟，其中欧洲主要是 TETRA（Trans European Trunked Radio，泛欧集群无线电），北美则是 iDEN 系统的主要市场，GoTa（Global Open Trunking Architecture，开放式集群架构）是我国中兴通讯提出的基于集群共网应用的集群通信体制，也是世界上首个基于 CDMA（码分多址）技术的数字集群系统，具有中国自主知识产权，具备快速接续和信道共享等数字集群公共特点。GoTa 作为一种共网技术，主要应用于共网集群市场，其主要特色在于更利于运营商建设共网集群网络、适合大规模覆盖、频谱利用率高，在业务性能和容量方面更能满足共网集群网络和业务应用的需要。数字集群通信系统结构如图 1-17 所示。

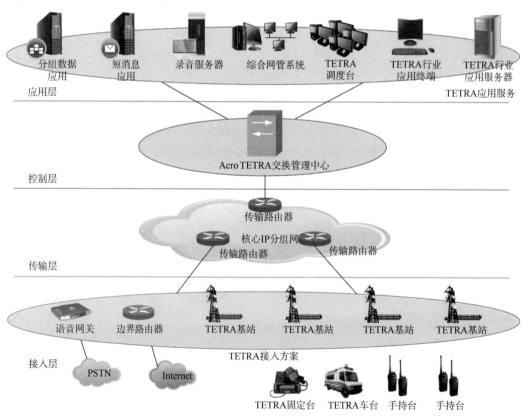

图 1-17　数字集群通信系统结构

GoTa 基本网络结构如图 1-18 所示。终端、基站子系统(Base Station Subsystem,BSS)及调度子系统(Dispatch Subsystem,DSS)就构成了一个 GoTa 的基本网络结构。

其中,BSS(基站子系统)主要完成各种集群业务、数据业务和普通电话业务的无线接入。BSS 一般由 BTS(基站收发信号)和 PDC(调度控制器)共同构成。BTS 完成 GoTa 基带信号的调制与解调、射频信号收发等功能,PDC 则完成无线资源的分配、调度呼叫控制、功率控制,支持 GoTa 终端在不同覆盖区域下的各类切换、汇集和分发集群语音数据流。

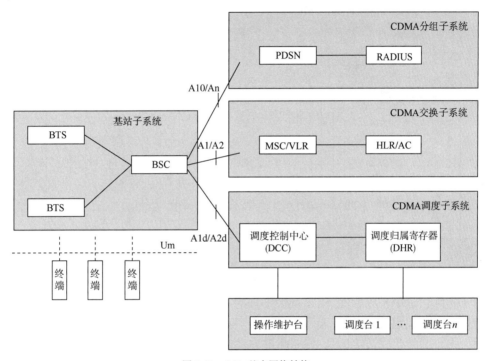

图 1-18　GoTa 基本网络结构

以上 TETRA、iDEN、GoTa 将在模块 4 中详细介绍并举例。

3)无线多址

无线多址就是把多个用户接入一个传输媒介,给每个用户信号赋予不同的特征,以区分不同的用户的技术。

信道分割:赋予各个信号不同的特征,根据信号特征之间的差异来区分,实现互不干扰的通信。

无线通信的信号有三个维度:频率(f)、时间(t)、码型(c)。如图 1-19 所示。

无线通信的信道多址复用方式有三种:频分多址(Frequency Division Multiple Access,FDMA)、时分多址(Time Division Multiple Access,TDMA)、码分多址(Code Division Multiple Access,CDMA)。为了更大限度地满足用户需求,目前空分多址(Space Division Multiple Access,SDMA)、包分多址(Packet Division Multiple

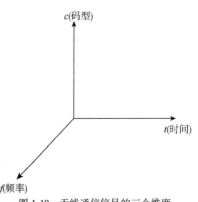

图 1-19　无线通信信号的三个维度

Access,PDMA)也得到了广泛使用。多址技术是移动通信系统升级换代的核心技术之一。

1G:频分多址(FDMA)

频分多址方式如图 1-20 所示。该技术较为成熟,在模拟蜂窝移动通信系统、卫星通信、少部分移动通信、一点多址微波通信中,均有此类技术的应用。

2G:时分多址(TDMA)

时分多址方式将传递时间分割成周期性的帧,每一帧再分隔成若干个间隙,各用户在同一频带中,使用各自指定的时隙。如图 1-21 所示。

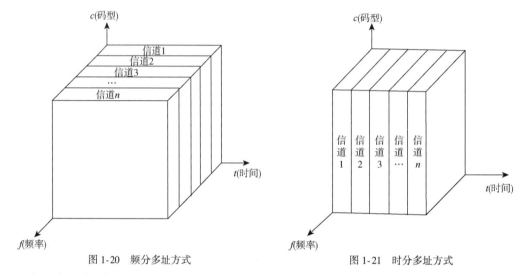

图 1-20　频分多址方式　　　　　图 1-21　时分多址方式

由于实际信道中幅频特性、相频特性不理想,同时由于多径效应等因素影响,此类通信方法可能形成码间串扰。

时分多址只能传送数字信号,按照收发方式的区别,可分为频分双工(FDD)和时分双工(TDD)。FDD 中上行链路与下行链路占用不同的频段,帧结构可相同也可不同;TDD 中上行链路与下行链路占用同一个频率,采用不同时隙发送和接收,无须使用双工器。

多路复用技术　　　　频分多路复用　　　　同步时分多路复用

3G:码分多址(CDMA)

码分多址以相互正交的码序列区分用户。CDMA 是基于频谱扩展的通信方式,即扩频方式。不同用户采用不同的码序列对信号进行解析,如图 1-22 所示。CDMA 是今后无线通信中主要的多址手段。

4G:空分多址(SDMA)

空分多址利用不同用户的空间特征(用户的位置)区分用户,采用窄波天线对准用户,每个用户只能获取对准的天线发送来的信号,最终实现分址,如图 1-23 所示。该方式主要应用于卫星通信,随着智能天线的发展,其在其他领域也将有一定发展空间。

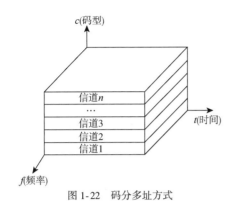
图1-22 码分多址方式

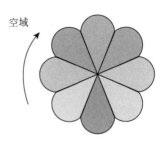
图1-23 空分多址方式

1.1.3 无线通信在城市轨道交通中的应用

无线通信作为城市轨道交通内部固定人员(如中心操作员、车站值班员等)与流动人员(如司机、运营人员、流动工作人员等)之间以及各专业生产维护人员之间进行高效通信联络的有效手段,除了满足运营本身所需的列车无线调度通信和车辆段无线通信需求外,根据城市轨道交通运营管理的实际情况,还可以满足日常管理维护工作中所需的必要调度通信,如日常维修的维修调度、客运无线通信和紧急情况下防灾调度无线通信,以达到保证城市轨道交通行车安全、提高运输效率和管理水平、改善服务质量的目的。

城市轨道交通无线通信系统一般采用摩托罗拉公司研发的符合 TETRA 标准的数字集群系统,它覆盖全部城市轨道交通线路、沿线各车站的站台和站厅、车辆段、停车场以及控制中心大楼,保证列车运行全程没有通信盲区,为调度员、列车司机、车站值班员、车辆段和停车场内的无线用户提供话音通信和数据通信。

城市轨道交通无线通信系统一般由交换控制中心设备、网管设备、调度台、基站、漏泄电缆、用户台、接回设备、光纤直放站等组成。城市轨道交通无线通信系统采用星形网络结构,数字集群交换控制设备(MSO)一般安装在 A 类站的控制中心设备机房内,基站通过传输系统提供的通道接入交换控制中心。为了系统的高效运行,交换控制中心同时设置集群网络设备及网络管理设备,以实现系统参数和用户参数的设置管理及系统设备故障告警、事件存档记录功能。网管系统除了完成标准的网管功能外,还具备告警信息输出接口,向集中监测告警系统提供无线通信系统的告警信息。为了完成无线用户与固定电话用户的通信,交换中心配备了电话互连接口。同时该系统还通过标准接口和城市轨道交通信号系统、时钟系统、综合监控系统互联,使数字集群无线通信系统与城市轨道交通其他系统构成一个综合系统。

根据业务范围,城市轨道交通无线通信系统可以划分成 5 个业务组:行车调度业务组、防灾调度业务组、维修调度业务组、车辆段值班调度业务组、停车场值班调度业务组,每个业务组以相应的调度台为核心。各业务组之间相互独立,每个无线台用户只能与本业务组内的无线台用户或调度台操作员进行通信。调度员除了与本业务组成员通信之外,各业务组调度台之间也可以互相通信。行车调度台、防灾调度台和维修调度台设在 A 类站控制中心,车辆段值班调度台设在车辆段值班室,停车场值班调度台设在停车场值班室。为了适应城市轨道交通运营的通信模式和操作规范,调度台的功能和操作界面需要进行多次开发定制。

1.1.4 传输系统及其承载的业务与系统

城市轨道交通无线通信系统的功能是由传输系统承载的,传输系统及其承载的业务与系统如下。

1. 传输系统

传输系统能迅速、准确、可靠地传送城市轨道交通运营管理所需要的各种信息。该系统采用技术先进、安全可靠、经济实用、便于维护的光纤数字传输设备组网,构成具有承载语音、数据及图像的多业务传输平台,并具有自愈环保护功能。

目前,城市轨道交通传输系统普遍采用MSTP(Multi-Service Transport Platform,多业务传送平台)设备,随着信息化程度的不断提高,对数据传输要求高带宽、低时延,通道保护智能化高,会采用更先进的OTN(开放传输网络)传输设备。

目前传输系统所承载的语音、数据及图像信息的业务主要有:公务电话系统;专用电话系统;无线通信系统;广播系统;闭路电视监控系统;时钟系统;UPS(Uninterruptible Power Supply,不间断电源)系统;信号电源及微机监测;自动售检票系统(AFC);安防系统;门禁系统;屏蔽门系统(PSD);其他运营管理信息。

传输系统的光纤环路具有双环路功能。当主用环路出现故障时,系统能够自动切换到备用环路上,保证系统不中断,切换时不影响正常使用。当主、备用光纤环路的线路在某一点同时出现故障时,两端的网络设备自动形成一条链状网络。当某个网络节点设备出现故障时,除受故障影响的节点设备外,其他网络节点设备能保持正常工作。传输系统如图1-24所示。

2. 公务电话系统

公务电话系统主要用于运营、管理和维护部门之间的公务通信以及与公用电话网用户的通信联络,以及向城市轨道交通用户提供话音、非话音及各种新业务。

公务电话系统按车辆段、车站两级结构进行组网,由设置在车辆段和车站的数字程控交换机、电话机及各种终端、配线架等辅助设备构成。

两相邻车站交换机通过实回线模拟中继相连,一旦车辆段交换机、传输设备及光行线路发生故障,车站内部通信仍能保证,站间行车电话、轨旁电话等仍能畅通,不影响列车运营。公务电话系统如图1-25所示。

3. 专用电话系统

专用电话系统是为列车运行、调度指挥、防灾报警等提供安全可靠、迅速通信的重要系统。因此,在系统设计时必须保证它的迅速畅通、无阻塞,当发生突发事件时能迅速转为防灾救援和事故处理的指挥通信系统。专用电话系统如图1-26所示。

专用电话系统由调度电话、站间行车电话、站内电话、站场电话四部分组成,为列车运行、调度指挥、设施维护等相关工作人员之间的简捷联络提供有效、可靠、迅速的通信方式,并设置总调度员,协调和监视OCC(控制中心)行车调度员、环控(防灾)调度员、维修调度员、电力调度员的控制操作。专用电话系统结合公务电话系统进行统筹设置,专用电话系统中的站内、站间及轨旁电话功能由公务电话系统实现。

调度电话包括行车调度电话、电力调度电话、环控(防灾)调度电话和维修调度电话。

模块1 无线传输基本概念

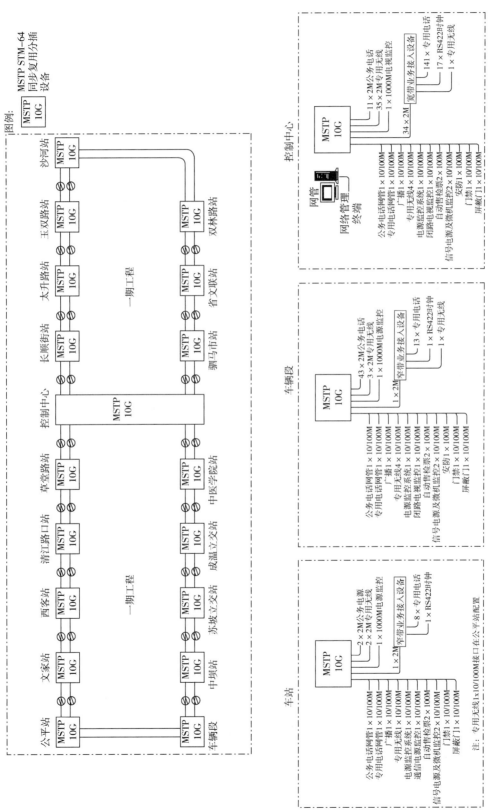

图1-24 传输系统

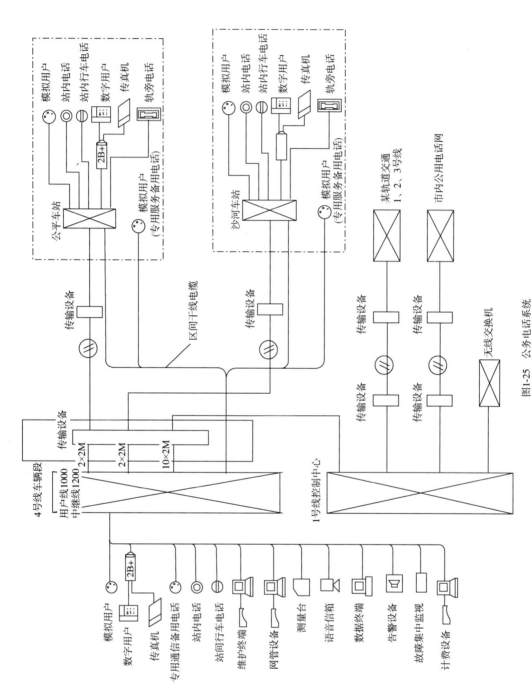

图1-25 公务电话系统

注：与市内公共电话网的中继是经由1号线控制中心交换机出入本交换机由1号线交换机至1号线控制中心交换机的中继数为10×2M,其中4×2M为至公用电话网的中继数量。

模块1 无线传输基本概念

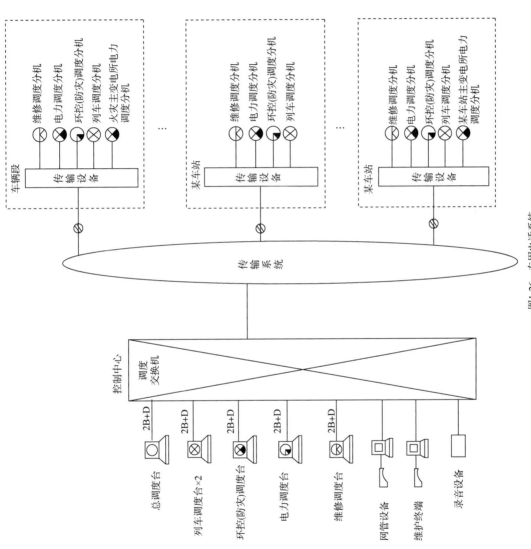

图1-26 专用电话系统

注：2B代表2个传输通道，D代表1个数据通道。

行车调度电话:用于控制中心行车调度员与各车站、车辆段值班员及行车业务直接有关的工作人员进行业务联络。

电力调度电话:用于控制中心电力调度员与主变电所、牵引变电所、降压变电所及其他需要通信的工作人员进行业务联络。

环控(防灾)调度电话:供控制中心防灾值班员与各车站、车辆段防灾值班员之间联络使用。

维修调度电话:用于控制中心值班员与各车站、车辆段维修人员之间直接通信联络。

调度电话系统组网方式:在控制中心设置一台调度交换机,在各车站、车辆段设置各类调度电话分机,各类调度电话分机直接通过光传输系统与控制中心的调度交换机相连,实现控制中心对各车站、车辆段的调度指挥功能。

4.无线通信系统

无线通信系统主要用于列车运行指挥和防灾应急通信,为固定人员(调度员、值班员)与流动人员(司机、维修人员、列检人员)之间及流动人员相互之间提供语音和数据通信服务。无线通信系统为调度指挥提供安全可靠的无线通信手段,是指挥列车运行必不可少的专用通信工具,如图1-27所示。

数字集群通信系统,是由多基站的集群系统形成一个有线、无线通信相结合的网络,每个基站覆盖区是根据城市轨道交通运行特点进行划分的,正常运行时各基站由设置在控制中心的中心控制器控制,当基站与中心控制器通信中断时,系统以单站集群方式支持单站系统的正常运行。车辆段范围独立设置为一个基站覆盖区。

数字集群通信系统主要由中心交换控制设备、调度服务器、调度台、维护终端、基站、车站固定台、车载台、手持台、录音设备、直放站、天馈系统等组成,控制中心与各车站、车辆段之间的语音和数据信道由传输网络提供。

OCC设置中心交换控制设备、调度服务器、调度台、电脑维护终端(含打印机)等。每个车站分别设置三载频基站和车站固定台,并配备集群手持台。列车驾驶室、工程车设置车载台和手持台。车辆段设置三载频基站、调度台以及集群手持台。

每个车站站厅及侧式站台区主要采用天线进行覆盖。在岛式站台和区间采用漏泄同轴电缆覆盖方式进行覆盖,正线上下行线路的外侧各敷设一条漏泄同轴电缆,在地下隧道区间敷设漏泄同轴电缆于隧道壁上,距轨面3.6m左右。

车辆段主要采用天线进行覆盖,室内弱场区必须采用相应室内覆盖系统进行补强。控制中心采用室外天线覆盖,并在调度大厅采用室内天线进行覆盖。直放站主要是用于基站场强的延伸,用在需要特殊控制场强覆盖处。

5.广播系统

广播系统主要用于城市轨道交通运营时对乘客进行公告信息广播,发生灾害时兼作救灾广播和运营维护广播,广播系统由车站(含中心)广播、车辆段广播这两个相互独立的子系统组成。如图1-28所示。

城市轨道交通车站广播子系统采用数字语音广播技术,并由中心级广播和车站级广播两级广播构成,两级广播之间通过有线传输网提供通道连接,语音和控制数据共用1个10M以太网数据传输通道。广播系统构成参见图1-28。

模块1 无线传输基本概念

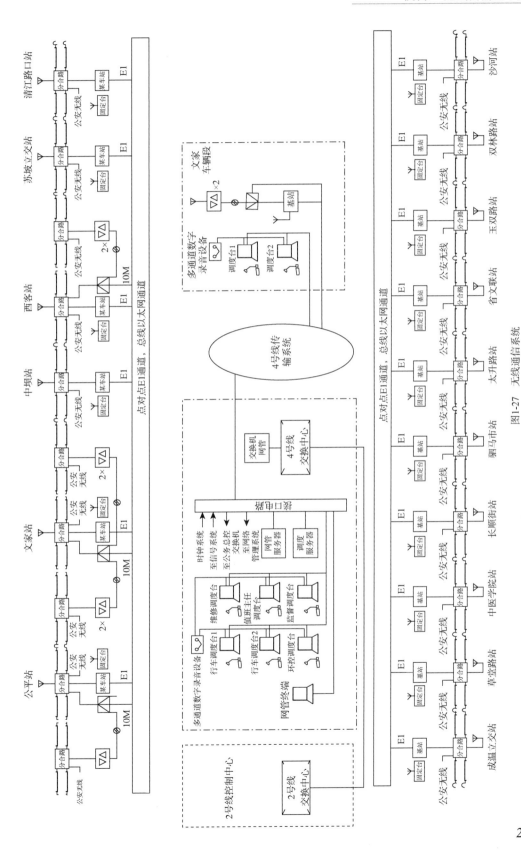

图1-27 无线通信系统

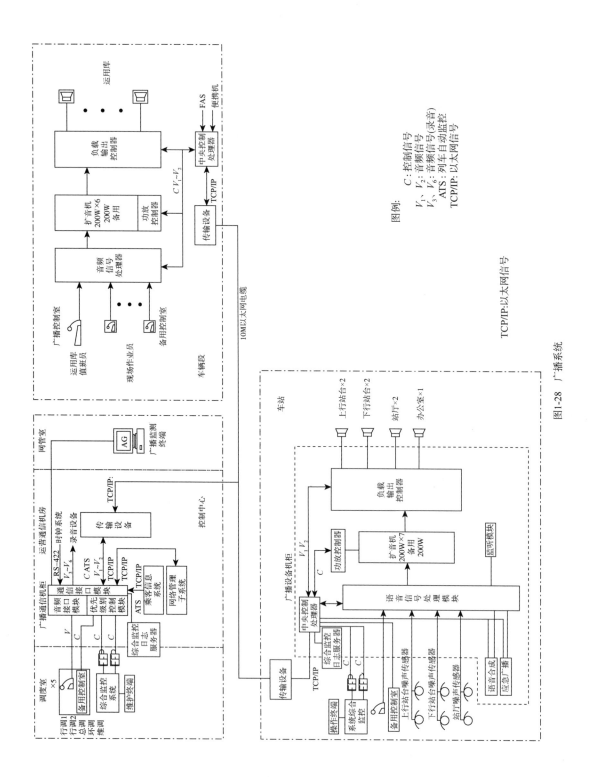

图1-28 广播系统

控制中心综合监控系统输出的话音信号和控制信息,经传输设备传输到各个车站,由车站广播控制设备接收。根据控制中心发来的指令,控制设备启动车站广播执行装置,语音经放大均衡后播送到指定的广播区域。同时,车站广播控制设备,亦将本站执行的状态反馈传送到控制中心,并在控制中心综合监控系统有关调度员控制台和中心调度员备用广播操作台上显示,完成对车站的选站、选区遥控操作和指挥。

当控制中心不操作时,各车站广播子系统均能独立自主地实现自控操作。

控制中心网管终端通过数据通道能检测各车站设备的运行状态信息,当设备出现故障时能够发出声音报警。

中心级广播主要包括中心调度员备用广播操作台、控制设备、网络管理设备与综合监控系统的接口设备、广播电缆等。另外,系统还提供话筒与中心综合监控系统控制台的广播控制功能配套,供中心各调度员播音使用。

6.闭路电视监控系统

闭路电视监控系统是城市轨道交通运营管理的现代化配套设备,是供运营管理人员实时监视车站客流、列车出入站及旅客上、下车情况,以加强运行组织管理,提高效率,确保安全正点地运送旅客的重要手段。

闭路电视监控系统主要由车站(含主变电所)、车载、控制中心和车辆段闭路电视监控系统组成。其中车载闭路电视监控系统(PIS)由乘客信息系统负责提供车-地传输,通过接口方式实现对列车视频监视信息的调用监控。车辆段闭路电视监控系统只负责对进库列车图像进行存储、调用及维护。主变电所闭路电视监控系统由主变电所负责提供,仅通过接口方式实现对主变电所视频监视信息的调用监控。闭路电视监控系统如图1-29所示。

闭路电视监控系统可供车站值班员对车站的站厅、站台等主要区域进行监视;供列车司机对相应站台旅客上、下车等以及本列车上乘客的情况进行监视;供车辆段的有关值班员对该段/场内的重要区域进行监视;供中心调度员对各车站(主变电所)、车辆段及列车相关区域进行监视。

闭路电视监控系统在车站的前端摄像机获取的图像信息应通过视频分配器分别传给运营闭路电视监控系统和城市轨道交通公安监视系统。

闭路电视监控系统功能为:

根据城市轨道交通运营管理特点,城市轨道交通闭路电视监控系统从使用上应满足运营管理人员如中心一级行车调度员、电力调度员、环控调度员、控制中心维护调度指挥中心人员(含应急中心人员)和车站一级车站值班员、列车司机等对相应的管辖区域进行闭路电视监控的需求。本系统应具有人工选择和自动选择的功能,并能够在监控画面中显示操控机的当前操作台编号等相关信息。

同时,本系统需在城市轨道交通企业相关管理办公室、会议室设置视频监视终端[暂按与OA(办公自动化)计算机合用],实现城市轨道交通企业相关管理人员对城市轨道交通运营及客流情况的实时监视,以加强运行组织管理,提高工作效率。

本系统车站级和中心级的监视及控制相互独立,同时中心级的各调度员的操作控制也相互独立。该系统采用二级控制方式,控制中心为一级控制,车站、车辆段值班员及列车司机为二级控制,平时以车站、车辆段值班员及列车司机控制为主,在紧急情况下转换为控制中心调度员控制。

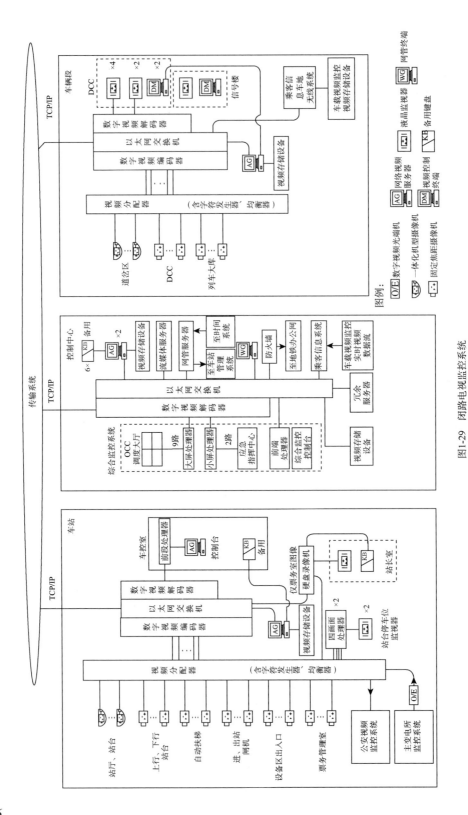

图1-29 闭路电视监控系统

闭路电视监控系统车站级和中心级的操作台功能直接通过闭路电视监控系统与 ISCS(综合监控系统)接口后由综合监控系统的车站和中心控制台来实现(闭路电视监控系统开放相关接口,提供相关开发控件及软件开发包),即控制中心总(维调)调度员、各行车调度员和环控(防灾)调度员可通过 ISCS 控制台实现对全线各车站、车辆段、运营列车的视频监视功能;电力调度员可通过 ISCS 控制台实现对主变电所的视频监视功能。

7.乘客信息系统

乘客信息系统(PIS)是依托多媒体网络技术,以计算机系统为核心,通过设置在站厅、站台、列车客室的显示终端,让乘客及时准确地了解列车运营信息和公共媒体信息的多媒体综合信息系统;是城市轨道交通系统实现以人为本、提高服务质量、加快各种信息(如乘客行车、安防反恐、运营紧急救灾、公益广告、天气预报、新闻、交通信息等)公告传递的重要设施,是提高城市轨道交通运营管理水平、扩大城市轨道交通对旅客服务范围的有效工具。该系统是运营信息、公共媒体信息发布的系统,在正常情况下,两者共同协调使用;在紧急情况下,运营信息优先使用。

PIS 由信息编播中心子系统、车站子系统、车辆段子系统、车载子系统以及实现各子系统间信息传送的网络子系统构成,如图 1-30 所示。

(1)信息编播中心子系统。

信息编播中心子系统是 PIS 的中心部分,主要实现系统的编辑、播放、管理及控制等功能,由中心服务器("1+1"冗余热备)、视频输入服务器、直播服务器、接口服务器、无线控制器(可根据产品特点选择配置)、路由交换机、以太网交换机、防火墙、媒体编辑工作站、发布管理工作站、广告管理工作站、预览工作站、数字非线性编辑设备、延时器、磁盘阵列、液晶显示屏、摄像机、扫描仪、系统管理设备等组成。

(2)车站子系统。

车站子系统是 PIS 的现场部分,主要根据中心的要求进行编播信息的现场播放、管理及控制等,满足车站内旅客对信息的需求。本系统主要由以太网交换机分配器、液晶显示屏、电源控制器等设备组成。

本系统在车站面向乘客设置的显示终端分为两类:站厅显示终端、站台显示终端。

(3)车辆段子系统。

车辆段子系统是 PIS 的重要组成部分,可实现车辆在库期间待播信息向车载子系统的高效传送。本系统主要由以太网交换机、服务器等设备组成。

(4)车载子系统。

车载子系统是 PIS 在列车上提供服务的重要设施,主要实现车-地信息的双向传送,并通过车载播放控制器进行解码后,在本列车的所有液晶显示屏上实时播放控制中心下发的有关信息,同时将列车内的视频监视图像传递到控制中心。本系统主要由车载交换机、车载服务器、存储设备、播出控制器、显示屏、驾驶室触摸控制屏、摄像机、电源适配器、车-地无线通信设施(车载部分:无线网桥、天线等)以及接口播放控制使用的播放控制服务器和有关线缆(含接头)等组成。车载子系统应通过车载交换机组成内部环网。

(5)网络子系统。

网络子系统主要提供 PIS 信息的网络承载通道,主要包括有线网络、无线网络和车载网络三个部分。

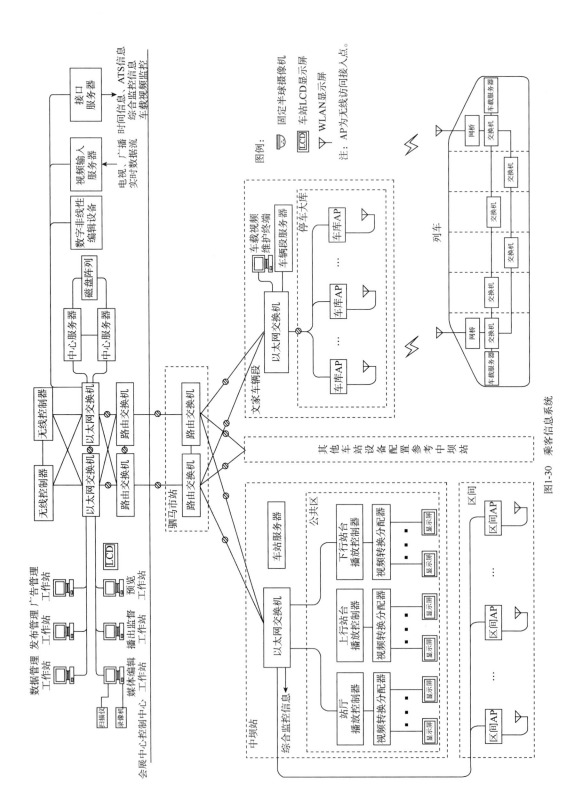

图1-30 乘客信息系统

8.视频会议系统

为提高办公效率和实现信息化办公,需开通城市轨道交通高清晰、高质量的运营视频电视电话会议系统,实现会议视频交互功能。一般一条线路或几条线路设置一个主会场(根据管理体制来确定)、若干个分会场。

视频会议系统信息通过专用通信城市轨道交通信息管理系统网络承载,采用 H.264 图像压缩编码传输方式将主会场与各分会场相连。

在控制中心机房,建立高清视频会议系统总控制中心,配置视频会议多点控制单元(MCU)负责视频会议系统的总体控制和运行,并互为备份。同时在中心机房配置 1 台会议管理服务器,通过服务端管理台可以对全网所有的会议视频终端和设备进行实时管理与控制。

在中心主会场配置的视频会议设备主要包括:MCU、会议管理服务器、视频会议终端、摄像机、显示设备、音响设备、调音台、麦克风等。

在分会场配置的视频会议设备包括视频会议终端、摄像机、显示设备、音响设备、调音台、麦克风等。视频会议终端利用城市轨道交通信息管理系统网络接入主会场 MCU。如图 1-31 所示。

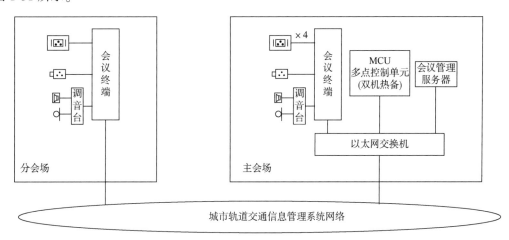

图 1-31 城市轨道交通视频会议系统

9.时钟系统

时钟系统为控制中心调度员、车站值班员、各部门工作人员及乘客提供统一的标准时间信息。时钟系统的设置对保证城市轨道交通运行计时准确、提高运营服务质量起着重要的作用。

时钟系统由中心一级母钟、站(段)二级母钟及子钟构成。

下面以成都地铁 4 号线的通信系统及其他系统[信号、AFC、ISCS(含 FAS/BAS 等)、ACS系统等]如何统一时间标准为例进行阐述。

中心一级母钟,接收 1 号线 GPS(全球定位系统)/北斗卫星标准时间信号,同时产生精确的同步时间码,通过本线传输系统向4号线一期工程的各车站、车辆段的二级母钟传送,统一校准二级母钟,接口标准暂定为RS-422,传输速率为9600bit/s。时钟系统的监控管理设备(监控计算机及打印机)设于控制中心,用于4号线时钟系统监控。

各车站、车辆段专用通信机房内,均设置二级母钟,接收中心一级母钟的校时信号,用于驱动本站所有的子钟。

子钟接收二级母钟发出的标准时间码驱动信号,进行时间信息显示。子钟能够脱离二级母钟单独运行,其显示方式采用指针式及数字式。

中心一级母钟至二级母钟的传输通道利用有线通信传输网提供的控制中心至各车站间的数据传输通道实现,每站占用1路,接口标准为RS-422,传输速率为9600bit/s;中心一级母钟、车站二级母钟至子钟之间的传输通道,采用时钟屏蔽电缆;车辆段二级母钟至运转值班室、停车库内及其他综合楼内二级母钟采用室外型时钟屏蔽电缆。时钟系统如图1-32所示。

中心一级母钟还需为以下系统提供标准时间信号:传输系统、无线通信系统、公务电话系统、专用电话系统、广播系统、乘客信息系统、闭路电视监控系统、电源及接地系统、网络管理系统、地铁信息管理系统、综合监控系统(含FAS/BAS等)、信号系统、自动售检票系统、门禁系统。

北斗卫星和GPS卫星接收单元互为热备方式工作,当其中之一发生故障或卫星信号中断时,时钟系统可自动转换接收另一时间源,同时发出告警信息。

一级母钟、二级母钟均由主、备母钟组成,具有热备份功能。主母钟出现故障立即自动切换到备母钟,备母钟全面代替主母钟工作。主母钟恢复正常后,备母钟立即切换回主母钟。平常主、备母钟也可以手动转换。

10.集中网络管理系统

集中网络管理系统是利用计算机网络技术和计算机本身的高速数据处理能力,对专用通信中的各子系统进行集中管理,将各子系统的运行状态集中反映到控制中心的计算机上,使通信维护人员能及时、准确地了解整个通信系统设备的运行状态和故障信息,以便于处理,如图1-33所示。

(1)系统功能。

本系统具有对通信各子系统的状态信息进行汇总、显示、确认及报告,故障定位等功能,主要包含但不限于以下功能。

①信息汇总功能:系统应能及时接收各子系统维护管理终端上传的状态信息,状态信息应能显示到各子系统的板卡。

②信息保存功能:系统将各子系统上报的各种状态信息分类保存到存储设备中,存储器的容量至少应满足3个月的故障、状态信息存储要求,并能定期刻录到光盘中进行永久保存。

③信息分类功能:通信系统的状态应分为正常状态、一般故障和严重故障。

a.正常状态:表示系统在正常工作。

b.一般故障:表示系统已发生了不影响设备及通信安全但应注意的事件。

c.严重故障:表示系统已发生了危及设备及通信安全必须立即处理的事件。

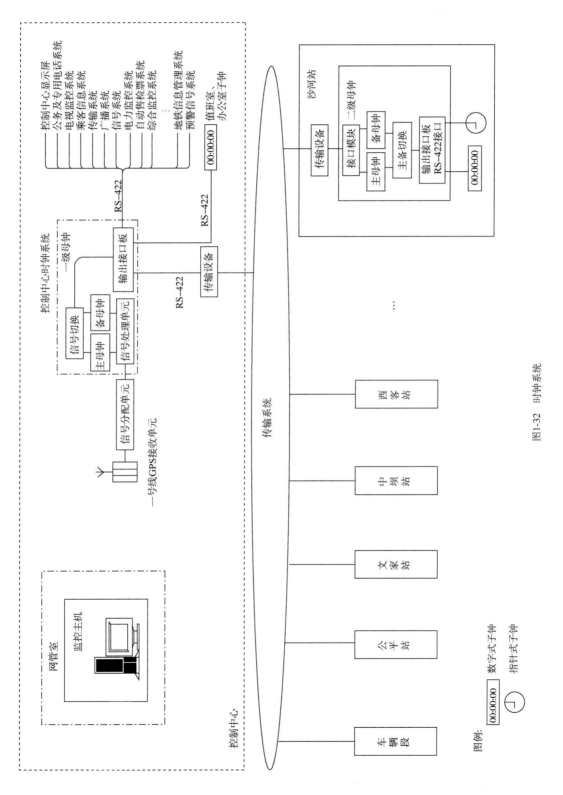

图1-32 时钟系统

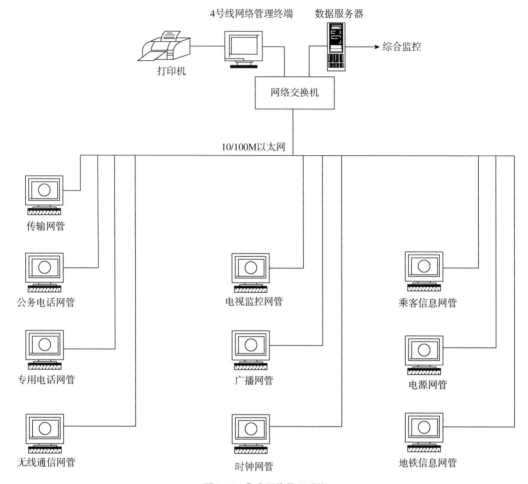

图1-33　集中网络管理系统

④信息显示功能:以图形化界面显示各站、车辆段及控制中心各子系统的工作状态。显示的内容包括名称(车站、设备)、位置、状态等。显示方式采用声/光方式,对系统的不同状态采用不同的声/光信号表示。

⑤信息分类统计功能:系统应能对故障信息的性质、类别、发生地点进行分类统计、分析汇总,根据需要可生成相关的图表、曲线等。

⑥信息查询功能:系统应能对系统设备的编码、故障编码、故障性质编码、板卡位置编号、端口参数等信息进行查询。

⑦信息输出功能:系统具有对各种统计查询结果或需要输出数据及表格进行实时或人工打印输出的功能。

⑧多事件同时告警功能:系统具有多地点、多事件的并发告警功能,不丢失告警信息,告警准确率为100%。

⑨安全管理功能:系统能提供以下三个层次的安全管理,每个层次管理人员的数量可灵活设置为1个或多个。

a.监视管理:只能看信息,不能修改任何数据。

b.维修管理:能对一般维修所需的数据进行修改,不能对数据库进行修改。

c.网络管理:能修改数据库的任何数据。

⑩自检功能:能对本系统设备的故障进行自检。

⑪帮助功能:对常规问题的解决提供必要的帮助。

(2)系统构成。

通信网络管理系统由以太网交换机、集中网络管理服务器、终端、打印机、声音报警器、系统软件以及各相关子系统(与网络管理系统接口,提供有关信息)等组成,相关子系统主要包括传输系统、无线通信系统、公务电话系统、专用电话系统、闭路电视监控系统、广播系统、时钟系统、电源系统、乘客信息系统和地理信息系统。

11.城市轨道交通信息管理系统

城市轨道交通信息管理系统是为实现城市轨道交通企业信息化管理的综合自动化管理系统,包括信息网络系统(含网管)及网络布线(电缆、光缆、信息插座、配线架等),系统集成化应用软件及配套服务器设备等。

城市轨道交通信息管理系统是一个利用计算机硬件技术、计算机软件技术及通信网络技术为运营管理服务,提高管理和维护效能,能够借助于相应的应用软件系统实现各种信息管理,包括进行信息的收集、存储、分析和处理等,以及提供办公自动化、邮件等多种功能,达到提供一个高质量、高效率的现代化办公手段的信息系统。地理信息管理系统的网络主要由两大部分组成:车站环形计算机网络与车辆段星形计算机网络。

车站环形计算机网络:控制中心设置核心交换机2台,汇接站设置主交换机2台,正线各车站设置接入交换机1台。正线各车站接入交换机通过主干光缆中的2芯与控制中心的车站主交换机组建冗余以太环网,该以太网环接入控制中心核心交换机。

车辆段星形计算机网络:在综合楼城市轨道交通信息管理系统设备机房设2台互为热备份的车辆段中心交换机星形汇聚其余建筑(楼层)设置的接入交换机。车辆段中心交换机通过主干光缆中的4芯单模光纤与控制中心核心交换机冗余直连。信息管理系统如图1-34所示。

12.电源系统

专用通信电源系统主要为控制中心、车站及车辆段的专用通信系统、综合监控系统、AFC(自动售检票系统)及门禁系统的设备提供高质量、高可靠的电源供应,保证在主电源故障(中断或发生超限波动)的情况下,这四个系统的设备在规定的时间内仍能正常工作,等待主电源恢复正常。

(1)主要功能。

不间断供电功能:UPS能对各子系统的设备进行不间断供电。

保护及日志记录管理功能:

①电源设备具有输出短路保护功能,在输出负载短路时,能立即自动关闭输出,同时发出可闻、可视告警信号。

②电源设备具有输出过载保护功能,在输出负载超过额定负载时,发出声光告警;超出过载能力时,应转为旁路供电。

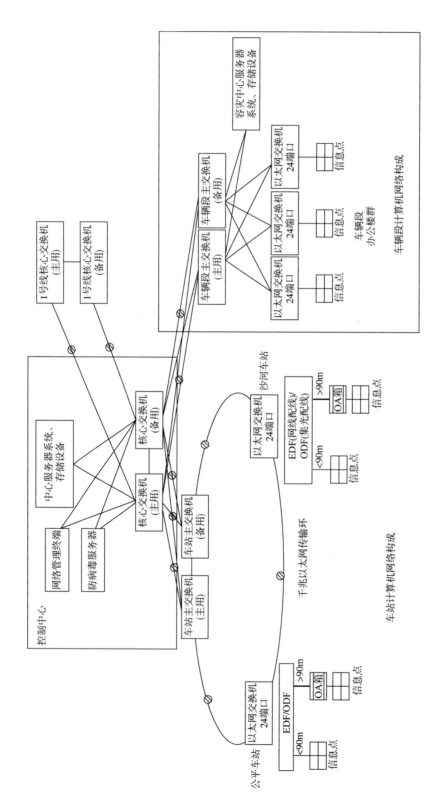

图1-34 信息管理系统

③在电源设备处于逆变工作方式时,电池电压降至保护点时发出声光告警,同时停止供电。

④电源设备的输出电压超过设定的电压(过压、欠压)值时,应发出声光告警,并转为旁路供电。

⑤电源设备机内温度过高时,发出声光告警,并转为旁路供电。

⑥电源设备应具有抗雷击浪涌能力,能承受模拟雷击电压波形 10/700μs、幅值为 5kV 的冲击 5 次,模拟雷击电流压波形 8/20μs、幅值为 20kA 的冲击 5 次,每次冲击间隔为 1min,设备仍能正常工作。

⑦UPS 及配电屏均具有日志保存及查询功能,系统应具有本地和远程记录与管理功能,本地日志记录应不少于一个月,且可以查询、复制和输出等。

电池管理功能:电源设备具有定期对蓄电池组及单体电池进行浮充、均充转换、漏液侦测、电池过放的告警;电池组放电记录及记录保存至少一个月以上,且记录可查询、复制和输出等。

后备供电功能:市电故障后,UPS 电源设备能持续工作一段时间(电池组的后备供电时间),由免维护电池为各系统负载供电。

(2)设备构成。

电源系统采用综合 UPS 系统方案,即专用通信系统设置 UPS 系统,为控制中心、车站及车辆段的专用通信、综合监控、AFC 及门禁系统的设备供电;系统由 UPS 交流不间断电源设备、交流配电屏、免维护胶体蓄电池及电源监控采集设备组成。其中:

UPS 主要由交流输入配电单元、整流单元、逆变单元、侦测控制单元、交流输出配电单元(含隔离变压器)、维修旁路等组成。控制中心采用在线式 UPS 双机并联方式供电,各车站、车辆段均采用在线式 UPS 电源单机方式供电。为了保证 UPS 故障检修时维持供电,应在 ATS(自动转换开关电器)输出端到交流配电屏之间设置 UPS(含单机和并机系统)检修旁路;检修外旁路设置塑壳断路器,断路器应与 UPS 的输出开关进行互锁,以保证供电操作安全。

交流配电屏主要由双电源切换装置、控制单元、电源单元、侦测单元、输入输出单元等组成,具有图形化的运行管理人机界面,方便用户实时了解配电系统的运行状态,完成各种参数设置。

电源监控系统由控制中心电源监控终端、连接控制中心、各车站及车辆段的传输通道、控制中心、各车站及车辆段的电源监控采集设备、各电源设备中的监控模块组成,如图 1-35 所示。

13.通信光缆/电缆

通信光缆/电缆主要包括区间光缆、区间电缆、地区光缆和市话电缆。区间光缆采用双径路敷设,即在线路上、下行车方向的右侧各敷设一条大芯数的干线的光缆,作为车站、车辆段与控制中心之间通信的媒介。区间电缆采用双径路敷设,即在线路上、下行车方向的右侧各敷设一条干线电缆,一般为 30 对左右(直径 0.7mm),作为车站之间、车站和车辆段之间的备用调度电话分机、站间行车电话和区间电话的媒介。在控制中心、车辆段、车站和主变电站等处,根据需要敷设小芯数的地区光缆以及线对不等的市话电缆,电缆线芯直径为 0.5mm。通信光缆/电缆采用低烟无卤阻燃型护套,敷设方式包括架空、管道、电缆沟和槽道等。

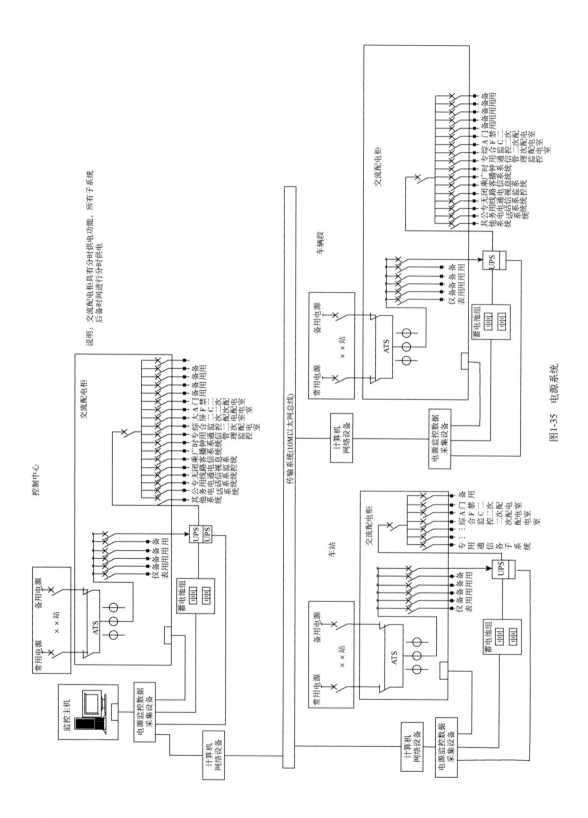

图1-35 电源系统

单元1.2 无线通信方式

完成对无线通信方式分类的学习,并掌握单工、半双工、全双工通信的工作原理。理解并行传输和串行传输的特点,能够根据所学知识解决相关设备的问题。

对讲机、手机通信有何不同?

从不同角度看,无线通信方式通常有以下几种。

1.按消息传送的方向与时间分

对于点对点之间的通信,按消息传送的方向与时间,无线通信方式可分为单工通信、半双工通信及全双工通信三种。如图 1-36 所示。

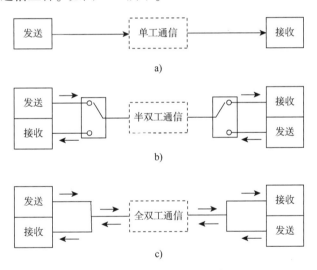

图 1-36 三种无线通信方式示意图

2.按数字信号排序方式分

在数字无线通信中,按照数字信号排序方式不同,无线通信方式可分为串行传输和并行传输。

串行传输

并行传输

线路交换技术

3.按通信网络形式分

按通信网络形式不同,无线通信方式通常可分为两点间直通方式、分支方式和交换方式三种。

直通方式是通信网络中最为简单的一种形式,终端 A 与终端 B 之间的线路是专用的;在分支方式中,它的每一个终端(A、B、C、…、N)经过同一信道与转接站相互连接,此时,终端之间不能直通信息,必须经过转接站转接,此种方式只在数字通信中出现;交换方式是终端之间通过交换设备灵活地进行线路交换的一种方式,即把要求通信的两终端之间的线路接通(自动接通),或者通过程序控制实现消息交换,即通过交换设备先把发方来的消息储存起来,然后再转发至收方。这种消息转发可以是实时的,也可以是延时的。

分支方式及交换方式均属网络通信的范畴。和点对点直通方式相比,它有特殊的一面。例如,通信网中有一套具体的线路交换与消息交换的规定、协议等;通信网中既有信息控制问题,也有网同步问题等。

1.2.1 单工通信

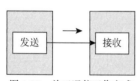

图 1-37 单工通信工作方式

所谓单工通信(Simplex Communication),是指消息只能单方向传输的一种通信工作方式。如图 1-37 所示。

在单工通信中,通信的信道是单向的,发送端与接收端也是固定的,即发送端只能发送信息,不能接收信息;接收端只能接收信息,不能发送信息。基于这种情况,数据信号从一端传送到另外一端,信号流是单方向的。

单工通信的例子很多,如广播、遥控、无线寻呼等,信号(消息)只从广播发射台、遥控器和无线寻呼中心分别传到收音机、遥控对象和 BP 机上。

通信双方采用 PTT 方式。单工通信属于点对点通信。根据收发频率的异同,单工通信可分为同频通信和异频通信。

1.2.2 半双工通信

所谓半双工通信(Half-duplex Communication),是指通信双方都能收发消息,但不能同时进行收和发的工作方式。如图 1-38 所示。

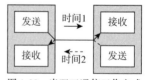

图 1-38 半双工通信工作方式

在这种工作方式下,发送端可以转变为接收端;相应地,接收端也可以转变为发送端。但是在同一个时刻,信息只能在一个方向上传输。因此,也可以将半双工通信理解为一种切换方向的单工通信,如对讲机、收发报机等。

1.2.3 全双工通信

所谓全双工通信(Full-duplex Communication),是指通信双方可同时进行双向传输消息的工作方式。在这种方式下,双方都可同时收发消息。很明显,全双工通信的信道必须是双向信道。如图 1-39 所示。

全双工通信允许数据同时在两个方向传输,又称为双向同时通信,即通信的双方可以同时发送和接收数据。在全双工通信方式下,通信系统的每一端都设置了发送器和接收器。因此,能控制数据同时在两个方向上传输。全双工通信无须进行方向的切换,因此,没有切换操作所产生的时间延迟,这对那些不能有时间延误的交互式应用(如远程监测和控制系统)十分有利。这种方式要求通信双方均有发送器和接收器,同时,需要2根数据线传送数据信号(可能还需要控制线和状态线以及地线)。

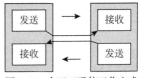

图1-39　全双工通信工作方式

理论上,全双工通信可以提高网络效率,但实际上需配合其他相关设备才可实现。例如,必须选用双绞线的网络线缆才可以全双工通信,而且中间所接的集线器(HUB)也要能全双工通信;最后,所采用的网络操作系统也要支持全双工通信,如此才能真正发挥全双工通信的威力。

1.2.4　串行传输和并行传输

所谓串行传输,是将代表信息的数字信号序列按时间顺序一个接一个地在信道中传输的方式,如图1-40所示。如果将代表信息的数字信号序列分割成两路或两路以上的数字信号序列同时在信道中传输,则称为并行传输,如图1-41所示。

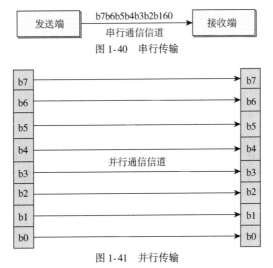

图1-40　串行传输

图1-41　并行传输

一般的数字通信方式大都采用串行传输,这种方式只需占用一条通路,缺点是传输时间相对较长;并行传输在通信中也会用到,它需要占用多条通路,优点是传输时间较短。

单元1.3　无线通信传输的干扰原因及消除方法

学习任务

掌握无线通信传输常见的干扰源,以及干扰源的来源分类;针对不同的干扰源,采用适宜的方法去消除或减小干扰影响。

 **问题引导**

大家在生活、工作中使用电子设备时,会遇到哪些信号不良、通信不畅的问题?你认为这些情况是由哪些原因造成的?怎样避免?

 **知识学习**

1.3.1　干扰信号源

在多媒体音视频信号采集、处理、传输中,抗干扰一直是众多集成商、开发商等主要的攻破对象。在使用视频采集卡采集视频信号并压缩后,还需要传输到指定的主机,一般情况下采用设备自带的连接线即可。不过在一些特定的行业领域,视频传输的距离较长,在视频传输和采集中经常会遇到一些信号干扰现象,致使传输信号受到波动、干扰等。在监视器上会看到不规则的细线由上至下滚动,使采集到的视频出现失帧模糊等现象。在短距离传输中基本上不会出现这种现象,但是长距离传输就容易受干扰源的影响。

1.3.2　干扰信号源的分类

干扰信号源按照干扰的来源不同,可分为以下三种。

1. 前端设备干扰

前端设备干扰包括前端摄像机的供电电源和摄像机本身质量问题引起的干扰。判断方法是直接在前端设备接监视器观察,如果是供电电源引起的干扰,可以通过更换电源、采用开关电源供电、在220V交流回路中加交流滤波器等办法解决。

供电电源干扰,主要有以下几种情况:

(1)50Hz电源干扰:由于两端接地电位不同及电缆外皮电阻的存在,在两地之间引起50Hz的地电位差,从而产生干扰信号电压。当干扰信号被叠加在视频信号上时,会使正常图像上出现很宽的横暗带。

(2)不洁净电源干扰:这里所指的电源不"洁净",是指在正常的电源(50周的正弦波)上叠加有干扰信号。而这种电源上的干扰信号多来自本电网中使用可控硅的设备,特别是大电流、高电压的可控硅设备,对电网的污染非常严重,这就导致了同一电网中的电源不"洁净"。

(3)50Hz电源频率的二次谐波和三次谐波干扰:谐波干扰主要表现在大电流或高电压的电力电缆周围,是电力电缆向四周的辐射信号,其频率为2.5kHz和125kHz,主要干扰视频信号的低频段。

提及谐波干扰,就要涉及传输过程中难以避免的广播信号干扰。广播信号的干扰是很强的,也是很常见的。由于实际应用的需要而必须将电缆在空中架设时,电缆本身就相当于一根很长的天线。由于天线效应的结果,在终端负载上就会产生广播干扰信号的电压,使干扰信号混入视频信号。这种干扰信号在图像上表现为较密的斜形网纹,严重时甚至会淹没图像。

2.传输过程干扰

传输过程干扰主要是传输电缆损坏引起的干扰、电磁辐射干扰和地线干扰(地电位差)三种。对于传输电缆损坏问题,可以通过更换电缆或增加抗干扰设备解决。

3.终端设备干扰

终端设备干扰主要是监控室的供电设备本身产生的干扰、接地引起的干扰、设备与设备连接引起的干扰等,其简单判断方法是在监控室直接连接摄像机进行观察。

1.3.3 消除方法

1.地电位差干扰消除方法

地电位差干扰是系统经常出现的干扰,产生地电位差干扰的原因是系统中存在两个以上互相冲突的地,地与地之间存在一定的电压差,该电压通过信号电缆的外屏蔽网形成干扰电流,对图像产生干扰。地电流主要是50Hz交流电及电器设备产生的干扰脉冲,在图像上的表现是水平黑色条纹、扭曲、掺杂有水平杂波,而且有可能沿垂直方向缓慢移动。

由于视频电缆的损坏引起的干扰,更换电缆是最好的办法。在无法更换的情况下,如果干扰为雪花或网纹干扰,可以选择抗干扰器。解决办法是:将前端设备与地隔离,但要避免可能发生的雷击或电击的危险;采用具有隔离功能的抗干扰设备,如抗干扰器、视频隔离器等。

2.电磁干扰消除方法

防电磁干扰有三项措施,即屏蔽、滤波和接地。单纯采用屏蔽方式不能提供完整的电磁干扰防护,因为设备或系统上的电缆才是最有效的干扰接收与发射天线。许多单台设备做电磁兼容时都没有问题,但当两台设备连接起来以后,就不满足电磁兼容的要求了,因为电缆起到了接收和辐射天线的作用。因此,针对单台设备,唯一的防电磁干扰措施就是加滤波器,切断电磁干扰沿信号线或电源线传播的路径,与屏蔽方式共同构成完善的电磁干扰防护,无论是抑制干扰源、消除耦合或提高接收电路的阻抗能力,都可以采用滤波技术。

产生电磁干扰的三个要素为电磁干扰源、耦合途径、敏感设备。所以,在解决电磁干扰问题时,要从这三个因素入手,对症下药,消除其中某一个因素,就能解决电磁干扰。降低电磁干扰的有效方法可总结如下:

(1)利用屏蔽技术减少电磁干扰。

为有效抑制电磁波的辐射和传导及高次谐波引发的噪声电流,用变频器驱动的设备的电缆必须采用屏蔽电缆,且屏蔽层应可靠接地;模拟信号的传输线应使用双屏蔽的双绞线;不同的模拟信号线应该独立走线,有各自的屏蔽层,以减少线间的耦合,不要把不同的模拟信号置于同一公共返回线内;低压数字信号线使用双屏蔽的双绞线,也可以使用单屏蔽的双绞线。模拟信号和数字信号的传输电缆,应该分别屏蔽,同时注意走线尽量短。

(2)利用接地技术消除电磁干扰。

确保控制机柜中的所有设备接地良好,而粗的接地线连接到电源进线接地点(PE)或接地母排上。特别重要的是,连接到变频器的任何电子控制设备都要与其共地,共地时也应使用短和粗的导线。

(3)利用布线技术改善电磁干扰。

有电动机设备的电缆应独立于其他电缆走线,同时应避免电机电缆与其他电缆长距离平行走线,以减少变频器输出电压快速变化而产生的电磁干扰;控制电缆和电源电缆交叉时,应尽可能使它们按90°角交叉,同时必须用合适的线夹将电机电缆和控制电缆的屏蔽层固定到安装板上。

(4)利用滤波技术降低电磁干扰。

进线电抗器用于降低由变频器产生的谐波,同时也可用于增加电源阻抗,并帮助吸收附近设备投入工作时产生的浪涌电压和主电源的尖峰电压。进线电抗器串接在电源和变频器功率输入端之间。电路中还可以使用低通频滤波器(FIR),低通频滤波器应串接在进线电抗器和变频器之间。采用低通频滤波器可以有效减小来自变频器传导中的辐射干扰。

1.3.4 一定范围内干扰信号的产生与改善

由于无线信号自身的一些局限性,其在实际应用中经常受到各种因素的影响。

(1)障碍物影响。

无线微波传输是近乎直线的传输,绕射能力自然非常差。当无线信号所处的环境有太多障碍物时,障碍物会加速信号衰减,使得障碍物后方的无线设备无法接收到无线信号。

(2)频段的影响。

当过多无线网络同时处于一个频段时,它们会相互影响信号的传输。无线信号的工作频段为2.4GHz,而日常生活中很多电子设备或家电也处于同一频段,如微波炉、电冰箱、无线电话等。这些家电的存在也会削弱无线信号。

(3)强信号干扰。

如果无线设备附近有强干扰源,如有轨电车、无线电发射塔以及变压器等(通常在100m内都会有干扰),这些干扰源对无线信号会有很强的干扰。

(4)大量用户同时使用。

当无线网络没有设置密码,周围或者能够收到这个无线信号的用户都连接到这个无线设备时,无线信号的稳定性和速度会受到很大的影响。

(5)频道冲突。

如果无线设备所处的环境中还有很多其他的无线设备,就可能有频道冲突,从而导致信号串扰问题。

(6)湿度影响。

在潮湿或者雷雨天气,信号要比在晴天衰减得快,晴天时信号能传输更远,所以如果是家庭中,尽量不要让室内过度潮湿。

针对以上常常出现的简单因素(除了技术上的因素),可采用以下几种方法来进行改善:

①选择合适的地方安置无线AP(无线接入点)。尽量选择障碍物较少、位置较高的地方放置无线AP。

②频段调整时可以人工修改设备的无线频道,减少无线信号的串扰。同时让无线设备尽量远离和其自身频段相近的电子设备。

③设置无线信号连接密码。给自己的无线信号设置连接密码,不要让过多的人同时使用。无线设备的放置位置应尽量远离强干扰源。

④可以通过更换内置天线来增强无线信号。

实训任务

本模块主要从以下几个方面对学生的学习进行评估:①学生能够正确掌握无线通信和移动通信的基本知识;②学生能够正确画出常见的移动通信模型和通信方式的模型图;③学生能够对城市轨道交通子系统的相互通信进行描述。④学生正确认识到无线集群通信在城市轨道交通各个岗位工作中的重要性。

相关工作任务单详见书后模块1实训工单。

思考与练习

1.填空题

(1)无线传输是指利用_____进行_____的一种方式。无线通信是利用电波信号可以在_____中传播的特性进行_____的一种通信方式。

(2)"_____天线"沿着一个单独的方向发送无线电信号。"_____天线"在所有的方向都以相同的强度和清晰度发送与接收无线信号。

(3)无线通信主要包括_____通信和_____通信。

(4)电磁波通信一般可以分为_____方式和_____方式。

(5)移动通信系统由_____、_____、移动业务交换中心以及传输线四个部分组成。

(6)城市轨道交通无线通信系统由_____、网管设备、_____、基站、漏泄电缆、用户台、接回设备、_____等主要设备组成。

(7)根据业务范围,城市轨道交通无线通信系统可以划分成5个业务组:_____、防灾调度业务组、_____、_____、停车场值班调度业务组,每个业务组以相应的调度台为核心。

(8)在数字通信中,按照数字信号代码排序顺序的方式不同,可将通信方式分为_____传输和_____传输。

2.判断题

(1)在移动中实现的无线通信又通称为移动通信。( )

(2)无线通信既可以利用电磁波也可以通过线缆进行通信。( )

(3)频率为428~570GHz的电磁波识别为红色。( )

(4)连接到每一个天线上的收发器都必须调整为相同的频率。( )

(5)点对点通信采用全向天线,当许多不同的接收器都必须能够获得信号或者接收器的位置高度易变时采用定向天线。( )

(6)由于反射、衍射和散射的影响,将沿着许多路径传播的无线信号称为多路径信号。( )

3.简答题

(1) 简述多路径信号传输的优点和缺点。

(2) 简述无线传输与有线传输的异同。

(3) 简述移动通信的分类。

(4) 叙述无线通信在城市轨道交通中的应用的意义。

(5) 简述影响无线传输的干扰源有哪些。

(6) 试画出单工通信、半双工通信及全双工通信三种通信方式的示意图。

模块 2　集群移动通信系统

学习目标

知识目标:掌握通信系统的模型,理解集群移动通信系统的基本知识,掌握通信系统的一般模型;掌握模拟通信系统;掌握数字通信系统的模型;了解集群移动通信系统的特点和网络结构,理解集群移动通信的信令,并掌握信令的分类与信令格式;理解集群移动通信系统的功能,并能够根据集群移动通信系统的入网掌握集群移动通信系统的维护。

能力目标:可以正确区分模拟通信系统与数字通信系统的异同;针对集群移动通信的功能和特点,掌握集群通信系统的基本结构,熟练关于集群系统的网络管理软件的基本操作和维护。

素质目标:培养学生在工作中时常使用集群移动通信系统的熟练程度,针对集群移动通信系统的设备和软件操作,形成严谨的工作作风、认真学习的态度,时刻注重专业知识的积累和未来工作能力的提升。

建议学时

模块总学时 12 学时 = 8 理论学时 + 2 实验学时 + 2 实训学时。

知识导航

本模块主要介绍常规通信中模拟通信和数字通信的基础知识点,使学生熟悉通信系统的特点、系统结构和通信原理;在此基础上介绍集群通信系统的相关知识,使学生重点掌握集群通信的工作方式、特点和功能,理解集群通信系统的组网结构和功能,了解集群移动通信系统的功能,为以后集群通信系统操作和故障分析打好基础。

单元 2.1　通信系统概述

学习任务

了解无线传输的定义和无线传输的通信原理;掌握无线传输通信相比有线传输通信的优势;理解微波通信和卫星通信的相关概念与技术;掌握无线集群移动通信系统的发展概况,熟悉目前主流的数字集群移动通信系统,并了解各系统的特点;掌握城市轨道交通中各子系统之间的相互通信。

现代通信系统主要的模型是什么？有哪些通信设备？通信技术有哪些？通信技术的发展趋势及应用前景是怎样的？

2.1.1 通信基础知识

通信系统（Communication system）是用于完成信息传输过程的技术系统的总称。现代通信系统主要借助电磁波在自由空间的传播或在导引媒介中的传输机理来实现，前者称为无线通信系统，后者称为有线通信系统。当电磁波的波长达到光波范围时，这样的通信系统称为光通信系统；其他范围的通信系统则称为电磁通信系统，简称电信系统。由于光的导引媒体采用特制的玻璃纤维，有线光通信系统又称光纤通信系统。一般电磁波的导引媒介是导线，按其具体结构可分为电缆通信系统和明线通信系统。无线通信系统按其电磁波的波长则有微波通信系统与短波通信系统之分。另外，按照通信业务的不同，通信系统又可分为电话通信系统、数据通信系统、传真通信系统和图像通信系统等。由于人们对通信的容量要求越来越高，对通信的业务要求越来越多样化，所以通信系统正迅速向着宽带化方向发展，而光纤通信系统将在通信网中发挥越来越重要的作用。

通信系统由信源（发端设备）、信宿（收端设备）和信道（传输媒介）等组成，这三部分称为通信的三要素。通信系统模型如图 2-1 所示。

图 2-1 通信系统模型

（1）信源是消息的产生地，其作用是把各种消息转换成原始电信号（消息信号或基带信号）。电话机、电视摄像机、计算机等各种数字终端设备就是信源。前者属于模拟信源，输出的是模拟信号；后者是数字信源，输出离散的数字信号。

（2）信宿是传输信息的归宿点，其作用是将复原的原始信号转换成相应的消息。

（3）发送设备的基本功能是将信源和信道匹配起来，即将信源产生的消息信号变换成适合在信道中传输的信号。变换方式是多种多样的，在需要频谱搬移的场合，调制是最常见的变换方式。对数字通信系统来说，发送设备常常可分为信源编码与信道编码。

（4）接收设备的基本功能是完成发送设备的反变换，即进行解调、译码、解码等。接收设备的任务是从带有干扰的接收信号中正确恢复出相应的原始基带信号，对于多路复用信号，还包括解除多路复用，实现正确分路。

（5）信道是指传输信号的物理媒质。在无线信道中，信道可以是大气（自由空间）；在有线信道中，信道可以是明线、电缆或光纤。有线信道和无线信道均有多种物理媒质。媒质的固有特性及引入的干扰与噪声直接关系到通信的质量。根据研究对象的不同，需要对实际的物理媒质建立不同的数学模型,以反映传输媒质对信号的影响。

(6)噪声源是指信道中的噪声及分散在通信系统中其他各处噪声的集中表示。噪声的来源是多样的,它可分为内部噪声和外部噪声。内部噪声主要是由于电路设计、制造工艺等因素,由设备自身产生的;外部噪声是由设备所在的电子环境和物理化学环境(自然环境)所造成的,其不可能反映在信噪比指标中。外部噪声通常被称为"干扰",这种干扰可能是电磁干扰,也可能是机械振动干扰,还可能是来自温度变化的干扰。

1. 通信系统的工作方式

通信系统的工作方式可概括为:来自信源的消息(语言、文字、图像或数据)在发信端先由末端设备(如电话机、电传打字机、传真机或数据末端设备等)变换成电信号,然后经发端设备编码、调制、放大或发射后,把基带信号变换成适合在传输媒介中传输的形式,该信号经传输媒介传输,在收信端经收端设备进行反变换,恢复成消息提供给收信者。这种点对点的通信大都是双向传输的。因此,在通信对象所在的两端均备有发端和收端设备。

2. 通信系统的分类

通信系统按所用传输媒介的不同可分为两类:①利用金属导体为传输媒介,如常用的通信线缆等,这种通信系统称为有线通信系统;②利用无线电波在大气、空间、水或岩、土等传输媒介中传播而进行通信,这种通信系统称为无线通信系统。光通信系统也有"有线"和"无线"之分,它们所用的传输媒介分别为光学纤维和大气、空间或水。

通信系统按通信业务(所传输的信息种类)的不同可分为电话、电报、传真、数据通信系统等。在时间上连续变化的信号,称为模拟信号(如电话);在时间上离散分布、其幅度取值也是离散分布的信号称为数字信号(如电报)。模拟信号通过模拟-数字变换(包括采样、量化和编码过程)也可变成数字信号。通信系统中传输的基带信号为模拟信号时,这种系统称为模拟通信系统;传输的基带信号为数字信号时,这种系统称为数字通信系统。

通信系统都是在有噪声的环境下工作的。设计模拟通信系统时采用最小均方差准则,即收信端输出的信号噪声比最大。设计数字通信系统时,采用最小错误概率准则,即根据所选用的传输媒介和噪声的统计特性,选用最佳调制体制,设计最佳信号和最佳接收机。

(1)模拟通信系统。

模拟通信是指在信道上把模拟信号从信源传送到信宿的一种通信方式。由于导体中存在电阻,信号直接传输的距离不能太远,解决的方法是通过载波来传输模拟信号。载波是指被调制以传输信号的波形,通常为高频振荡的正弦波。把模拟信号调制在载波上传输,比直接传输的距离远得多。一般要求正弦波的频率远远高于调制信号的带宽,否则会发生混叠,使传输信号失真。

模拟通信的优点是直观且容易实现,但保密性差,抗干扰能力弱。模拟通信在信道传输的信号频谱比较窄,因此可通过多路复用使信道的利用率提高。

(2)数字通信系统。

数字通信是指在信道上把数字信号从信源传送到信宿的一种通信方式。它与模拟通信相比,优点为:抗干扰能力强,没有噪声积累;可以进行远距离传输并能保证质量;能适应各种通信业务要求,便于实现综合处理;传输的二进制数字信号能直接被计算机接收和处理;便于采用大规模集成电路,通信设备利于集成化;容易进行加密处理,安全性更容易得到保证。

(3)多路系统。

为了充分利用通信信道、扩大通信容量和降低通信费用,很多通信系统采用多路复用方式,即在同一传输路径上同时传输多个信息。多路复用分为频率分割多路复用、时间分割多路复用和码分分割多路复用。在模拟通信系统中,将划分的可用频段分配给各个信息而共用一个传输媒介,称为频分多路复用,如图2-2所示。在数字通信系统中,分配给每个信息一个时隙(短暂的时间段),各路轮流占用时隙,称为时分多路复用,如图2-3所示。码分多路复用则是在发信端使各路输入信号分别与正交码波形发生器产生的某个码列波形相乘,然后相加而得到多路信号,如图2-4所示。完成多路复用功能的设备称为多路复用终端设备,简称终端设备。多路通信系统由末端设备、终端设备、发送设备、接收设备和传输媒介等组成。

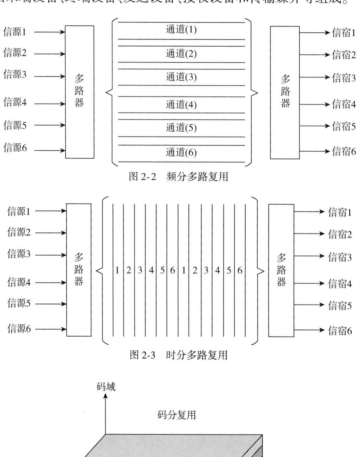

图2-2 频分多路复用

图2-3 时分多路复用

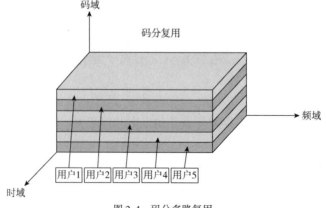

图2-4 码分多路复用

(4)有线系统。

有线系统是用于长距离电话通信的载波通信系统,也是按频率分割进行多路复用的通信系统。它由载波电话终端设备、增音机、传输线路和附属设备等组成。其中,载波电话终端设备是把话频信号或其他群信号搬移到线路频谱或将对方传输来的线路频谱加以反变换,并能适应线路传输要求的设备;增音机能补偿线路传输衰耗及其变化,沿线路每隔一定距离装设一部。

(5)无线微波系统。

长距离大容量的无线通信系统,因传输信号占用频带宽,一般工作于微波或超短波波段。在这些波段,无线通信一般仅在视距范围内具有稳定的传输特性,因而在进行长距离通信时须采用接力(也称中继)通信方式,即在信号由一个终端站传输到另一个终端站所经的路由上,设立若干个邻接的、转送信号的微波接力站(又称中继站),各站间的空间距离为20~50km。接力站又可分为中间站和分转站。微波接力通信系统的终端站所传信号在基带上可与模拟频分多路终端设备或与数字时分多路终端设备相连接。前者称为模拟接力通信系统,后者称为数字接力通信系统。由于具有便于加密和传输质量好等优点,数字微波接力通信系统日益得到人们的重视。除上述视距接力通信系统外,利用对流层散射传播的超视距散射通信系统,也可通过接力方式作为长距离、中容量的通信系统。

(6)卫星通信系统。

在微波通信系统中,若以位于对地静止轨道上的通信卫星为中继转发器转发各地球站的信号,则构成一个卫星通信系统。卫星通信系统的特点是覆盖面积很大,在卫星天线波束覆盖的大面积范围内可根据需要灵活地组织通信联络,有的还具有一定的变换功能,故已成为国际通信的主要手段,也是许多国家国内通信的重要手段。卫星通信系统主要由通信卫星、地球站、测控系统和相应的终端设备组成。卫星通信系统既可作为一种独立的通信手段(特别适用于海上、空中的移动通信业务和专用通信网),又可与陆地的通信系统结合、相互补充,构成更完善的传输系统,如图2-5所示。

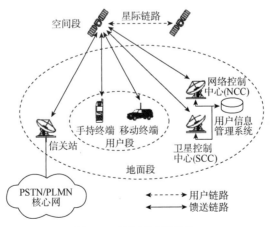

图2-5 卫星通信系统结构

用上述载波、微波接力、卫星等通信系统做传输分系统,与交换分系统相结合,可构成传送各种通信业务的通信系统。

(7)电话通信系统。

电话通信的特点是通话双方要求实时对话,因而要在一个相对短暂的时间内在双方之间临时接通一条通路,故电话通信系统应具有传输和交换两种功能。这种系统通常由用户线路、交换中心、局间中继线和干线等组成。电话通信网的交换设备采用电路交换方式,由接续网络(又称交换网络)和控制部分组成。接续网络可根据需要临时向用户接通通话用的通路,控制部分用来完成用户通话建立全过程中的信号处理并控制接续网络。在设计电话通信系统时,主要以接收话音的响度来评定通话质量,在规定发送、接收和全程参考当量后即可进行传输衰耗的分配。另外,根据话务量和规定的服务等级(用户未被接通的概率——呼损率)来确定所需机、线设备的能力。如图2-6所示。

电路交换的三个阶段

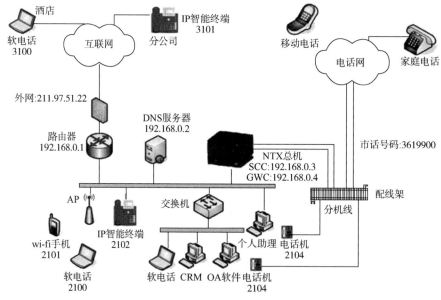

图2-6 电话通信系统结构

随着移动通信业务需要的日益增长,移动通信得到了迅速发展。移动通信系统由车载无线电台、无线电中心(又称基地台)和无线电交换中心等组成。车载无线电台通过固定配置的无线电中心进入无线电交换中心,可完成各移动用户间的通信联络;还可由无线电交换中心与固定电话通信系统中的交换中心(一般为市内电话局)连接,实现移动用户与固定用户间的通话。

(8)电报系统。

电报系统是为使电报用户之间互通电报而建立的通信系统。它主要利用电话通路传输电报信号。公用电报通信系统中的电报交换设备采用存储转发交换方式(又称电文交换),即将收到的报文先存入缓冲存储器,然后转发到去向路由,这样可以提高电路和交换设备的利用率。在设计电报通信系统时,服务质量是以通过系统传输一份报文所用的平均时延来衡量的。对于用户电报通信业务则仍采用电路交换方式,即将双方间的电路接通,而后由用户双方直接通报。

(9)数据通信系统。

数据通信是伴随着信息处理技术的迅速发展而发展起来的。数据通信系统由分布在各点的数据终端和数据传输设备、数据交换设备和通信线路互相连接而成。利用通信线路把分布在不同地点的多个独立的计算机系统连接在一起的网络,称为计算机网络,这样可使广大用户共享资源。在数据通信系统中多采用分组交换(或称包交换)方式,这是一种特殊的电文交换方式,在发信端把数据分割成若干长度较短的分组(或称包),然后进行传输,在收信端再加以合并。它的主要优点是可以减少时延和充分利用传输信道。

分组传输与重组

3.通信系统的衡量指标

如何来衡量一个通信系统的好坏呢？我们主要是通过有效性和可靠性来衡量的。也就是说,一个通信系统越高效可靠就越好。但实际上,有效性和可靠性是一对矛盾的指标,两者需要一定的折中。有效性指的是信息传输的速率,信息传输的速率越快,有效性越好。但信息传输越快,出错的概率也越高,信息的传输质量就不能保证,也就是可靠性降低了。就像汽车在公路上超速行驶,虽然速度较快,但有很大的安全隐患。所以不能单纯追求高速度,否则会适得其反。

那么,具体是用哪些指标来说明系统的有效性和可靠性的呢？

对于模拟通信系统来说,有效性是用系统的带宽来衡量的,可靠性则是用信噪比来衡量的。如果一路电话占用的带宽是一定的话,那么系统的总带宽越大,就意味着能容纳更多路电话。而当系统的带宽一定时,要想增加系统的容量,则可以通过降低单路电话占用的带宽来实现,因此单路信号所需的带宽越窄,说明有效性越好。但降低单路信号的占用带宽后,由于两路信号之间的频带隔离变窄,势必会增加相互间的干扰,即增加噪声,使信号功率与噪声功率的比值降低,从而降低系统的可靠性。

对于数字通信系统来说,有效性是通过信息传输速率来表示的,可靠性则是通过误码率或误信率来体现的。误码率是指接收端收到的错误码元数与总的传输码元数的比值,即表示在传输中出现错误码元的概率。误信率是指接收到的错误比特数与总的传输比特数的比值,即传输中出现错误信息量的概率。

数字信号在信道中传输时,为了保证传输的可靠性,往往要添加纠错编码,纠错编码是要占用传输速率的。当一个信道每秒能传输的总码元数或比特数一定时,如果不要纠错编码,显然每秒传输的信息量比特会多些,效率提高了,但没有了纠错码,可靠性则无法保证。这些为了提高可靠性而增加的编码,也被称为传输开销,原因是传输这些码元或比特的目的是检错纠错,而它们是不携带信息的。

在通信系统中,频率是任何信号都具有的特征,即使是数字信号也不例外,传输它们也是要占用一定的频率资源的。带宽和数字信号的传输速率是成正比的。理想情况下,传输速率除以2就是以这个速率传输的数字信号所占用的频带宽度。所以,速率越高所占的频带也会越宽,因此,高速通信往往也称为"宽带通信"。

2.1.2 模拟通信基础知识

1.模拟通信的定义

模拟通信(Analog telecommunications)是利用正弦波的幅度、频率或相位的变化,或者利用脉冲的幅度、宽度或位置的变化来模拟原始信号,以达到通信的目的,故称为模拟通信。

2.模拟通信的简介

模拟通信是指可利用正弦波的幅度、频率或相位的变化,或者利用脉冲的幅度、宽度或位置变化模拟原始信号来传递信息的通信方式,也可以说是用模拟信号作为载体来传输信息,或用模拟信号对载波进行模拟调制后再传输信息的通信方式。而模拟信号在日常生活中是经常遇到的,如语音信号、干扰信号、噪声、电视摄像管产生的图像电流信号等,其共同特点为:幅度随时间做连续变化。模拟通信系统主要由用户设备、终端设备和传输设备等部分组成。其工作过程是:在发送端,先由用户设备将用户送出的非电信号转换成模拟电信号,再经终端设备将它调制成适合信道传输的模拟电信号,然后送往信道传输。到了接收端,经终端设备解调,然后由用户设备将模拟电信号还原成非电信号,送至用户。

3.模拟通信的主要特点

与数字通信相比,模拟通信系统设备简单,占用频带窄,但通信质量、抗干扰能力和保密性能等不及数字通信。从长远观点看,模拟通信将逐步被数字通信所替代。

模拟通信的优点是直观且容易实现,但存在以下几个缺点:

(1)保密性差。模拟通信,尤其是微波通信和有线(明线)通信很容易被窃听。只要收到模拟信号,就容易得到通信内容。

(2)抗干扰能力弱。电信号在沿线路的传输过程中会受到外界的和通信系统内部的各种噪声干扰,噪声和信号混合后难以分开,从而使得通信质量下降。线路越长,噪声的积累也就越多。数字信号与模拟信号的区别不在于该信号使用哪个波段进行转发,而在于信号采用何种标准进行传输。例如,采用亚洲二号卫星 C 波段转发器传送的电视节目,它所采用的标准是 MPEG-2-DVBS。

(3)设备不易大规模集成化。

(4)不适于飞速发展的计算机通信要求。

4.模拟通信的信号

不同的数据必须转换为相应的信号才能进行传输:模拟数据一般采用模拟信号(Analog Signal),如用一系列连续变化的电磁波(如无线电与电视广播中的电磁波)或电压信号(如电话传输中的音频电压信号)来表示;数字数据则采用数字信号(Digital Signal),如用一系列断续变化的电压脉冲(可用恒定的正电压表示二进制数1,用恒定的负电压表示二进制数0)或光脉冲来表示。当模拟信号采用连续变化的电磁波来表示时,电磁波本身是信号载体,不是传输介质;而当模拟信号采用连续变化的电压信号来表示时,它一般通过传统的模拟信号传输线路(如电话网、有线电视网)来传输。当数字信号采用断续变化的电压或光脉冲来表示时,一般需要用双绞线、电缆或光纤介质将通信双方连接起来,才能将信号从一个节点传到另一个节点。

模拟信号主要是与离散的数字信号相对的连续信号。模拟信号分布于自然界的各个角落,如每天温度的变化。而数字信号是人为抽象出来的在时间上的不连续信号。电学上的模拟信号主要是指振幅和相位都连续的电信号,此信号可以以类比电路进行各种运算,如放大、相加、相乘等。数字信号是离散时间信号(Discrete-time signal)的数字化表示,通常可由模拟信号获得。

5. 模拟信号的调制方式

模拟通信的信道只能采用频分多路复用。在诸多线性调制方式中,振幅调制的单边带调制具有频谱利用率和调制效率高的优点,因而模拟载波系统的组群均采用这种调制方式。以载波组群作为基带信号进行二次调制,则可采用其他线性调制方法。

6. 模拟通信设备

模拟传输系统的配套交换设备,如未经适当的模数转换,则应采用空分交换设备。早期的电话网就是模拟通信网。模拟通信可直接用于电话通信,但受到传输模拟信号的金属电缆和明线频带的限制,且空分交换难以实现模拟复用。为此,在网络容量不断扩大、非话业务迅速增长以及话音信号已能实现数字化的条件下,以大容量、数字化、时分复用为特征的数字传输系统和程控数字交换设备将逐步取代模拟系统,向数字网过渡。过渡期的电信网是模拟数字混合网。

2.1.3 数字通信基础知识

1. 数字通信的定义

数字通信(Digital telecommunications)是用数字信号作为载体来传输消息或用数字信号对载波进行数字调制后再传输的通信方式。它可传输电报、数字数据等数字信号,也可传输经过数字化处理的声音和图像等模拟信号。

常规的电话和电视通信都属于模拟通信。电话和电视模拟信号经数字化后,再进行数字信号的调制和传输,称为数字电话和数字电视。以计算机为终端机的数据通信,因信号本身就是数字形式,而属于数字通信。卫星通信中采用的时分或码分多路通信也属于数字通信。数字通信系统的模型参见图1-11。

2. 数字通信系统的相关概念

(1)信源。

信源把原始信息变换成原始电信号。

(2)信源编码。

①实现模拟信号的数字化传输。

②提高信号传输的有效性,即在保证一定传输质量的情况下,用尽可能少的数字脉冲来表示信源产生的信息。信源编码也称作频带压缩编码或数据压缩编码。

(3)信道编码。

①信道编码的目的:信道编码主要解决数字通信的可靠性问题。

②信道编码的原理:对传输的信息码元按一定的规则加入一些冗余码(监督码),形成新的码字,接收端按照约定好的规律进行检错甚至纠错。

③信道编码又称为差错控制编码、抗干扰编码、纠错编码。

(4)数字调制。

①数字调制技术的概念:把数字基带信号的频谱搬移到高频处,形成适合在信道中传输的频带信号。

②数字调制的主要作用:提高信号在信道上传输的效率,达到信号远距离传输的目的。

③基本的数字调制方式:振幅键控(ASK)、频移键控(FSK)、相移键控(PSK)。三种调制方式的基本波形如图2-7所示。

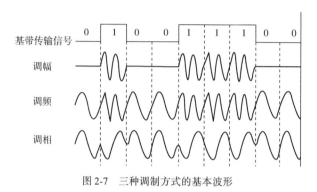

图2-7 三种调制方式的基本波形

(5)同步。

①同步的概念:指通信系统的收、发双方具有统一的时间标准,使它们的工作"步调一致"。

②同步的作用:对于数字通信是至关重要的。如果同步存在误差或失去同步,通信过程中就会出现大量的误码,导致整个通信系统失效。

(6)信道。

信道是信号传输媒介的总称,信道的类型有有线信道(如电缆、光纤)和无线信道(如自由空间)两种。

(7)噪声源。

对于通信系统中各种设备以及信道中所固有的噪声,为了分析方便,把噪声源视为各处噪声的集中表现而抽象加入。

3.数字通信系统的分类

数字通信的基本特征是,它的消息或信号具有"离散"或"数字"的特性,从而使数字通信具有许多特殊的问题。例如,在模拟通信中强调变换的线性特性,即强调已调参量与代表消息的基带信号之间的比例特性;而在数字通信中,则强调已调参量与代表消息的数字信号之间的一一对应关系。

另外,数字通信中还存在以下突出问题:第一,数字信号传输时,信道噪声或干扰所造成的差错原则上是可以控制的。这是通过所谓的差错控制编码来实现的,需要在发送端增加一个编码器,而在接收端相应需要一个解码器。第二,当需要实现保密通信时,可对数字基带信号进行人为"扰乱"(加密),此时在收端就必须进行解密。第三,由于数字通信传输的是一个接一个按一定节拍传送的数字信号,因而接收端必须有一个与发送端相同的节拍,否则就会因收发步调不一致而造成混乱。另外,为了表述消息内容,基带信号都是按消息特征进行编组的,于是,在收发之间一组组的编码的规律也必须一致,否则接收时消息的真正内容将无法恢复。在数字通信中,称节拍一致为"位同步"或"码元同步",而称编组一致为"群同步"或"帧同步",故数字通信中还必须有"同步"这个重要问题。

数字通信系统可进一步细分为数字频带传输通信系统、数字基带传输通信系统、模拟信号数字化传输通信系统。

(1)数字频带传输通信系统。

一般把有调制器/解调器的数字通信系统称为数字频带传输通信系统。数字频带传输通信系统一般可用图2-8所示。

图2-8 数字频带传输通信系统模型

需要说明的是,图2-8中调制器/解调器、加密器/解密器、编码器/译码器等,在具体通信系统中是否全部采用,取决于具体设计条件和要求。但在一个系统中,如果发端有调制、加密、编码,则接收端必须有解调、解密、译码。

(2)数字基带传输通信系统。

与频带传输通信系统相对应,一般把没有调制器/解调器的数字通信系统称为数字基带传输通信系统,如图2-9所示。

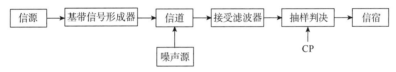

图2-9 数字基带通信系统模型

图2-9中基带信号形成器可能包括编码器、加密器以及波形变换等,接收滤波器也可能包括译码器、解密器等。

(3)模拟信号数字化传输通信系统。

在日常生活中大部分信号(如语音信号)为连续变化的模拟信号。那么要实现模拟信号在数字系统中的传输,则必须在发送端将模拟信号数字化,即进行A/D转换;在接收端需进行相反的转换,即D/A转换。实现模拟信号数字化传输的系统称为模拟信号数字化传输通信系统,如图2-10所示。

图2-10 模拟信号数字化传输通信系统模型

4.数字通信系统的优点

(1)抗干扰能力强。

由于在数字通信中,传输的信号幅度是离散的,以二进制为例,信号的取值只有两个,这样接收端只需判别两种状态。信号在传输过程中受到噪声的干扰,必然会使波形失真,接收端对其进行抽样判决,以辨别是两种状态中的哪一种。只要噪声的大小不足以影响判决的正确性,就能正确接收(再生)。而在模拟通信中,传输的信号幅度是连续变化的,一旦叠加上噪声,即使噪声很小,也很难消除它。

数字通信抗噪声性能好还表现在微波中继通信时,它可以消除噪声积累。这是因为数字信号在每次再生后,只要不发生错码,仍然像信源中发出的信号一样,没有噪声叠加在上面。因此中继站再多,数字通信仍具有良好的通信质量。而模拟通信中继时,只能增加信号能量(放大信号),而不能消除噪声。

(2)差错可控。

数字信号在传输过程中出现的错误(差错),可通过纠错编码技术来控制,以提高传输的可靠性。

(3)易加密。

数字信号与模拟信号相比,容易加密和解密。因此,数字通信保密性好。

(4)易于与现代技术相结合。

由于计算机技术、数字存储技术、数字交换技术以及数字处理技术等现代技术飞速发展,许多设备、终端接口均是数字信号,因此极易与数字通信系统相连接。

5.数字通信系统的缺点

(1)频带利用率不高。

系统的频带利用率,可用系统允许最大传输带宽(信道的带宽)与每路信号的有效带宽之比来表示,数字信号占用的频带宽,以电话为例,一路模拟电话通常只占据4kHz带宽,但一路接近同样话音质量的数字电话可能要占据20~60kHz的带宽。因此,如果系统传输带宽一定的话,模拟电话的频带利用率要高出数字电话的5~15倍。

(2)设备比较复杂。

数字通信中,要准确地恢复信号,接收端需要严格同步系统,以保持收端和发端严格地节拍一致、编组一致。因此,数字通信系统及设备一般都比较复杂,体积较大。

不过,随着新的宽带传输信道(如光导纤维)的采用、窄带调制技术和超大规模集成电路的发展,数字通信的这些缺点已经弱化。随着微电子技术和计算机技术的迅猛发展与广泛应用,数字通信在今后的通信方式中必将逐步取代模拟通信而占主导地位。

6.数字通信的发展

数字通信的早期历史是与电报的发展联系在一起的。

1937年,英国人A.H.里夫斯提出脉码调制(PCM),从而推动了模拟信号数字化的进程。

1946年,法国人E.M.德洛雷因发明增量调制。

1950年,C.C.卡特勒提出差值编码。1947年,美国贝尔实验室研制出供实验用的24路电子管脉码调制装置,证实了实现PCM的可行性。

1953年,国外专家发明了不用编码管的反馈比较型编码器,扩大了输入信号的动态范围。

1962年,美国研制出晶体管24路1.544Mbit/s脉码调制设备,并在市话网局间使用。

20世纪90年代,数字通信向超高速、大容量、长距离方向发展,高效编码技术日益成熟,语声编码已走向实用化,新的数字化智能终端将进一步发展。

2.1.4 集群通信系统与集群移动通信系统

集群通信系统是按照动态信道指配的方式实现多用户共享多信道的无线电移动通信系

统。该系统一般由终端设备、基站和中心控制站等组成,具有调度、群呼、优先呼、虚拟专用网、漫游等功能。

集群移动通信系统是供多个用户(部门、群体)共用并动态使用一组无线电通道,并主要用于指挥调度的移动通信系统。它是20世纪70年代发展起来的一种较经济、较灵活的移动通信系统,是传统的专用无线电调度系统的高级发展阶段。传统的专用无线电调度系统,整体规划性差、型号、制式混杂,"网小台多",覆盖面窄,噪声干扰严重,频率资源浪费,而集群移动通信能很好地克服这些问题。

单元2.2 集群通信系统

掌握集群通信的定义和特点;掌握集群通信系统的组成;了解集群通信发展以及国外与国内采用的标准;了解集群通信常见的业务种类以及集群通信工作方式;理解集群通信系统信令的格式。

如何将通信作为共享资源,在共同分担费用、有效利用信道的基础上,实现多用途、高效能的无线调度通信?需要哪些统一标准来实现?

2.2.1 集群通信的基本知识

1. 集群通信定义

集群通信是一种共享资源、分担费用、共用信道设备及服务的多用途、高效能的无线调度通信系统,是一种呼叫方式为PTT的专业移动通信系统,其集中控制和管理信道并动态分配信道给用户。

ITU-R将集群通信系统命名为"Trunking Communication System",国外也将其称为PMR (Private Mobile Radio)或SMS(Specialized Mobile System),我国将"Trunking Communication System"译为中继通信,1987年改译为集群移动通信系统,通常称为集群通信系统或集群系统。

2. 集群通信系统的特点

集群通信系统的特点如下。

(1)共用频率:将原来配给各部门的少量专有频率集中,供各家共用。

(2)共用设施:由于频率共用,就有可能将各家分建的控制中心和基站等设施集中管理。

(3)共享覆盖区:可将各家邻近覆盖区的网络互联起来,从而获得更大覆盖区。

(4)共享通信业务:除可进行正常的通信业务外,还可利用网络有组织地发送各种专业信息为大家服务。

（5）分担费用：共同建网可以大大降低机房、电源等建网投资，减少运营人员，并分担费用。

（6）改善服务：由于多信道共用，可调剂余缺、集中建网，可加强管理、维修，因此提高了服务等级，增加了系统功能。

（7）接续时间短，能快速获取信道和脱开信道。

（8）具有先进的数字信令系统。

（9）采用分布式容错处理，具有故障弱化功能。

（10）可采用灵活的多级分组。

（11）高级别优先分配信道工作。

（12）具有详细的管理报告。

（13）具有自动监视和报警功能。

（14）可进行动态重组。

（15）可进行紧急呼叫。

（16）可进行数据传输，能进行传真和话音保密业务。

（17）可与有线交换机互联。

总之，集群通信系统是一种高级移动指挥调度系统，是一种共享资源、分担费用、向用户提供优质服务的多用途、高效能而又廉价的先进的无线指挥调度通信系统，是一种专用移动通信系统。

正由于它是一种指挥调度系统，一些社会经济、工农业比较发达的国家，对指挥调度功能要求较高的企业、事业、交通、工矿、油田、农场、公安及军队等部门都迫切需要这种系统。它们都用单工方式工作，通过按键讲话开关进行通话，效率高，只有少数用户配用车载双工工作方式的终端，因此集群通信系统真正充分发挥了它应有的作用。

3．集群通信系统的组成

集群通信是在现场进行无线指挥调度和应急联动的有效手段，可满足多个应急处置部门同时高效联动、重要用户优先呼叫等应急通信指挥需求。

集群通信利用集中控制方式，使多个用户动态共用有限的无线信道资源，支持重要用户强插或强拆正在进行的通话，提高通信容量和无线信道利用率。

集群通信系统主要由集中控制系统、调度台、基站、移动台以及与公用电话网相连接的若干条中继线组成。集群通信系统的构成如图2-11所示。

基站：主要由若干个转发器、控制器、发信及合路器、接收机分路器、馈线、发信天线和接收天线等组成。

移动台：用于运行中或停留在某未定地点进行通信的用户台，包括车载台、便携台、手持台。

调度台：是能对移动台进行指挥、调度和管理的设备，分有线和无线两种。无线调度台由收发机、控制单元、天馈线（或双工台）、电源和操作台组成。

控制中心：包括系统控制器、系统管理终端和电源等设备，主要控制和管理整个集群通信系统的运行、交换和接续。

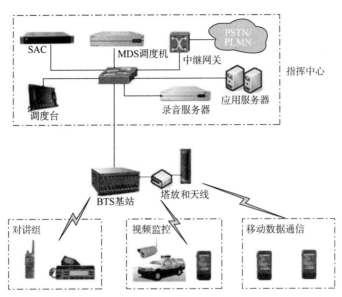

图 2-11 集群通信系统的构成

4.集群通信的发展史

(1)源自欧洲的 TETRA。

TETRA(泛欧集群无线电)是一种基于数字时分多址技术的无线集群通信系统,是欧洲电信标准化协会(ETSI)制定的数字集群通信系统标准。它是基于传统大区制调度通信系统的数字化而形成的一个专用移动通信无线标准。

TETRA 可在同一技术平台上提供指挥调度、数据传输和电话服务,它不仅可以提供多群组的调度功能,而且可以提供短数据信息服务、分组数据服务以及数字化的全双工移动电话服务。TETRA 还支持功能强大的移动台脱网直通(DMO)方式,可实现鉴权、空中接口加密和端对端加密。TETRA 具有虚拟专网功能,可以使一个物理网络为互不相关的多个组织机构服务,并具有丰富的服务功能、更高的频率利用率、高质量通信、灵活的组网方式,许多新的应用(如车辆定位、图像传输、移动互联网、数据库查询等)都已在 TETRA 系统中得到实现。

TETRA 在全球,尤其是欧洲市场得到了较为广泛的应用。

在我国的几种数字集群通信技术体制中,TETRA 的应用相对占多数,主要用于政府、铁路、地铁、航空、机场、水利等部门。

由于 TETRA 具有独特的技术优势,对于强力部门专网专用较有吸引力,2003 年至今其全球用户主要分布在公共安全、交通、PAMR(Public Access Mobile Radio,共用调度集群移动通信网)、公用事业、政府、军事、石油、工业等领域,其中公共安全和交通部门占有的市场份额超过65%。在亚太地区,TETRA 基本上应用于公共安全、交通、PAMR、公用事业领域,市场发展潜力很大。

但是,2003 年至今,TETRA 网络对外互联部分技术尚未完全公开,不同厂家的 TETRA 产品还没有完全实现互联互通,不同网络之间的用户和业务的互通乃至异地漫游还存在一些问题。另外,TETRA 的系统设备采购、建网成本和终端价格较高,这些都在一定程度上制约着TERPA的进一步发展。

（2）一家独大的iDEN。

iDEN（集成数字增强型网络）是美国摩托罗拉公司研制和生产的一种数字集群移动通信系统，它的前身是MIRS（摩托罗拉综合无线电）系统，最初设计是做集群共网应用，因此除了以指挥调度业务为主外，还兼有双工电话互联、数据和短消息等功能。

在技术方面，iDEN具有以下特点：

第一，在功能方面，iDEN在传统调度通信的基础上，大量吸收了数字蜂窝通信系统的优点，增强了电话互联功能，其无线电话功能与个人移动通信系统处于同一水平，同时将数字蜂窝通信系统的增值业务如短信息服务、语音信箱及基于IWF（互通功能）的电路数据应用于iDEN中。

第二，iDEN可以较高效率地使用传统的频谱，采纳传统的800MHz频谱（806MHz~825MHz，851MHz~870MHz），除欧洲外，该段频谱在全球被广泛应用于集群通信，无须调整，iDEN系统可以使用不连续频点，方便运营商灵活配置频率资源，通过TDMA技术，iDEN系统将一个25kHz的物理信道划分成6个数字通信时隙，频率利用率较高。

第三，iDEN采纳独特的M-16QAM的调制技术，使每一个25kHz的物理信道（含6个通信时隙）的速率都达到64kbps，同时使邻道抑制达到60dB以上，这一高效的调制技术保证了集群通信数字化进程中数字与模拟系统的共存，iDEN的话音编码方式采取4.2kbps的VSELP，可在6:1的压缩下保证话音质量。

第四，蜂窝式的小区结构提高了网络的覆盖能力，iDEN采用7×3的小区复用方式，将一个基站分为扇形小区，扩大小区的容量，提高大地域的组网能力，同时可以采取全向基站的方式，以及12×1的全向小区复用方式，因地制宜，逐步发展。

第五，可以实现跨系统调度通信。目前，iDEN技术体制主要用于数字集群共网系统，美洲和亚洲为其主要市场。在美洲，美国、加拿大、阿根廷、巴西、哥伦比亚、墨西哥、秘鲁等国都有iDEN的部署；在亚洲，日本、韩国、中国、菲律宾、新加坡、以色列等国都应用了iDEN。

iDEN网络的服务对象比较广泛，包括政府机构和各种企业用户，如建筑、服务、能源、商品零售和批发、农林采矿、广播出版等。

但是，iDEN是由摩托罗拉独家生产制造的，接口没有公开，目前网络设备主要由摩托罗拉供应，因此系统设备采购、建网和终端成本比较高。而且，由于研发年代较早，虽技术比较成熟，但对新业务支持能力相对较弱。

（3）我国的标准之一：GoTa。

GoTa（开放式集群架构）是我国中兴通讯提出的基于集群共网应用的集群通信体制，也是世界上首个基于CDMA技术的数字集群系统，具有自主知识产权，具备快速接续和信道共享等数字集群公共特点。GoTa作为一种共网技术，主要应用于共网集群市场，其主要特色在于更利于运营商建设共网集群网络、适合大规模覆盖、频谱利用率高、在业务性能和容量方面更能满足共网集群网络和业务应用的需要。

GoTa采用目前移动通信系统中最新的无线技术和协议标准，并进行了优化和改进，使其能够符合集群系统的技术要求，同时具有很强的共网运营能力和业务发展能力，满足集群未来发展的需求。

GoTa 可提供的集群业务包括一对一的私密呼叫和一对多群组呼叫;系统寻呼、群组寻呼、子群组寻呼、专用 PTT 业务等特殊业务;对不同的话务群组进行分类,如永久型群组和临时型群组,用户可对其群组内成员进行管理。除了集群业务以外,GoTa 还具有新的增值业务,如短消息、定位、VPN(虚拟专用网)等,这些业务和集群业务结合起来,可为集团用户提供综合服务。

GoTa 成功解决了基于 CDMA 技术的集群业务关键技术。为了能够在 CDMA 网络上进行 PTT 通信,并且不影响原有 CDMA 已具备的业务功能和性能,GoTa 围绕着无线信道共享和快速链接这两项关键技术提出解决方案,使新增的集群业务不会给传统通信业务和网络资源带来不利影响。与传统集群通信方式相比,GoTa 技术的优势有:技术先进、业务丰富、投资少、见效快、运营成本低。

2004 年 3 月 19 日,中兴通讯 GoTa 产业联盟启动,冠日、青年网络、南方高科等终端厂商开始与中兴通讯合作,共同推动 GoTa 产业的发展。

目前,中兴通讯已经与中国铁通、中国卫通两家基础电信运营商合作开展了 GoTa 数字集群商用试验,此外,还赢得了俄罗斯、挪威、马来西亚、泰国、埃及、阿尔及利亚等十余个国家和地区的数字集群项目,其中挪威和马来西亚的都是商用网络。

尽管从目前来看,iDEN、TETRA 技术相对来说已较成熟,但是它们价位都太高;GoTa 的性价比高、发展轨迹清晰、多业务增值能力强、安全保密性及可信任性好,但成熟度相对差些,需要时间完善。因此,在一定时期内,TETRA、iDEN、GoTa 等将会有不同的基本市场定位,在竞争中共存,并由市场用户决定其未来发展。

(4)我国的标准之二:GT800。

GT800 是我国华为公司提出的一项具有自主知识产权的基于 TDMA 的专业数字集群技术,它通过对 TDMA 和 TD-SCDMA 进行创造性的融合和创新,为专业用户提供高性能、大容量的集群业务和功能。技术创新集中体现在集群特性的实现与增强方面,目前已形成数十项集群技术核心专利。

GT800 的技术优势主要体现为以下几点:

①覆盖范围广。由于采用 TDMA 的技术体制,GT800 每个信道的发射功率恒定,覆盖距离仅受地形影响,能够在共享信道情况下实现广覆盖,在用户量增多的情况下,小区覆盖不受影响,各集团共享整个 GT800 网络覆盖服务区,真正体现 GT800 集群共网的广覆盖、广调度以及充分利用频率资源的特性。

②"一呼万应"。GT800 继承了业界成熟的数字集群技术体制,实现了真正的信道共享,组内用户的数量不受限制,用户之间不会互相干扰,真正实现"一呼万应"。

③GT800 采用动态信道分配,在话音间隙释放信道,讲话时才分配信道,大大提高了容量,即使容量负荷达到极限,也能够保证让高优先级用户顺利通话。

④基于 TDMA 第一阶段的 GT800,可以方便地向 TD-SCDMA 第二阶段的 GT800 演进,充分体现保护用户投资的设计理念。

2004 年 5 月,华为、SAGEM、波导、东信、夏新和科健六大通信设备及终端厂商联合发起"GT800 数字集群产业联盟",共推 GT800 数字集群通信技术与产品的发展。

5.数字集群通信系统的定义

数字集群通信系统采用先进的数字技术、数字信令方式、语音数字编码技术及调制解调技术,集多功能于一体,在技术上和系统容量上满足大型公共(用)网络的建设要求,能提供指挥调度、电话互联、数据传输、短消息收发等多种业务。

2.2.2 集群通信的业务种类

集群通信的业务种类有模拟集群通信业务和数字集群通信业务。

1.模拟集群通信业务

模拟集群通信业务是指利用模拟集群通信系统向集团用户提供的指挥调度等通信业务。模拟集群通信系统是指在无线接口采用模拟调制方式进行通信的集群通信系统。

模拟集群通信业务经营者必须自己组建模拟集群通信业务网络,无国内通信设施服务业务经营权的经营者不得建设国内传输网络设施,必须租用具有相应经营权运营商的传输设施组建业务网络。

2.数字集群通信业务

数字集群通信业务是指利用数字集群通信系统向集团用户提供的指挥调度等通信业务。数字集群通信系统是指在无线接口采用数字调制方式进行通信的集群通信系统。

数字集群通信业务主要包括调度指挥、数据、电话(含集群网内互通的电话或集群网与公共网间互通的电话)等业务类型。

数字集群通信业务经营者必须提供调度指挥业务,也可以提供数据业务、集群网内互通的电话业务及少量的集群网与公用电话网间互通的电话业务。

数字集群通信业务经营者必须自己组建数字集群通信业务网络,无国内通信设施服务业务经营权的经营者不得建设国内传输网络设施,必须租用具有相应经营权的运营商的传输设施组建业务网络。

2.2.3 集群通信体制

集群移动通信系统有两项国家标准:

(1)《集群移动通信系统技术体制》(GB 15539—1995)规定了必要的技术体制要求,主要包括网络结构、频率配置、编号方式、控制频道配置方式、信令、无线设备的总技术要求以及接口等内容。

(2)《集群移动通信系统设备通用规范》(GB/T 15874—1995)规定了设备通用规范,主要包括设备技术要求、安全要求、环境要求、可靠性要求和测试方法。

这些标准为集群移动通信系统的规划、设计、生产、使用和组网管理等提供了技术依据。

2.2.4 数字集群通信体制

信息产业部2000年12月28日正式发布了我国《数字集群移动通信系统体制》的行业标准:A:TETRA;B:iDEN。该标准为我国新的数字集群通信运营商以较低的成本建网和运营提供了技术基础。2004年12月30日,信息产业部又推荐了2种我国自主研发的数字集群通信系统,它们是中兴通讯的 GoTa(YDC 031-2004)和华为公司的 GT800(YDC 030-2004)。

2.2.5 集群通信工作方式

在一个多信道调度无线系统中,"集群"是指向正在申请服务的用户自动分配信道。调度无线信道的集群基本技术方法有以下几种。

1.按通话占用信道方式划分

按通话占用信道方式划分,集群通信工作方式可分为信息集群、传输集群、准传输集群。
(1)信息集群。

信息集群(消息集群),指挥调度通话期间,控制系统始终给用户分配一条固定的无线信道。从移动用户最后一次讲话完毕、松开 PTT 开关开始,系统等待 6~10s 的"信道保留时间"后脱网,释放信道。消息集群不是信道动态分配方式而是按需分配方式。因此,消息集群方式的无线信道未被充分利用,效率较低。图 2-12 所示为其工作过程。

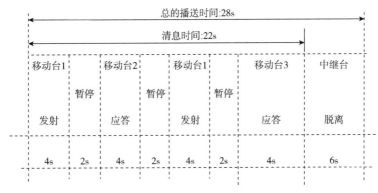

图 2-12 信息集群工作过程

(2)传输集群。

传输集群又称发射集群,指甲、乙双方用户在单工或者半双工通信时,甲方用户按下 PTT 开关,就占用一个空闲信道工作。当甲方用户第一个消息发送完毕松开 PTT 键时,就有一个"传输完毕"的信令送到基地台控制器,用来指示该信道可再分配给其他用户使用。传输集群方式信道是动态分配的,其缺点是会导致通话不连续和不完整。

具体来说,在"纯正"传输集群中,仅对单一半双工无线传输期间分配信道。因为半双工通信一般需要移动台的用户压下和释放 PTT 开关;当用户按键时,可把检测到的一个确定而可靠的"传输结束"信令发送到基站控制器,这个信令可用来指示该信道再分配使用。基站控制器接到该信令之后收回信道并将该信道分配给其他用户使用。所以在传输集群中不会由于通话暂停而仍然占用信道,提高了信道利用率。图 2-13 为其工作过程。该通信方式中,通话双方每次按下 PTT 开关,所分配到的通话是随机的。所以,每一个完整的通话过程可能要分几次在几个不同的信道上完成,这就有利于通话保密。但这种方式一旦通话完成,PTT 开关释放,分配的通话信道就会给其他用户使用,如果用户消息内有延迟,就可能导致通话不连续、完整性差。

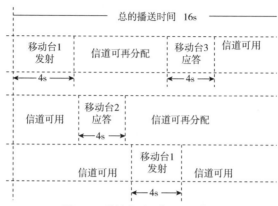

图2-13 传输集群工作过程示意图

（3）准传输集群。

准传输集群是相对传输集群而言的，是为了克服传输集群的缺点而改进的。准传输集群兼顾消息集群和传输集群的优点，缩短了信道保留时间，增加了用户每次发话完毕、松开PTT键后信道保留时间（0.5~6s），而不是消息中断。

在相当于系统"忙时"的非常高的信道负载上，纯粹的传输集群系统中存在着用户通信过程中被延迟的可能性。因为每单个信息传输必须获得一个新的话音信道分配，这些延迟极不受欢迎，会导致消息中断。因此就出现了上述"纯正"传输集群的修改型，称为"准传输集群"，图2-14所示为其工作过程。

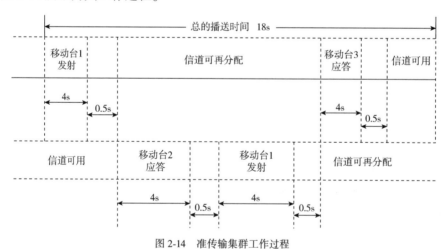

图2-14 准传输集群工作过程

准传输集群兼顾信息集群和传输集群的优点，缩短了集群站"脱网"时间，该时间连同移动台发送传输结束信令在内为0.5~1s。在准传输系统中，一旦开始接入信道，两个电台可迅速建立通话而不会"脱离"话音信道，因而，其具有小的信息延迟。

2.按控制方式划分

按控制方式划分，集群通信工作方式可分为专用控制信道方式和非专用信道的分布控制方式。前者称为集中控制方式，后者称为分布控制方式。无论哪一种控制方式，都能使集群通信系统的用户在使用时就像信道专用一样，尽管用户进行一个完整的通话需要多次更换通话信道,但用户自己并无明显的感觉。所有上述功能的实现都是靠系统内执行控制任务的硬件和软件配合完成的,这种以微处理机为硬件基础并与各种协议保持一致的软件结合就构成了集群通信系统的信令系统。因此,上述两种不同控制方式的信令也是不同的。集中控制方式系统称为专用控制信令系统,分布控制方式系统称为随路控制信令,或亚音频控制信令系统。

(1)专用控制信道方式。

专用控制信道方式采用一条信道做信令信道,并且必须由系统控制中心集中控制和管理,处理呼叫请求和分配空闲信道。

该方式具有许多优点,因为无须信道扫描,可以采用快速信令(如目前有的系统信令速度为 3.6kbit/s,有的可达 9.6kbit/s),所以,建立呼叫速度快,入网接续时间短,也就是说,专用控制信道方式的优点主要是接续快。此外,专用控制信道方式还具有下列功能:

①专用控制信道功能设置除具有一些专用的功能外,还可以完成紧急呼叫、短数据传输、动态重组、防盗选择、无线电台禁用等功能。

②连续分配信息更新,提高通信可靠性。

③遇忙排队,自动回呼等。

采用专用控制信道方式,用户的入网和接续都必须通过专用控制信道来完成,这就遇到了两个或两个以上移动台在同一瞬间发送信令而引起争用的问题。解决方法有两种:

①采用"定时询问"办法。

在此系统中,给每个移动台分配一个专用时隙,若移动台有信息发送就在该相应时隙内发送信令。这种方式时隙较多,可由同一起始定时信号导出或由基地台轮流安排各个用户发送,缺点是当用户多时,效率不高。所以它适用于用户数较少的系统。

②采用 ALOHA 方式或时隙 ALOHA 入网控制技术。

在此系统中,每一消息中都会有若干检错位,使基地台可确定收到的消息是否同移动台同时发送引起碰撞而出错。若所收信令无差错则发送应答信令,否则有关移动台将按随机选择时延重发消息,直到消息发送完为止。

(2)非专用信道的分布控制方式。

在这种集群通信系统中,每个基台(转发器、中继器)都有一个逻辑板负责信道的控制和信号转发。基地台间的信息交换通过一条高速数据总线(同轴电缆)进行。移动台可在任何空闲信道上实现接入操作。由于每个信道既要传输话音,又要传输信令。它用低于话音频带(300Hz 以下)的亚音频(如 150Hz)调制数字随路信令,且可与话音同时传输,不占信道。

在此系统中,移动台可预先获得可用信道而无须扫描,因而接入时间短。另外,由于每个信道独立完成信令交换,可在任何空闲信道上实现接入系统的操作,减少系统的交换负荷,提高可靠性,且阻塞率低,等待时间短。

2.2.6 集群通信系统信令

集群通信就是多个用户共用少数几个无线信道。为了确保通信有秩序及对内容保密,保证系统有机协调地工作,系统必须有完善的控制功能并遵循某些规定。这样就需要一些用来表示控制和状态的信号及指令。

为了将集群通信系统中用于通话的有用信号区别开来,我们把话音信号以外用于控制系统正常工作的非话音信号及指令系统称为"信令"。各种各样的信令组合成集群通信系统的信令系统,它可以称为集群通信系统的神经。由信令系统可决定集群通信系统功能的好坏,信令系统复杂是移动通信系统与普通通信系统的重要区别,同时,集群通信系统为了实现其强大的调度功能,信令系统会更加复杂。

关于集群通信系统的相关定义、分类、规约及信令格式,请参见模块3中的3.3。

单元2.3　集群通信系统组网形式

掌握集群通信系统的四种组网形式:单区、单点、单中心网络,单区、多点、单中心网络,多区、多中心网络,多区、多中心、多层次网络。理解它们的架构以及适用场合,分析它们不同的功能。

移动通信的最大特点就是用户在移动状态时仍然可与对方进行通话。当我们步行、乘坐公交、地铁或高铁时,如何能够与对方保持通话?除了多设置基站外,还需要了解哪些基站之间信号切换的技术原理?

通常,人们习惯性地按照覆盖区半径大小、服务区的几何形状来对系统的网络结构进行分类。按照覆盖区半径的大小,分成大区网、中区网、小区网;按照服务区的几何形状,分成框状网、带状网、蜂窝状网等。根据国内外各种资料来看,集群通信系统的网络结构有下列四种方式:

(1)单区、单点、单中心网络。
(2)单区、多点、单中心网络。
(3)多区、多中心网络。
(4)多区、多中心、多层次网络。

"中心"是指具有控制、交换功能的通信中心,它同时具有与市内电话网连接的功能;所谓"点"是指具有无线电信号收发功能的基站。下面简要介绍其中三种。

2.3.1　单区、单点、单中心网络

单区、单点、单中心网络是一个基本集群移动通信系统,它设置了一个控制中心和一个基站,如图2-15所示。在实际通信网络中较少用到此结构,因此不做过多介绍。

2.3.2　单区、多点、单中心网络

单区、多点、单中心网络,由一个控制中心、多个基站、有线或无线调度台及网中若干移动台组成,如图2-16所示。

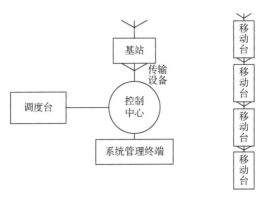

图 2-15　单区、单点、单中心网络

这种网络适用于一个地区内、多个部门共同使用的集群移动通信系统,可实现各部门用户通信,自成系统且网内的频率资源共享。

在整个服务区域内的多个基站(一个基站可以设多部基台,也可设一部基台)组合形成整个服务区。各基站可通过无线或有线传输电路连接到控制中心。

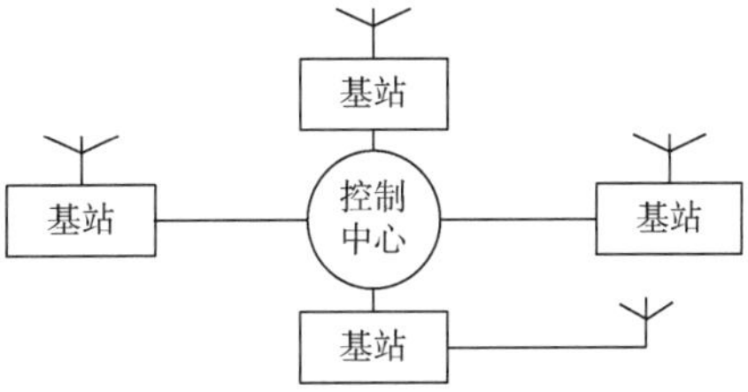

控制中心通过中继线或用户线与市话端或用户小交换机连接。

有线调度台通过有线传输电路与控制中心直接相连。在这种网络的设计和设备配置中应采取多点设置。

图 2-16　单区、多点、单中心网络

因各专业部门的业务不同,应按需设置基站,从而满足各专业部门的业务需求。对于已建成并各自独立使用频率、独立工作的专用网络,可方便地改造成频率资源共享的集群移动通信网络。这一点充分证实了集群的优点,即充分利用原有设施,减少投资的同时满足各自需要,实现了高效益。

当上述网络中基站只有一个时,网络就简化成图 2-17 所示的单区、单点、单中心网络。它同样是由控制中心、基站、有线或无线调度台及若干移动台组成的。基站和控制中心可设在同一地点,也可分别设在不同地点,两者之间同样可通过无线或有线传输电路连接。通过用户线或中继线,同样可以实现控制中心与用户小交换机或市话端的连接。

2.3.3　多区、多中心、多层次网络

多区、多中心网络与多区、多中心、多层次网络,由区域控制中心、多个控制中心、多基站组成整个服务区。如图 2-17 及图 2-18 所示。可以看出,图 2-17 各控制中心通过有线或无线传输电路连接至区域控制中心,即形成了图 2-18 所示的网络结构。各控制中心的将受到上一级区域控制中心的控制和管理。

控制中心主要处理所管辖基站区内和越区至本基站区内移动用户的业务。越区用户识别码的登记、控制频道分配、有线或无线用户寻找越区用户的业务,即位置登记、转移呼叫、越区频道转移的漫游业务,将在区域控制中心处理。这样就形成了二级管理的区域网。

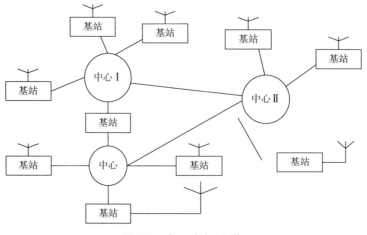

图 2-17　多区、多中心网络

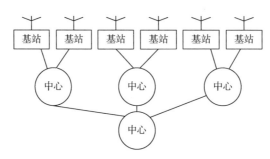

图 2-18　多区、多中心、多层次网络

根据业务需要,还可以设立更高级的管理中心,将其与区域中心相连接,也可以通过有线或无线传输通道,处理各下级区域间用户登记、呼叫建立、控制管理,从而对区域控制中心进行控制、管理以及监控。

单元2.4　集群移动通信的功能

 学习任务

了解集群移动通信的使用功能,如集群移动通信的基本业务、集群移动通信呼叫接续方式;了解集群移动通信的入网功能;掌握集群移动通信系统维护管理功能。

 问题引导

我们应如何根据集群移动通信的所有功能了解其可以完成哪些业务?

知识学习

集群移动通信系统是一种高级专业指挥调度系统,它在使用、系统入网、系统维护管理及多区联网等方面具有较齐全的功能,且操作方便、运行可靠、组网灵活。

根据集群用户业务需要,集群移动通信系统从组网规模上看,可分为单区系统和多区系统。单区系统适用于容量小、覆盖面小的业务组网,该系统设备组成简单,即由一个基本型的系统设备组成。多区系统适用于容量大、覆盖面大的业务组网,其系统设备组成复杂,由多个单区系统加上连接设备(有线或无线及专用接口设备)组合而成。无论是单区制还是多区制的集群通信系统,它们所要完成的基本功能是相同的。

2.4.1 集群移动通信的使用功能

1. 基本业务

集群移动通信系统的基本业务是进行语音通信,有些机密程度高的单位,还需要有保密话音(包括模拟保密和数字保密)通信,传输数据信息、状态(信息含数据加密的要求)等。

2. 呼叫接续方式

(1) 调度台(有线或无线)到移动台(组、群)的接续。

(2) 移动台到调度台(有线或无线)的接续。

(3) 移动台到移动台(组、群)的接续。

(4) PABX 或 PSTN 的有线用户到移动台或相反,实现有线互联。

(5) 呼叫类型(调度功能):个别呼叫(单呼)、组(群)呼、全呼(通播或全呼)、电话呼叫(有线、无线互联呼叫)。

集群移动通信系统都具有优先功能,一般有新近用户优先、多优先等级和紧急呼叫等。各移动用户根据需要可分配某一优先等级(多至 8 级)。当系统繁忙时,在先到先服务的原则下,按不同的优先等级对信息请求进行处理,从而重要用户能够优先得到系统服务。紧急呼叫通常有最高优先权,当有权用户发起紧急呼叫后,系统会立即为其分配话音信道。

2.4.2 集群移动通信的入网功能

1. 基本功能(主要功能)

(1) 入网时间短。任一用户按下 PTT 开关 0.5s 后,即可接入话音信道。

(2) 呼叫申请自动重发。主呼移动台用户按下 PTT 开关发送呼叫,由于某些原因,未被系统控制器确认,则释放 PTT 开关后,移动台继续发出数次信道请求。

(3) 遇忙排队自动回叫。当所有话务信道都在使用时,请求入网的用户进入排队等候。当有空闲信道时,中央控制器将自动以先来先服务原则向排在队首的用户送发接通提示音,让其通话。

(4) 具有紧急呼叫功能。遇有紧急情况,用户按紧急呼叫键,系统将保证开放一条信道用于紧急呼叫。同时,在监视终端显示紧急呼叫者的身份码,并发出声光提示。开放紧急通话信道有以下两种方式:

① 强拆式。紧急呼叫发出后无须等待空闲信道,而把优先权最低的用户所占用信道拆掉,提供给紧急呼叫使用。

② 队首式。紧急呼叫发出后无空闲信道时,这个紧急呼叫用户将被排在队首,一旦有空闲信道就分配给紧急用户使用。

(5)限时通话。为了保证有效利用信道,缩短用户等待时间,要对用户的通信时间进行限制,限时菜单由系统控制中心设定。

2. 可任选功能

(1)新近用户优选。新近用户优选是为了向那些刚刚脱离话音信道的用户提供信道,以便重返系统完成通话,保证话务量忙时的通话完整性,这些用户比其他有相同优先等级而未入网的用户优先得到信道。一般情况下,当用户释放信道10s后不再使用,则此新近优先状态结束。另外,新近用户数应进行限制,以防止少数用户组(群)垄断系统。

(2)动态重组。用户的设置是通过对用户台编程来实现的,因此用户台配发或卖出后,很难再对其重新进行编程。若需对某些用户重新编组,就需要采用动态重组技术。动态重组就是能够随时对用户进行动态的重新编组,可以把某些单个用户重新编成一个大组。动态重组一般是操作员通过管理终端输入指令,由中央控制器通过控制信道或话音信道发布指令,移动用户收到指令后自动改变设置;还有些系统是通过动态重组终端来完成的。

(3)位置登记及漫游。多区网或区域网等联网工作时,用户可在大网内进行位置登记和漫游。

(4)连续信道指配更新。一旦一个话音信道分配给一个通话组使用,只要该组仍在使用该信道,控制信道就一直发送信道分配信息,使个别成员(因正在与别的用户通话,或因干扰未能接收到呼叫信令,或因刚刚开机)未能及时进入本组通话,他可在控制信道收到连续分配信令,而进入本组的通信。这就保证了移动台能直接进入到正确的信道,以便加入本组其他成员的通话中。

(5)误导移动台保护。在分配的话音信道上转发器发出一串包含使用该信道的用户的识别码,因而可保证使意外被误导到该话音信道的用户因收不到正确的识别码而自动退回到信令信道上去,从而保证了在该信道用户通话的保密性。

(6)遥毙。遥毙可消除由丢失或可能已落入他人手中的移动台所引起的潜在危险,并能防止非法用户进入系统工作。系统一般通过中央控制器定时或不定时地发送控制信令来"遥毙"某移动台;也可以在用户发起呼叫时,系统通过核对用户档案来"遥毙"该移动台。

"遥毙"方式一般分为两种:一种相当于"禁用",只是对移动台的使用进行限制并不破坏移动台的程序;另一种可称为真正的"毙掉",是把移动台的程序清除。移动台一旦被"遥毙",则无法在集群系统中运行,即不能发射和接收,直到系统管理员将其解除"遥毙"。解除"遥毙"的方法根据"遥毙"方式的不同而不同。对于第一种方式,系统管理员通过系统管理终端发出"遥毙"解除命令,恢复用户原有的权利;第二种方式,解除"遥毙"时需要对移动台重新进行编程才能完成。

(7)系统容错。系统容错是为了保证系统高度可靠地运行而采用的技术。它包括中央控制器热备份、备用控制信道、故障弱化。

①中央控制器热备份。中央控制器一旦出现故障,系统将失去大部分集群功能。备份中央控制器可保证在主控制器出现故障时,系统仍能正常运行,保持原有的功能。需注意的是,一定要采用热备份而不是冷备份,才能保证系统连续运行。其一,热备份可保证主控制器出现故障时,能迅速地切换到备份控制器上,而冷备份则做不到,需人工进行切换。其二,热备份的备份控制器与主控制器之间的数据在实时交换,也就是说,备份控制器与主控制器

保持同样的系统数据、用户数据,这样才能保证系统正确地运行。中央控制器的热备份在技术上是比较复杂的,也是比较昂贵的,目前只有极少数系统采用此技术。主控制器和备份控制器可以定时轮流工作,也可在主控制器出现故障时自动切换到备份控制器。

②备用控制信道。这是专用信令信道系统普遍采用的技术。一个话音信道的故障不会导致系统性能的降低,但如果控制信道出现故障,整个系统就会瘫痪。为防止这种情况发生,系统提供多个信道作为可能的控制信道,这多个信道通过定时切换,轮流作为实际控制信道。若控制信道出故障,系统会自动指定某备用控制信道作为实际控制信道。更换控制信道时,移动台会自动识别新的控制信道,系统操作进程不会中断。备用控制信道未被用作信令信息时,仍当作正常话音信道使用。

③故障弱化。故障弱化是指系统中央控制器和分布控制器都出现故障时,系统保持常规通信的状态。当中央控制器出现故障不能正常工作时,移动台自动地回到预先规定的故障弱化信道上(系统话音信道),用户就可以在此信道上进行常规通信;系统一旦进入故障弱化状态,就失去了集群功能,也失去了大多数多组和通话组呼叫的私密性;但是,一旦恢复正常,这种私密性就会恢复。故障弱化状态的信道分配是移动台编程时设置的。分配方法是把系统的所有用户平均地分配到整个系统的话音信道上,同一通话组的成员将被分配到同一信道。

(8)系统寻找和锁定。集群移动通信系统能和几个常规移动通信系统通过移动台的逻辑功能结合在一起,以扩大系统覆盖范围。当用户离开集群移动通信系统的覆盖区后,移动台会自动转入自动寻找工作方式;首先试图再寻找信令信道,最后试图寻找故障弱化信道,最后试图寻找最先的中转台信道直至寻找到新的覆盖区,则移动台设定于常规系统的信道上。此时移动台还每隔几分钟再寻找原集群系统的信令信道,这称为"回望"功能。若移动台需在新的系统内工作则可手动操作,停止"回望"功能。

(9)脱网工作。两个以上移动台越出覆盖范围或需直接对讲的某种情况下,可通过人工转换到脱网模式,在常规信道上单工通信,但移动台必须备有常规通信信道。

2.4.3 集群移动通信系统的维护管理功能

1.主要功能

(1)统计功能。集群移动通信系统主要统计每一信道的话务量、每条中继线话务量、系统内不同组(群)用户的话务量等。

(2)修改运行参数。集群移动通信系统可根据业务需要,修改运行参数,如用户分组、用户限时参数优先级别和接续权限等。

(3)监视信道忙闲状态。集群移动通信系统可通过操作终端显示出系统内各信道的忙闲。

(4)基站无人值守。

(5)系统自我诊断。系统自我诊断包括周期性地检验控制器的运行情况,周期性地检验基站收发信机及接口的运行情况,周期性地检验供电状况,若有故障,则在系统管理上有声、光告警信号,还可把故障显示打印记录下来。

2.可选功能

（1）通话记录和计费。

（2）发射机故障关闭。当系统控制器功率降低到某一电平时，系统将自动切断该信道，避免用户使用带有故障的发射机。

（3）接收机干扰关闭。当系统控制器检测到某信道接收的不是该系统成员发射的载频，且超过一个特定时间后，该信道将被关闭，以免受干扰，直到干扰消失。

（4）多区联网功能。

①具有从单区网扩展成多区网的功能。

②具有自动搜索信令信道的功能。

③多区信令信道的管理，可采用多区同频信令信道，也可采用异频信令信道。

④多区动态使用信道，可根据不同业务状况进行动态分配，调节后备信道的使用。

⑤多区业务管理，包括区间漫游话务量统计及计费等。

总之，集群移动通信系统的功能视不同公司生产的系统而定，有的系统功能齐全，而有的系统功能相对少一些。集中式控制方式的系统功能也比分布式控制方式的系统功能多一些。有些功能并非都要具备，但一些基本的功能是每个集群移动通信系统必须具备的。

单元2.5 集群通信系统重要概念

掌握集群通信系统的专业术语及其定义、英文全称。

请大家讨论一下集群通信系统中有哪些专业术语，它们的含义是什么。

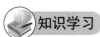

1.集群通信系统

集群通信系统（trunking communication system）指由多个用户共用一组无线信道，并动态地使用这些信道的移动通信系统，主要用于调度通信。它包括模拟集群通信系统和数字集群通信系统。

2.消息集群（message trunking）

在整个通话期间，系统分配给用户一条无线信道直至通话结束。用户释放PTT键后，系统需要经过较长的脱网时间（6~10s）才能释放所占用的信道。

3.传输集群（transmission trunking）

传输集群中，用户通话是以对讲为单位来申请和分配信道的。用户按下PTT键，系统为其分配一条空闲信道;用户释放 PTT 键,系统立即释放所占用的信道,该信道可被再分配。

4. 准传输集群(quasi-transmission trunking)

准传输集群是传输集群的改进型。用户释放 PTT 键后,系统经过较短的脱网时间(0.1~6s)即可释放所占用的信道;若在脱网时间内,通话一方按下 PTT 键,则保持原有信道。

5. 呼损(call-loss system)

在系统话务信道全忙时,新的呼叫申请将被损失掉,用户必须重新申请呼叫。

6. 等待制(call-delay system)

在系统话务信道全忙时,新的呼叫申请将进入排队等待行列,一旦出现空闲信道,系统将按先来先服务的原则进行信道指配。

7. 单区网(single area network)

单区网由一个基本的集群通信系统构成,网内设有一个移动交换机(或系统控制中心)和若干个基站。它包括单区单基站网和单区多基站网两种结构。

8. 区域网(district area network)

区域网由多个单区网通过区域系统控制中心连接(或系统控制中心相互连接)而成的多区集群通信网,具有位置更新、自动漫游或半自动漫游等功能。

9. 繁忙排队/自动回叫(busy queue/call back)

在等待制系统中,当所有信道全忙时,请求入网的用户按优先等级排队等候。当有空闲信道时,系统将自动回叫,按照排队先后的次序接通排队等待的用户。

10. 多优先级(multiple priority levels)

移动用户可按需要分成多种优先等级。在先来先服务的原则下,系统依不同的优先等级处理信道请求,紧急呼叫通常为最高优先级。

11. 紧急呼叫(emergency call)

遇到紧急情况时,用户按下紧急呼叫键,系统将为其优先分配信道。

12. 限时通话(time-limit talk)

为保证信道有效利用,缩短等待时间,系统可采用强制办法限制通话时间,限时参数可由系统管理员调节。

13. 自动重发(auto resending)

主叫移动用户按下呼叫发送键后,未被系统确认,移动台能重复发送数次呼叫请求。

14. 动态重组(dynamic regrouping)

根据业务的需要,系统管理员可将不同组的某些用户重新组成一个临时小组进行通信。

15.调度区域选择(selection of dispatching zone)

在网络设计中,可以设定调度呼叫的工作区域。

16.呼叫限制(call limit)

按用户的权限限制其呼入/呼出能力(如市话呼叫、国内长途、国际长途呼叫权限等)。

17.呼叫延迟概率(probability of call-delay)

在等待制系统中,用户呼叫遇阻而导致呼叫延迟的概率。

18.越区调度通信(skip-zone dispatching communication)

在区域网内,对跨越不同区域内的用户进行调度通信的功能。

19.控制中心(control center)

控制中心包括系统控制器和系统管理终端,它主要控制和管理整个集群通信系统的运行、交换和接续。

20.基站区(range of base station coverage)

基站区指一个基站所覆盖的区域。

21.集群通信专用网(professional trunking communication network)

由单位或部门独自拥有工作频率、独自拥有全套网络设备的非经营性集群通信网络。

22.集群通信共用网(common trunking communication network)

由多个单位或部门共享频率、共享网络基础设施,并经电信管理部门许可后建立的、可进行商业经营的集群通信网络。

实训任务

本模块主要从以下几个方面对学生的学习进行评估:①学生能够掌握常规通信和专用通信系统模型的基本知识和各种通信系统模型的功能;②学生能够正确画出集群通信系统的组网形式;③学生能够熟记集群移动通信系统的功能。④学生能正确认识到集群通信系统在城市轨道交通中的应用以及重要的战略地位。

相关工作任务单详见书后模块2实训工单。

思考与练习

1.填空题

(1)一般通信系统由_____、信宿和信道等组成,这些部分被称为通信的三要素。

(2)按通话占用信道方式划分,可分为信息集群、传输集群、_____。

2.判断题

(1)信道是指传输信号的物理媒质。   (   )

(2)在时间上离散、幅度取值也是离散的信号称为模拟信号。   (   )

(3)模拟通信的信道只能采用频分多路复用。 （　　）

3.绘图及简答题

(1)试画出通信系统结构图。

(2)试画出模拟通信系统的模型图。

(3)试画出数字通信系统的模型图。

(4)简述集群通信系统信令的分类,并画出数字信令格式结构图。

(5)简述集群通信系统组网形式。

(6)叙述集群通信系统的定义,试总结其功能。

模块 3　数字集群通信系统关键技术

学习目标

知识目标：了解调制与编码技术，了解频分多址、时分多址、码分多址、混合多址、空分多址、随机多址等几种多址技术，了解多信道共用的基本概念；掌握几种数字集群通信系统的信道控制方式；掌握数字集群通信系统的信令。

能力目标：能正确理解数字集群通信系统中用到的多址技术，能正确掌握数字集群通信系统的信道控制方式，能正确掌握数字集群通信系统中用到的信令并能正确画出相应信令的格式。

素质目标：客观认识我国城市轨道交通的发展，针对数字集群通信系统的设备和软件操作，形成严谨的工作作风、认真学习的态度，时刻注重专业知识的积累和未来工作能力的提升。

建议学时

模块总学时：8 学时＝6 理论学时+2 实验学时。

知识导航

数字集群通信技术是学习城市轨道交通通信技术专业课程所必需的基础知识。通过本模块的学习，学生可以了解在数字集群通信技术中用到的多址方式、信道控制方式及信令技术，为后续的学习打好基础。

单元 3.1　调制与编码

了解无线传输的定义和无线传输的通信原理；掌握无线传输通信相比有线传输通信具有的优势；理解微波通信与卫星通信的相关概念和技术；掌握无线数字集群通信系统的发展概况，熟悉目前主流的数字集群通信系统，并了解各系统的特点；掌握城市轨道交通中各子系统之间的相互通信。

各行各业的大系统是如何工作的？地铁在当今可以实现无人驾驶，车–地通信与人–车

通信是怎样联系起来的？无线通信的技术将如何发展？

3.1.1 调制技术

调制就是用基带信号去控制载波信号的某个或几个参量的变化，将信息荷载在其上形成已调信号传输；解调是调制的逆过程，通过具体的方法从已调信号的参量变化中恢复原始的基带信号。

调制的种类很多，分类方法也不一致。按调制信号的形式可分为模拟调制、数字调制和脉冲调制，如图 3-1 所示。模拟调制有相位调制、频率调制和幅度调制三种基本方式，如图 3-2 所示。

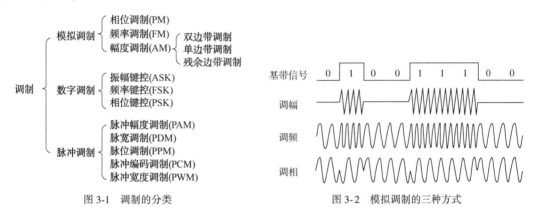

图 3-1　调制的分类　　　　　图 3-2　模拟调制的三种方式

解调是从携带消息的已调信号中恢复消息的过程。在各种信息传输或处理系统中，发送端用所欲传送的消息对载波进行调制，产生携带这一消息的信号。接收端必须恢复所传送的消息才能加以利用，这就是解调。

解调是调制的逆过程。调制方式不同，解调方法也不同。与调制的分类相对应，解调可分为正弦波解调（有时也称为连续波解调）和脉冲波解调。正弦波解调还可再分为幅度解调、频率解调和相位解调。同样，脉冲波解调也可分为脉冲幅度解调、脉冲相位解调、脉冲宽度解调和脉冲编码解调等。对于多重调制需要配以多重解调。

按传输特性分，调制方式可分为线性调制和非线性调制。线性调制包括调幅（AM）、抑制载波双边带调幅（DSB-SC）、单边带调幅（SSB）、残留边带调幅（VSB）等。非线性调幅的抗干扰性能较强，包括调频（FM）、移频键控（FSK）、移相键控（PSK）、差分移相键控（DPSK）等。线性调制特点是不改变信号原始频谱结构，而非线性调制改变了信号原始频谱结构。根据调制的方式，调制可划分为连续调制和脉冲调制。

按调制技术分，可分为模拟调制技术与数字调制技术，其主要区别是：模拟调制是对载波信号的某些参量进行连续调制，在接收端对载波信号的调制参量连续估值，而数字调制是用载波信号的某些离散状态来表征所传送的信息，在接收端只对载波信号的离散调制参量进行检测。

因现代通信技术向数字化发展，所以在此主要讨论数字调制解调技术。与模拟调制系统中的调幅、调频和调相相对应,数字调制系统中也有幅度键控、移频键控和移相键控三种方式,其中移相键控调制方式具有抗噪声能力强、占用频带窄的特点,在数字化设备中应用广泛。数字调制方式可分为二进制调制方式与多进制调制方式两大类,其主要区别是:前者是利用二进制数字信号去调制载波的振幅、频率或相位;后者则是利用多进制数字信号去调制载波的振幅、频率或相位。多进制调制方式的频带利用率大为提高,但在干扰电平相同时,多电平判决比二电平更易出错,因而多进制调制的抗干扰能力也随之降低。简单来说,多进制调制与二进制调制相比较,具有以下特点:一是在相同码元传输速率下,多进制系统的信息传输速率明显比二进制系统高,如四进制是二进制的两倍,八进制是二进制的3倍;二是在相同信息速率下,由于多进制码元传输速率比二进制低,因而其持续时间比二进制长,即增大码元宽度,会增加码元能量,并能减少信道特性引起的码间干扰影响;三是多进制调制不足发生在干扰电平相同时,由于相邻码组的相移差别减少,多电平判决比二电平更容易出错,即抗干扰能力降低,此外,多进制接收也比二进制复杂。

数字调制技术是数字集群通信系统中接口的重要组成部分,在不同的小区半径和应用环境下,移动信道将呈现不同的衰落特性。数字调制技术应用于数字集群通信需要考虑的因素为:在瑞利衰落条件下误码率应尽量低;占用频带尽量窄;尽量用高效率的解调技术,以降低移动台的功耗和体积;使用的C类放大器失真要小;提供高传输速率。

数字集群通信系统有两类调制技术:一类是线性调制技术,另一类是恒定包络数字调制技术。前者如 PSK、16QAM,后者如 MSK、GMSK 等(也称连续相位调制技术)。目前国际上选用的数字蜂房系统中的调制解调技术有正交振幅调制(QAM)、正交相移键控(QPSK)、高斯最小频移键控(QMSK)、四电平频率调制(4L-FM)、锁相环相移键控(PLL-QPSK)、相关相移键控(COR-PSK)、通用软化频率调制(GTFM)等。西欧 GSM 采用 GMSK 调制技术,北美采用较先进的 π/4QPSK。QPSK-C(正交相移键控兼容)频谱效率高并且具有灵活性,它使用调制技术在 12.5kHz 带宽的无线信道上发送 9.6bps 信息,同时提供与未来线性技术的正向兼容性,这将使系统达到更高的频谱效率。美国摩托罗拉研制生产的 800M 数字集群通信系统,在 16QAM 调制技术基础上,研发使用 M-16QAM 技术。

3.1.2 编码技术

在数字通信中,信息的传输是以数字信号形式进行的,因而在通信的发送端和接收端,必须相应地将模拟信息转换为数字信号或将数字信号转换成模拟信号。在通信系统中使用的模拟信号主要是话音信号和图像信号,信号的转换过程就是话音编码/话音解码和图像编码/图像解码。

在数字集群通信中,使用最多的信息是话音信号,所以话音编码技术在数字集群通信中有着极其重要的关键作用。话音编码为信源编码,是将模拟话音信号变成数字信号,以便在信道中传输,这是从模拟网到数字网至关重要的一步。

高质量、低速率的话音编码技术与高效率数字调制技术同时为数字集群通信网提供了优于模拟数字集群通信网的系统容量。话音编码方式可直接影响到数字集群通信系统的通信质量、频谱利用率和系统容量。话音编码技术通常分为波形编码、声源编码和混合编码三类,其中混合编码能得到较低的比特速率。

1. 波形编码

波形编码是将时间域信号直接变换成数字代码,其目的是尽可能精确地再现原来的话音波形。其基本原理是在时间轴上对模拟话音信号按照一定的速率来抽样,再将幅度样本分层量化,并使用代码来表示。解码即将收到的数字序列经过解码和滤波恢复到原模拟信号。脉冲编码调制(PCM)以及增量调制(AM)和它们的各种改进型均属于波形编码技术。对于比特速率较高的编码信号(16~64kbit/s),波形编码技术能够提供相当好的话音质量,对于低速话音编码信号(16kbit/s),波形编码的话音质量显著下降。因而,波形编码在对信号带宽要求不严的通信中得到应用。对于频率资源相当紧张的移动通信来说,这种编码方式显然不适合。

2. 声源编码

声源编码又称为参量编码,它是对信源信号在频率域或其他正交变换域提取特征参量并把其变换成数字代码进行传输。其逆过程为解码,即将收到的数字序列变换后恢复成特征参量,再依据此特征参量重新建立话音信号。这种编码技术可实现低速率话音编码,比特速率可压缩为2~4.8kbit/s。线性预测编码(LPC)及其各种改进型都属于参量编码技术。

3. 混合编码

混合编码是一种近几年提出的新的话音编码技术,它是将波形编码和参量编码相结合而得到的,以达到波形编码的高质量和参量编码的低速率的优点。规则码激励长期预测编码 RPE-LPT 即为混合编码技术。混合编码数字话音信号中既包括若干话音特征参量,又包括部分波形编码信息,它可将比特率压缩到4~16kbit/s,其中8~16kbit/s 能够达到的话音质量良好,这种编码技术是最适用于数字移动通信的话音编码技术。

在众多的低速率压缩编码中,除规则激励长期预测编码(RPE-LTP)外,还有子带编码(SBC)、残余激励线性预测编码(RELP)、自适应比特分配的自适应预测编码(SBC-AB)、多脉冲激励线性预测编码及码本线性预测编码(CELP)等。欧洲 GSM 选择了 RPE-LTP 编码方案,码率为8kbit/s;美国和日本的数字集群通信系统选用了矢量和线性预测(VSELP)作为标准的数字编码方式,VSELP 使用 4.8kbit/s 数字信息,可提高话音质量。话音编码技术发展多年,日趋成熟,形成的各种实用技术在各类通信网中得到了广泛应用。

在数字通信发展的大力推动下,话音编码技术的研究开发迅速,许多编码方案被提出。无论哪一种方案,研究的目的主要有两点:其一是降低话音编码速率,其二是提高话音质量。前一目的是针对话音质量好但速率高的波形编码,后一目的是针对速率低但话音质量较差的声源编码。由此可见,目前研制的符合发展目标的编码技术为混合编码方案。

由于移动信道频率资源十分有限,又考虑到移动信道的衰落会引起较高信道误比特率,因而编码应要求速率较低并有较好的抗误码能力。对于用户来说,应要求较好的话音质量和较短的迟延。归纳起来,数字集群通信对数字语言编码的要求如下:

(1)速率较低,纯编码速率应低于16kbit/s。

(2)在一定编码速率下话音质量应尽可能高。

(3)编解码时延应短,应控制在几十毫秒之内。

(4)在强噪声环境中,应具有较好的抗误码性能,从而保证较好的话音质量。

(5)算法复杂程度适中,应易于大规模电路集成。

3.1.3 多址技术

当把多个用户接入一个公共的传输媒介实现相互间的通信时,需要给每个用户的信号赋予不同的特征,以区分不同的用户,这种技术即为多址技术。多址技术允许多个用户终端同时共享无线通信信道,从而提高频谱利用率。

在数字集群通信系统中,有许多移动用户要同时通过一个基站和其他移动用户进行通信,因而必须对不同移动用户和基站发出的信号赋予不同的特征,使基站能从众多移动用户的信号中区分出是哪一个移动用户发来的信号,同时各个移动用户又能识别出基站发出的信号中哪个是发给自己的,解决上述问题的办法就称为多址技术。

数字通信系统中采用的多址方式有频分多址、时分多址、码分多址以及它们组合而成的空分多址、随机多址(时分多址/频分多址、码分多址/频分多址)等。

1. 频分多址

频分多址(Frequency Division Multiple Address, FDMA)是一种调频技术,它在用户请求服务时为用户指定一个特定信道,业务信道在不同的频段分配给不同的用户,并且用户在呼叫的整个过程中独占这一信道,其他用户不能共享。

在频分多址系统中,一个业务信道由一对频谱构成,一个用作前向信道,即基站向移动台方向的信道;另一个用作反向信道,即移动台向基站方向的信道。这种通信系统的基站必须同时发射和接收多个不同频率的信号,任意两个移动用户之间进行通信都必须经过基站的中转。在频率轴上,前向信道占有较高的频带,反向信道占有较低的频带,中间为保护频带。在用户频道之间设有保护频隙,以免因系统的频率漂移造成频道间的重叠。

在频分多址系统中,由于是基于频率划分信道,每个用户都需要在一对频道中通信,并且频道之间还需要有一定的空隙,因此,频率资源占用较大,用户容量非常小,频谱效率非常低,而且通话时很容易受到干扰。图3-3所示为频分多址通信系统工作示意图。

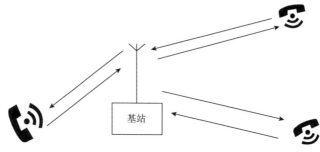

图3-3 频分多址通信系统工作示意图

在数字集群通信系统中,采用频分多址制式的优点是技术比较成熟和易于与现有模拟系统兼容,缺点是系统中同时存在多个频率的信号,容易形成互调干扰,尤其是在基站集中发送多个频率的信号时,这种互调干扰更容易产生。

2.时分多址

时分多址(Time Division Multiple Access,TDMA)是一种时分的多址技术,它是在一个宽带的无线载波上,把时间分成周期性的帧,再将每一帧分割成若干时隙(无论帧或时隙都是互不重叠的),每个时隙作为一个通信信道分配给一个用户,如图3-4所示。iDEN 系统和 TETRA 系统采用时分多址技术,我国华为公司提出的基于集群专网应用的技术体制 GT800 也采用时分多址技术,但在 GT800 中的时分多址是和 TD-SCDMA 融合使用的。

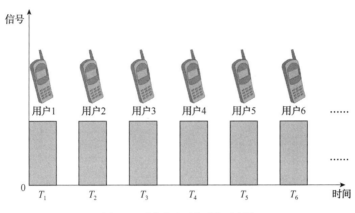

图 3-4 时分多址通信系统示意图

在时分多址系统中,系统根据一定的时隙分配原则,使各个移动台在每帧内按指定的时隙向基站发射信号。同时,基站发向各个移动台的信号都按顺序安排在预定的时隙中传输,各移动台在指定的时隙内接收信号,并在各路信号中把发给它的信号区分出来。

3.码分多址

码分多址(Code Division Multiple Access,CDMA)是一种扩频的码分多址技术,它的特点是每个用户都有各自特定的地址码并且都是使用公共信道来传输信息的。码分多址系统为每一个用户分配一个独立的地址码,所有用户在同一时间、同一频段上,根据不同的编码获得业务信道。我国中兴通讯所提出的基于集群共网应用的集群通信体制(Global open Trunking architecture,GoTa)采用的就是码分多址技术。

在码分多址系统中,无论系统发射端传送何种信息,都是靠采用不同的码型来区分信道,即不分频道也不分时隙。系统的接收端在收到信息时,根据本地地址码对接收到的信号进行相关检测,并将与本地地址码完全一致的信息解调出来,其他使用不同码型的信号则不能被解调。

码分多址技术是建立在扩频技术基础之上的。扩频技术通过发送端的扩频和接收端的解扩来实现信道通信。扩频是发送端将需传送的具有一定信号带宽信息数据,用一个带宽远大于信号带宽的高速伪随机码进行调制,使原数据信号的带宽被扩展,再经载波调制并发送出去。解扩是接收端使用与发送端完全相同的伪随机码,对接收的信号做相关处理,把带宽信号还原成原始信息数据的窄带信号。扩频技术还根据实现方法的不同分为直接序列扩频技术和跳频扩频技术两种。直接序列扩频技术使用高速率的伪随机码序列与信息码序列模 2 相加(或波形相乘)后的复合码序列去控载波的相位来获得直接序列扩频信号;跳频扩频技术则是利用高速率的伪随机码序列与信息码序列模2相加(或波形相乘)后的复合码序列去生成跳频图案,然后再由它来随机选择发送频率。

在码分多址系统中,所有用户的地址码都相互独立,用户的信道在频率、时间和空间上都可以重叠,加之使用扩频技术所带来的优势,使得码分多址系统具有了频率利用率高、用户容量大、服务质量好、综合业务能力强等诸多优点,成为现代数字集群通信的理想选择,图3-5所示为码分多址通信系统工作示意图。

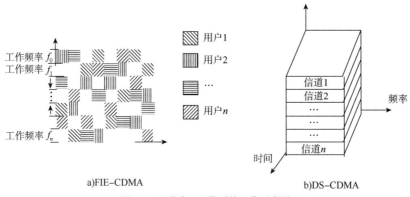

图 3-5　码分多址通信系统工作示意图

4.空分多址

空分多址(Space Division Multiple Access,SDMA)方式就是通过空间的分割来区分不同的用户。在移动通信中,能实现空间分割的基本技术就是自适应阵列天线,在不同的用户方向上形成不同的波束。不同的波束可采用相同的频率和相同的多址方式,也可采用不同的频率和不同的多址方式。在极限情况下,自适应阵列天线具有极小的波束和无限快的跟踪速度,提供本小区内不受其他用户干扰的唯一信道,从而实现最佳的空分多址。尽管上述理想情况需要无限多个阵元,是不可实现的,但采用适当数目的阵元,也可以获得较大的系统增益。图3-6所示为空分多址示意图。

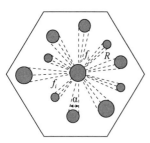

图 3-6　空分多址示意图
f_i-工作频率;α-波束夹角;
R-波点覆盖的半径

5.随机多址

前面所述的多址方式是基于物理层的,而基于网络层网络协议的分组数据随机多址方式日显重要。

例如,在分组无线电系统中,任一发送用户的分组在共用信道上发射,使用自由竞争规则随机接入信道,接收方收到后发送确认信息,进而实现了用户之间的连接。这种以自由竞争式随机接入,采用网络协议形式实现的多址连接方式称为随机多址。

随机多址技术的主要优点是方便、灵活,无须控制,且具有大的用户数量。其缺点主要表现为当系统负荷较大时,系统常常不稳定或吞吐量急剧减小。随机多址技术主要应用于用户信息数据量小、信道占用时间很短,而用户随机突发性强及无须网络控制的场合或信令信道。

单元3.2 信道控制

3.2.1 多信道共用

多信道共用是由若干无线信道组成的移动通信系统,为大量的用户共同使用并且仍能满足服务质量的信道利用技术。多信道共用就是多个无线信道为许多移动台所共用,或者说,网内大量用户共享若干无线信道。多信道共用技术是提高信道利用率的有效技术。系统中的每个空闲信道可为任意用户所用,因此,系统可以容纳比信道数更多的用户数,有着高效的信道利用率。

3.2.2 数字集群通信系统的信道控制方式

控制信道(Control Channel,CC)在多信道共用系统中主要用于传送信令或同步数据。在模拟集群通信系统中,主要由寻呼及接入信道组成。而在数字集群通信系统中,主要由广播信道、公共控制信道和专用控制信道构成。

当移动台开机时,它自动地使用CC进行登录。一旦用户从网络中接收到确认消息,移动台就登录到数字集群通信系统中,并且可以开始正常使用。同时,移动台不断和CC保持联系。如果出现呼叫请求,数字集群通信系统就要检查被叫用户是否可用。如果不可用、没有注册或者忙,这些信息都会反馈给主叫用户。如果被叫用户可用,那么数字集群通信系统交换机就利用一个空闲业务信道建立呼叫。状态消息和短数据通过CC提交给系统。

数字集群通信系统的信道控制方式有两种:专用控制信道(DCCH)方式和非专用信道的分布控制方式。前者也称为集中控制方式,后者也称为分散控制方式。

1.专用控制信道方式

专用控制信道方式采用一条信道作为信令信道,并且必须由系统控制中心集中控制和管理,处理呼叫请求和分配空闲信道。

专用控制信道(DCCH)是一种"点对点"的双向控制信道,其用途是在呼叫接续阶段和在通信进行当中,在移动台和基站之间传输必需的控制信息。专用控制信道又分为:

(1)独立专用控制信道(SDCCH)。SDCCH传输移动台和基站连接与信道分配的信令,还携带呼叫转移和短消息。

(2)伴随信道(ACCH)。ACCH既能伴随SDCCH,也能伴随业务信道(TCH),它与一条TCH或者SDCCH联用。伴随信道分为慢速伴随信道和快速伴随信道。

①慢速伴随信道(SACCH)。SACCH在移动台和基站之间,周期性传输一些特定的信息,如功率调整、帧调整和测量数据等信息;SACCH安排在业务信道和有关的控制信道中,以复接方式传输信息。安排在业务信道时,以SACCH/T表示,安排在控制信道时,以SACCH/C表示,SACCH常与SDCCH联用。

②快速伴随信道(FACCH)。FACCH用于传送执行用户鉴权和越区切换的信息。使用时要中断业务信息,把FACCH插入,只有在没有分配SDCCH的情况下,才使用这种控制信

道。这种控制信道的传输速率较快,每次占用 4 帧时间,约 18.5ms。

专用控制信道方式优点及缺点的解决办法请参见模块 2 中的 2.2.5。

2.非专用信道的分布控制方式

具体内容参见模块 2 中的 2.2.5。

单元 3.3 信　　令

打电话时,一旦拿起受话器,话机便向交换机发出了摘机信息,紧接着就能听到一种连续的"嗡嗡"声,这是交换机发出的,告诉我们可以拨号。当电话拨通后,又会听到呼叫对方的声音,这是交换机发出的,告诉我们正在呼叫对方。这里所说的摘机信息、允许拨号的信息、呼叫对方的回铃信息等,主要用于建立双方的通信关系。我们把用以建立、维持、解除通信关系的这类信息称为信令。

集群通信系统信令的分类如下。

1.按信令功能划分

按信令功能划分,信令可分为控制信令、选呼信令和拨号信令。

1)控制信令

控制信令用来控制基地台与移动台之间信道的连接、断开及移动台无线信道的转换。此外,还可用来作为监控和状态显示。它包括各种状态监视信号、空闲信号、分配信道、拆线、强插、强拆、限时、位置登记、遥毙、报警信令等。

控制信令可以利用专用信令信道传输,也可以通过话音信道传输。

2)选呼信令

选呼信令用来控制移动台按自己的身份码接入系统,它包括单呼、组呼、群呼信令等。集群通信系统拥有许多移动用户,为了在众多用户中呼出其中某一用户而不至造成一呼百应的状态,给每个移动台规定一个确定的地址码,其他控制台按照地址码选呼,这样就可建立与该移动用户的通信。对选呼信令的要求是,既组成简单又能获得尽量多的号码数,且可靠性高,抗干扰性强。

3)拨号信令

拨号信令是移动用户通过基地台呼叫另一移动用户或市话网用户而使用的信令。因此要求拨号信令与市话网具有兼容性,并适于在无线信道中传输。

2.按信令形式划分

按信令形式划分,信令可分为模拟信令和数字信令。

1)模拟信令

利用模拟信令实现集群控制,一般情况采用 DTMF 信令、CTCSS 信令、五音调信令等,它们可以单独使用,也可以几种混合使用。

(1)DTMF 信令。DTMF 信令是一种双音多频信号,它在市话程控交换机上被广泛使用。它是一种带内信令,即在 300~3400Hz 音频范围内,选择 8 个单音频率,分为高频率群(4 个或3个频率)和低频率群(4个频率),每次从高频率群和低频率群各取出一个频率,由高、低两个频率信号叠加在一起,构成一个 DTMF 信号。

在集群通信系统中,DTMF 信号用作系统的识别、按号、控制及状态等的信令。目前还没有统一规定 DTMF 双音多频信令的具体定义,大部分生产厂商都有自己的设定,实际中可根据具体设计对已使用的信号种类适当增减特殊功能信号,如缩位拨号、呼叫转移信号等。通常可参考我国移动通信中小容量自动拨号无线电话系统相关标准中关于 DTMF 双音多频信令的统一规定。

(2) CTCSS 信令。这种信令是指亚音频控制静噪选呼信令,又称为音锁或单音静噪。它是多个通信系统共用一个信道,为防止互相干扰而使用的一种亚音频信令,还可以有效地防止非法用户进入系统。

CTCSS 信令是在发射载波上叠加低电平亚音频单音,每个系统有自己特定的单音,用户每次呼叫开启发射机时,系统发出该频率的单音,并在整个通话期间持续发送。在简单的集群通信系统中,常用该信令实现组呼或作为系统识别音。

(3) 五音调信令。五音调信令属于单音顺序编码信令。CCIR(国际无线电咨询委员会)规定五音调非序码单音频率稳定度应优于 $±5×10^{-3}$,标准码长时间为 $100±10ms$,码字之间不间断排列,间断误差时间约为 20ms。

2) 数字信令

数字信令是随着计算机技术的发展而飞速发展起来的,数字信令由于传输速度快、组码数量大,便于集成化,可以使设备小型化,近几年在集群通信系统中被广泛应用。

数字信令大体可分为低速和高速两类。低速数字信令要进行两次调制,第一次调制在一个或几个音频频率上,在无线信道中仍以模拟方式进行第二次调制。高速数字信令一般是直接调制在无线信道上,由于速度较高,通常采取多次重发和较复杂的纠错编码方法,以解决传输中出现的差错问题。

(1) 数字信令的格式。

在传输数字信令时,为了便于接收端解码,通常要求数字信令按一定格式编码。常用的数字传令格式有两种,如图 3-7 所示。

位同步码(P)	字同步码(SW)	信息码(A和D)	纠错码

a)

P	SW	$A_1(D_1)$	SW	$A_2(D_2)$	(SW)	$A_3(D_3)$	纠错

b)

图 3-7 数字信令格式

第一种格式,每发送一组地址或数据信息时,都要发送同步码和纠错码。

第二种格式,每发送一次同步码和纠错码时,可以发送几组信息码。

位同步码(P):又称为码头、前置码或同步码。它是将收发两端的时钟对齐,以便给出每个码元的判决时刻。

字同步码(SW):又称为帧同步码。它表示信息的开始,相当于时分多路通信中的帧同步。常选用相关性好的不归零巴克码来做字同步码。

信息码(A 和 D):传输数字信令的具体内容包括地址码和控制、寻呼、分配信道、拨号等数据信息,它是数字信令的核心。

纠错码:又称监督码,是为了防止信令在传输中出错而加的冗余码。一般情况采用 BCH 码,它不仅可以发现错误,还可以实现前向纠错。

(2)数字信令的传输方法。

基带数字信令是二进制的数据流,只有通过调制才能发射出去。由于与现有模拟系统的兼容性,数字信令要适应 25kHz 的信道间隔要求,能够在 16kHz 带宽的信道内可靠传输,用于数字信令的调制方式有 ASK、FSK、PSK 三大类。ASK 方式抗干扰和抗衰落性能差,在移动通信中基本不予以采用。FSK 和 PSK 方式具有较好的适应性。

在选择调度方式时,主要从信令速率、调制带宽和抗干扰能力(误码率)方面考虑。通常使用的调制方法有两种:一种是基带调制,适用于高速率;另一种是副载波二次调制,适用于较低速率。

3.数字信令规约

1) MPT-1327 信令规约

MPT-1327 信令规约是经英国贸易工业部、英国邮电部、11 家制造工厂、两个用户协会,经 1982 年、1983 年和 1984 年三年的三次讨论,于 1985 年公布的,在世界上已标准化和公开化。MPT-1327 是一种承前启后的标准,世界上许多国家和公司都采用这种信令开发了各种数字集群通信系统。通常,MPT-1327 数字信令是利用专用信令信道传输的。

MPT-1327 信令规约是建立在不对称控制信道基础上的。如图 3-8 所示,在下行链路中,信道连续传输两组 64bit 码字,一组由控制信道系统码(CCSC)组成,用于系统同步和系统识别。另一组码(INFO)由地址码和其他规约信息构成,这两组码字构成一个时隙。下行信道第一个码字的第一位为"0",另有 15 位系统识别码,而后是 16 位信息码。第三个 16 位码为前置码,然后在校核的 16 位上给出一同步序列。与此相反,在上行链路里,移动台采用动态长 ALOHA 技术,分时操作,与下行链路同步接入信道,以提高信道的利用率。上行链路信令格式为 32bit 同步码(SYNC)加上 64bit 信息码(INOF)。纠错编码采用特殊的 BCH(63,64)循环码加 1 位奇偶校验位。其生成多项式为:$X_{15}+X_{14}+X_{13}+X_{11}+X_4+X_2+X_1$。

上式能检测出所有的奇数位错误和 5 位随机错误或 16 位长的突发错误,可以纠正两位随机错误和检测 3 个错误或一组 4 位长的突发错误等,不需要重发。

利用上述纠错方法,可马上判决出该时限是否存在碰撞,若发现长的突发错误,立即发出一碰撞信号,表示移动台发出的呼叫已受到碰撞,并保持在下一接入时隙重发。这时,基地台则指定下一接入帧增加时隙,而在应答帧中减少时隙,这样的结果使信令信道不致阻塞,延迟不致加长。利用 BCH(63,48)加 1 位编码还有便于计算机处理的优点。

MPT-1327 是一种为集群专用陆地移动通信系统应用的信令系统。它规定了集群系统控制器和用户无线单元之间的通信协议准则。该信令中还包括长、短数据信息,可用来直接传输协议准则。MPT-1327 标准可用于实现多种系统,这些系统小到只有几个无线信道(单信道也可),大到由多个集群系统控制器组成的网络。

图 3-8　信令基本格式

MPT-1327 最大容量范围为：每个系统 1036800 个地址，1024 个信道号码，32768 个系统识别码。该协议使用了 1200bit/s 的信令，这种信令用快速移频键控(Fast-Frequency-Shift Keying, FFSK)和最小移频键控(Minimum Shift Keying, MSK)的调制方式。它是为异频半双工无线单元和全双工集群系统控制器 TSC(Trunking System Controller)设计的，提供了广泛的用户设备和系统选择。该系统可以实现一部分适当的协议，也可以再将新的规定加入协议中，因而信令系统具有很强的可扩充性。

2) LTR 信令规约

LTR 是 Logic Trunked Radio 的缩写，是非专用信令信道的分布控制系统。它采用 300bit/s 亚音频(低于 150Hz)调制的数字式随路信号，与话音信号同时传送，不占用专门信道。采用传输集群技术，即讲话时占用信道，讲话空余时，利用按讲方式释放信道，此时信道可被其他用户通话使用。每次移动台可在任一信道上发射信号，不固定分配信道。这样能充分利用传输空余时间，提高信道的负载能力。

LTR 中，每个信道需要一个转发器，转发器之间通过高速同轴电缆数据链路传输数据信息流，传输速率为 9600bit/s，信息以时分多址共用数据总线方式交换，每个转发器都有控制头，可分布控制，即每个信道独立完成信令交换，减小系统信令的负荷，从而提高系统的可靠性。移动台与转发台之间采用应答式交换信令。

转发台有五种工作方式：空闲、转发、只发、双工、松键(Hang，即只发数据不发话音)。

信令通常包含宿主(home)信道(主信道)号、状态信道号、按呼用户的识别 ID 码(单人及群 ID)、空闲信道号及其他参数等。移动台到转发台用速率为 300bit/s 的亚音频数字信令(约 63bit BCH 码)，它与话音同传，且持续不断地实时更新参数。移动台可预先获得可用信道，无须扫描，因此接续时间短，仅约 300ms。

通常每个移动台都被编程设置两个信道号：一个是宿主信道号，另一个是状态信道号，当检测到有合法的数据信令时，该信道即为监控信道。这是防止宿主信道出现故障时失去信息，以便通过监控信道获得收发呼叫的最新信息。

LTR 信令的五种主要信令格式如图 3-9 所示。一个完整的信令发送时间为 130ms。

同步(9B)	区号(1B)	主叫占用的转发器序号	守候信道号(1~20)	移动台标识码	通行码(31)	错误检查位(CRC)

a)信令格式

同步(9B)	区号(1B)	主叫占用的转发器序号	守候信道号(1~20)	被识别标识码	空闲转发器号(5bit)	错误检查位(CRC)

b)基地台对移动台的位令(转发器忙)

同步(9B)	区号(1B)	转发器序号	守候信道号(1~20)	255识别码	空闲转发器号	错误检查位(CRC)

c)基地台对移动台的信令(转发器空闲)

同步(9B)	区号(1B)	31	守候信道号(1~20)	被叫台标识码	31	错误检查位(CRC)

d)移动台对基地台的结束信号格式

同步(9B)	区号(1B)	31	守候信道号(1~20)	被叫台标识码	空闲转发器号	错误检查位(CRC)

e)基地台对移动台的结束信号模式

图 3-9 LTR 信令的五种主要信令格式

 实训任务

本模块主要从以下几个方面对学生的学习进行评估：①能够正确理解数字集群通信系中用到的多址技术；②学生能够正确掌数字集群通信系统的信道控制方式；③能够对城市轨道交通中子系统的相互通信进行描述。④正确掌握数字集群通信系统中用到的信令并能正确画出相应信令的格式。

相关工作任务单详见书后模块 4 实训工单。

思考与练习

1.填空题

(1)正弦波调制有 _____ 、_____ 和 _____ 三种基本方式。

(2)正弦波解调可分为 _____ 、_____ 和 _____ 。

(3)话音编码技术通常分为 _____ 、_____ 和混合编码三类。

(4)DEN 系统和 TETRA 系统都是采用的 _____ 技术。

(5)数字集群通信系统的信道控制方式有 _____ 控制方式和 _____ 控制方式。

2.选择题

(1)下列哪项不属于信令功能？( )

    A.控制信令   B.选呼信令   C.拨号信令   D.数字信令

(2)以下( )信令属于模拟集群中的数字信令。

    A.DTMF   B.CTCSS   C.五音调   D.LTR

(3)( )信令是一种为集群专用陆地移动通信系统应用的信令标准。

    A.MPT1327   B.LTR   C.CTCSS   D.DTMF

(4)一个完整的 LTR 信令发送时间为( )ms。
   A.100　　　　　　B.110　　　　　　C.120　　　　　　D.130

3.判断题

(1)专用控制信令系统适用于较大的集群通信系统。　　　　　　　　　(　)

(2)信息码(A 和 D)具体内容包括地址码和控制、寻呼、分配信道、拨号等数据信息,它是数字信令的核心。　　　　　　　　　　　　　　　　　　　　　　　　(　)

(3)通常,MPT-1327 数字信令是利用非专用信令信道传输的。　　　　(　)

4.简答题

(1)请画出时分多址技术工作示意图并解释。

(2)数字调制技术应用于数字集群通信需要考虑的因素有哪些?

模块 4 数字集群通信系统及其在城市轨道交通中的应用

学习目标

知识目标:重点掌握 TETRA、PDT、iDEN 的特点、结构、业务功能及技术标准,了解和掌握 GoTa、GT800 的网络结构和技术标准。

能力目标:能正确把握各种数字集群通信系统的技术体制,能正确画出各种数字集群通信系统的网络图,能正确区分各种数字集群通信系统的应用范围,能正确区分各种数字集群通信系统。

素质目标:时刻注重专业知识的积累和未来工作能力的提升,了解数字集群通信系统的种类及其各自的特点、标准、技术体制、网络结构、业务功能及应用范围,以及国内主流的城市轨道交通数字集群通信技术,树立民族自豪感。

建议学时

模块总学时 8 学时 = 6 理论学时 + 2 实训学时。

知识导航

通过本模块的学习,学生可以了解数字集群通信系统的种类及其各自的特点、标准、技术体制、网络结构、业务功能及应用范围,为后续学习打好基础。

单元 4.1 数字集群通信系统

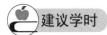

了解国际电信联盟(ITUD)的集群通信系统提出的标准:APCO25、TETRAPO1、EDACS、TETRA、DMRS、IDRA、FHMA 等,了解我国中兴通讯的 GoTa 技术。

问题引导

数字集群通信技术在全球的发展应用是一个必然趋势,如何将数字集群通信技术应用在城市轨道交通行业中?当前我国常用的是哪种数字集群通信系统?它有什么样的通信体制?

知识学习

4.1.1 数字集群通信系统概述

集群通信技术由模拟向数字方向发展,在全球已经是一个必然趋势。其原因主要有:①数字集群通信技术可以提高频谱利用效率,尤其是对专用通信共网平台运行的 800MHz 频段来说,在资源极为有限的情况下,这一点显得尤其重要;②数字集群具有更丰富、更实用与多样化的以调度、快速响应、安全保密为主体的各种功能,可以更好地满足集群通信市场及用户的需求;③实现数字化后有助于向 IP 化转移,从而像固定、移动 IP 化的公共网络一样,有利于发展多种增值业务,促进公共网络和专用网络协同、和谐发展。

数字集群通信系统主要的服务对象分为两大类:一类是对指挥调度功能要求较高的特殊部门和企业,包括政府部门(如军队、公安部门、国家安全部门和紧急事件服务部门)、铁道、水利、电力、民航等;另一类是普通的行业用户,如出租、物流、物业管理和工厂制造业等。第一类主要以政府投资为主体,需要建设大型数字集群网络,投资大、服务广,如无线政务网、地铁无线网。第二类以大中型企业自建为主,主要满足本企业无线调度管理之用,规模小、投资省,服务专业化。

1998 年 3 月,国际电信联盟根据各国提交的集群通信系统标准制定了 APCO25、TETRA-PO1、EDACS、TETRA、DMRS、IDRA、FHMA 数字集群通信系统的国际标准。在这些标准中,APCO25、TETRAPO1、EDACS 为频分复用的技术标准,TETRA、DMRS(后来改名为 iDEN)、IDRA 为时分复用的技术标准,FHMA 为采用跳频多址技术的标准。从目前的应用来看,TETRA 和 iDEN 两个系统应用较为广泛。另外,由我国中兴通讯提出的 GoTa 技术的发展也越来越成熟,填补了我国在集群通信领域知识产权的空白。

4.1.2 TETRA

TETRA 是一种基于数字时分多址技术的无线数字集群通信系统,欧洲电信标准化协会(ETSI)于 1995 年正式确定的一种新一代数字传输网络无线产品标准,包括一系列已定义的开放接口、呼叫服务和协议。

1.TETRA 特点

20 世纪 80 年代末,欧洲开始研究数字集群通信体制。1995 年,ETST 开始确定 TETRA 标准,1998 年开始推广。2001 年 800MHz 频段 TETRA 进入我国市场,2003 年 350MHz 频段 TETRA 在我国开始组网实验。

TETRA 频谱效率高,采用时分复用技术,使每 25kHz 信道复用 4 时隙。与其他数字集群系统比较,TETRA 还具有快速反应、调度业务丰富、加密方式灵活、安全性高、可脱网直通、话音质量好、高速适用性强、标准开放、系统组网灵活、多频段选择、通信模式多样等特点。

2.TETRA 标准族

TETRA 是 TETRA 话音+数据(V+D)、TETRA 分组数据优化(PDO)和 TETRA 直接模式

通信(DMO)3个普通标准的集合。所研制的设备可以包含上述一个或多个标准功能,也可以根据用户的需求对标准进行变通处理,从而使TETRA更加灵活,功能也更强。

3.TETRA的技术体制

TETRA标准支持消息集群、传输集群和准传输集群三种集群方式。详见5.1.3。

4.TETRA的业务功能

TETRA的业务包括用户终端业务和承载业务,详见5.1.4。

4.1.3 iDEN

20世纪的90年代初期,欧洲推出了公开制式的GSM方案,很快在欧洲及亚太地区形成市场规模。同时,也使得TDMA成为当时最为有效的技术方案。作为市场最为发达的美国,当时的情况略有不同。市场人士在谈论CDMA的发展和1.9GHz频谱及体制的落定。模拟体制的AMPS及数字化改造的D-AMPS技术方案仍然是运营商们所能为市场提供的主要服务手段。美国的一些业内人士在看到800MHz高端的蜂窝通信系统的广泛市场化的同时,对800MHz低端的SMR频谱(在我国被用于集群通信的频谱)的进一步开拓及市场应用提出了看法,为此,摩托罗拉公司适应市场需求,于1993年推出iDEN解决方案,当时被称为MIRS。1994年运营商Nextel在洛杉矶开通第一个商用iDEN系统。1995年通信先驱Craig McCaw战略性进入Nextel,使iDEN在美国迅猛发展。iDEN"四合一"的特点及全美一张网的市场策略,吸引了一大批商业客户,"直接连接"(调度功能)的快捷、方便及低费用深受欢迎。从此,由运营商为公众提供调度通信服务的商业模式获得市场认可。

iDEN利用先进的M-16QAM、TDMA、VSELP及越区切换等技术,能在25kHz的信道内容纳6个话音信道。在现有的800MHz模拟集群信道上增容6倍,再加之频率复用技术和蜂窝组网技术,从而使得有限频点的集群通信网具有大容量、大覆盖区、高保密和高通话清晰度的特点。该系统具有蜂窝无线电话、调度通信、无线寻呼台及无线数传功能。

iDEN使用的话音编码技术是先进的矢量和激励线性预测编码技术(VSELP)。它将30ms的话音作为一个编码子帧,得到126bit/s的话音编码输出,即信源多码率格形成前向纠错码,形成7.4kbps的数据流,编码速率为4.2kbps,得到高质量的话音输出信号。它的调制技术采用M-16QAM调制,这是专门为数字集群系统开发的一种调制技术,具有线性频谱,使25kHz信道能传输64kbps的信息。而且此种调制方式可以克服时间扩散所产生的不利影响。

iDEN数字集群系统采用了前向纠错(FEC)技术,在译码时自动地纠正传输中出现的错误,当某帧的数据严重丢失时,若用FEC不能重新产生数据,则使用自动请求重发(ARQ)技术能确认没有收到的数据,并要求重新发送丢失的数据。iDEN系统在全球许多地区得到了广泛的应用,用户总数已经超过了1000万。iDEN与TETRA的区别见表4-1。

iDEN 与 TETRA 的区别   表 4-1

项　　目	iDEN	TETRA
总体		
通信制式	TDMA	TDMA
开放程度	不开放	欧洲 ETSI 标准
技术走向	发展空间有限	发展空间有限
业务扩展性	一般	一般
设备价格	高	高
终端价格	高	高
供应商数据	单一	多元化
知识产权	国外	国外
主要性能		
语音传输延迟	低	低
信道利用率	较高	较高
资源占用率	较高	较高
持续时间	700ms	500ms
站点配置	全向站/扇区站	只有全向站
主要功能		
私密呼	支持	支持
组呼	支持	支持
动态重组	不支持	支持
预占优先	不支持	支持
接入优先	支持	支持
迟后接入	支持	支持
通话提示	支持	支持
缩位寻址	支持	支持
遥毙/复活	支持	支持
虚拟专网(调度台)	支持	支持
故障弱化	不支持	支持
对外漫游能力	支持到 GSM 网络的漫游	无
加密	无	支持
定位功能	有	有
短数据	支持	支持
高速数据业务	单用户最高 22kbps	最高 28.8kbps

4.1.4　PDT

1. PDT 概述

PDT(Police Digital Trunking)是警用数字集群通信系统标准的缩写,是由我国公安部主管部门牵头,由国内行业系统供应商参与制定,借鉴国际已经发布的标准协议的优点,结合我国公安无线指挥调度通信需求的一种数字专业无线通信技术标准,也是我国公安行业今后数字集群通信系统的建设方向。

参加 PDT 标准制定的国内厂家包括海能达、优能通信、承联通信等近 10 家单位,承联通信作为核心组成员,承担 PDT 测试标准的制定。

PDT 是吸收国际上专业数字集群通信标准 TETRA、P25 和 DMR 的优点,并结合目前国内公安行业大量使用的 350MHz 警用集群通信系统的使用习惯的我国完全拥有自主知识产权的一种全新的数字集群通信体制。

该标准采用 TDMA 方式,4FSK 调制方式,大区制覆盖,全数字语音编码和信道编码,具备灵活的组网能力和数字加密能力;拥有开放的互联协议,能够实现不同厂家系统之间的互联和与 MPT-1327 模拟集群通信系统的互联。

2. PDT 主要性能

多址方式:TDMA,2 时隙

工作频率:350MHz

频率间隔:12.5kHz

调制方式:4FSK

调制速率:9600bps

业务能力:语音调度、短消息、状态消息和分组数据功能

工作方式:支持单工、半双工和双工通信

3. PDT 主要性能特点

PDT 继承了模拟集群通信系统快捷高效的调度指挥能力,除具备大区制组网、接续速度快、单呼、组呼等调度指挥功能等性能以外,还具备以下特色性能。

(1)更好的话音品质。PDT 采用低速全数字语音编码,话音品质高。

(2)更高的频率利用率。PDT 信道间隔为 12.5kHz,每对载频分为 2 个时隙,和 MPT-1327 相比,频率利用率提高了 4 倍,与 TETRA 频率利用率相当。

(3)更强的网络扩展性。PDT 的联网协议采用基于文本的 SIP 协议,确保呼叫控制和承载分离,实现真正意义上的软交换,使 PDT 核心网能够与其他类型的通信系统互联,也很方便实现各种增值业务的扩充。

(4)更安全的话音加密。为保证通话的安全性,PDT 专门设计了基于硬件的可选的语音加密方案,可采用的安全方案包括鉴权、空中接口加密、端到端加密、密钥管理机制和链路加密,根据所需要达到的安全等级来实现其中的部分或全部功能。

(5)越区切换。提供移动用户在通话过程中根据信号的质量自动在不同小区间进行无缝或有缝切换,无缝切换就是通告型切换,即移动用户通过背景扫描已选定最佳小区,并通告基站进行切换;有缝切换就是移动台无法和基站取得联系,直接向期望的目的小区申请切换。

(6)PTT 授权。在半双工语音通话过程中,移动台需经过系统的授权后才能进行发射,避免在组呼时因无序发射而带来互相干扰问题。

(7)短消息上拉。PDT不仅具备移动终端之间传输短消息的能力,而且具备移动终端主动索取短消息的功能。

(8)分组数据业务。PDT通过使用上下对等的数据传输技术、时隙控制的ALOHA技术及传输速率自适应调整技术,使多个移动台可以在一个分组数据业务信道上互相之间进行独立的上下行分组数据传输。

4.PDT的优势

PDT将保持现有警用集群的特色及使用习惯,发挥数字产品的优势,逐步替代现有模拟产品,完成模拟集群向数字集群平滑过渡,同时从根本上解决互联互通及数字加密的困扰。

PDT是我国国内完全拥有自主知识产权的数字集群标准,不受国外专利限制。与现有模拟警用集群相比频率利用率高,在12.5kHz带宽上具备2个信道的能力,是现有模拟系统的4倍;全数字话音,抗干扰能力强;拥有自主加密技术,通话安全性高;系统间互联作为标准的组成部门,解决了不同厂家PDT系统间的互联,用户建网的选择更加灵活;采用TDMA技术,终端耗电量低;拥有更多的创新应用,能切实满足用户使用需要。

PDT与TETRA相比频率利用率一致。TETRA在25kHz带宽提供4个信道,PDT在12.5kHz带宽上提供2个信道;大区制覆盖,建网和维护成本低;与现有模拟系统兼容性强;能够实现由模拟集群向PDT的平滑过渡,编码方式与现有系统一致,不改变用户使用习惯;网间互联性好;将系统间互联作为标准的组成部门,解决了不同厂家PDT系统间的互联;拥有国内自主的安全加密机制。

TETRA的加密技术因美国对我国的技术封锁而难以广泛应用,PDT具备国内自主的加密技术,解决了通话的保密性;由国内主要模拟集群供应商主导标准制定,充分借鉴了现有系统的功能特点,切实满足我国公安用户的使用需要;我国完全拥有自主知识产权,国内厂家自主研发生产,成本相对较低,服务有保证。海能达生产的对讲机设备如图4-1所示。

图4-1 海能达对讲机

4.1.5 GoTa

中兴通讯在进行了广泛调研的基础上,根据技术发展的方向和市场的需求,开发出新一代集群系统——GoTa。GoTa是世界上首个基于CDMA技术的真正的(具备快速接续和信道共享等数字集群特点)数字集群系统。该集群系统,对于保护国家战略安全,迅速扩大国内集群通信市场规模乃至中国企业进军国外集群通信市场,都有着特别重要的现实意义。

与TDMA不同,GoTa对现有的CDMA技术进行了优化和改进,使其能更充分地适应集群业务的特殊性能和需要,具有较大的技术和业务发展空间。GoTa基于成熟的CDMA空中技术,集群业务呼叫利用了分组数据方式。

中兴通讯专门解决了用CDMA实现集群业务的关键技术,允许大量的集群用户共享相对较少的通信资源,提高呼叫接续速度。GoTa的实现方案简捷、投资少、部署方便,在符合集群系统技术要求的同时,又具有很强的共网运营能力和业务发展能力,可满足集群通信未来发展的需求。

除了基本集群调度业务,GoTa 还提供成熟完善的移动传统业务,包括基本电信业务、补充业务、短消息业务和高速数据(153.6kbps)业务。另外,还可以实现集团虚拟专用网(VPN)的功能,最终用户可以管理其终端用户的终端设备配置,包括开户,增加新服务,更改调度私密号、组号、电话号码,重新编组,随时取得详细通话清单和使用统计等。GoTa 业务主要包括一对一私密呼叫、一对多群组呼叫、动态重组、强拆强插、迟后接入、呼叫显示、通话提示、呼叫前转等;数据业务包括分组数据业务、消息类业务及定位业务等。

GoTa 组成结构如图 4-2 所示。

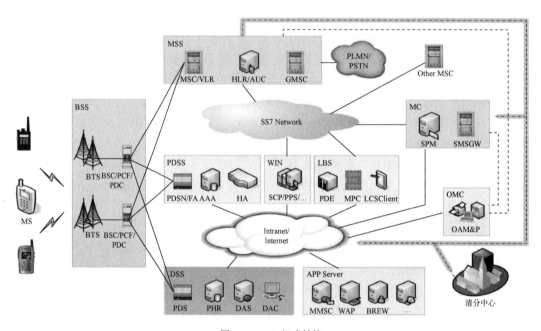

图 4-2　GoTa 组成结构

GoTa 的高速数据业务速率达 153.6kbps,调制方式为 QPSK,工作频率为 800MHz,语音编码采用 8kbps 的 EVRC 和 QCELP,最高速率为 153.6kbps。

4.1.6　GT800

GT800 是华为公司自行研发的、基于 TDMA、拥有独立知识产权的数字集群通信系统,除了具备 TETRA 和 iDEN 的集群调度功能外,还提供了集群共网运营能力,适应今后我国建设集群共网的需要。

GT800 空中接口采用 GSM 技术,以 GSM 和 TD-SCDMA 基本技术为基础,通过 GPRS 实现 172kbp 的中速数据速率传输功能,通过 TD-SCDMA 实现 2Mbps 数据业务,提供的业务分电话类业务、承载业务及补充业务三种。其中,高速数据业务是通过 GPRS 和 PhaseⅡ 阶段的 TD-SCDMA 技术来实现的。GT800 具有卓越的集群性能,如快速的接续性能、群组业务高效共享信道资源、丰富的集群业务、覆盖稳定、高速数据业务、全方位优先级管理及强大的 VPN(虚拟专用网络)能力。图 4-3 所示为 GT800 网络结构。

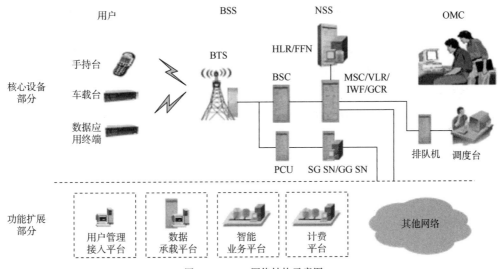

图 4-3　GT800 网络结构示意图

GT800 满足专业移动用户最严格的呼叫接续速度要求,提供比现有数字集群通信系统更丰富的集群业务,实现中高速数据速率传输功能,支持全方位的优先级管理业务和强大的 VPN 功能,除能够实现单呼、组呼及广播呼叫等基本集群业务外,还能实现以下业务:

(1)增强优先级业务、动态编组、快速呼叫建立、功能号码寻址、基于位置的路由、迟后进入、呼叫报告、讲话方识别显示及开放信道呼叫补充业务。

(2)用户鉴权、空中接口加密、端到端加密、遥毙/复活、缜密监听、环境侦听等安全类业务。

(3)短数据业务、电路方式数据业务、分组数据业务、共网运营 VPN 等数据承载业务功能。

(4)电信业务、补充业务等电信互连业务。

(5)智能网业务功能。

GT800 工作频率为 800MHz,收发间隔为 45MHz,信道间隔为 200kHz,采用 GMSK 调制,语音编码为 13kbps 的 RPE-LTP(规则脉冲激励长期预测),数据最高速率为 171.2kbps。

4.1.7　常用的数字集群通信系统比较

以下重点阐述 GoTa 与 TETRA 之间的优劣势对比。

1.GoTa 优势分析

(1)应用模式灵活。GoTa 既可作为公共网络,组成全国的版图网(支持移动通信和集群业务),又可专网使用,保障特殊应用场景或某个区域。TETRA 定位于专网应用,支持大范围组网应用能力有限,信道资源保障受限。GoTa 因 CDMA 技术特点,支持的用户容量和业务能力要远大于 TETRA。

(2)支持业务丰富。GoTa 支持很强的个人移动通信、宽带分组(3G 平台)、集群调度等多种业务,可满足不同层次、不同职能的用户的业务传输需求,特别是系统基于 3G EVDO 的数据功能,可支持多媒体流的传输。TETRA 只能支持极少量的个人移动通信、窄带电路数据、集群调度业务,使用场景受限。在专业集群调度功能方面,两者功能和性能基本一致,但GoTa还能够提供更丰富的分级、分组、重组功能。

(3)覆盖距离长。GoTa基于码分体制,只要远景效应解决得好(功率控制精度有保障),在实际应用中为完全通视传播(海事CDMA系统在架高的情况下可传输100海里以上距离,1海里=1852m),满足大区制组网要求。TETRA由于其调制方式(高阶)和信道接入方式(时分)等原因,传输距离受限。在国内曾做过专题试验,在正常平坦的地形,通信距离为6km。

(4)成本可控。GoTa适用于组建大规模网络系统,网络规模越大,性价比越高,因为多个基站可共用一套核心网设备。在同等网络规模情况下(大网),TETRA的造价要高得多,它每个节点设备基本一致,数量越多,成本越高,是简单的倍数关系。

(5)技术体制可控。GoTa为我国中兴通讯自主研发的集群系统,掌握核心技术,技术和产品状态完全受控。TETRA核心技术为欧美公司掌控,对发展中国家和不发达国家限制较多,不受控。

(6)安全保密性。GoTa为中兴通讯自主研发系统,可灵活定制从终端到系统的安全机制以及信息加密处理。TETRA标准部分开放,关于保密部分不对外开放,无法进行系统安全保密设计。同时该系统为欧美公司提供,其自身信息安全性(后门)无法控制。

(7)产品发展与演进。GoTa基于3G平台设计,可随着移动通信体制发展而向下平滑演进,具有强大的生命力和扩展性。TETRA因采用全电路方式,在根本体制上无法向更高技术标准演进,因此它后续发展受限,可扩展性受到很大制约。

2.GoTa劣势分析

(1)区域专业应用。如用户应用定位于小的区域内的专用集群保障,那么GoTa在系统体积规模、应用灵活性(车载应用受限)等方面要弱于TETRA。在这种情况下,如系统用户数量要求不大,如千户以下,GoTa的成本要高于TETRA。

(2)产业联盟情况。TETRA标准是国际通用标准,为众多大型通信设备制造商采用,具有较强的产业联盟,产品稳定性已得到高度验证,产品种类和应用规模远大于GoTa。GoTa虽然也已申请成为国际标准,目前在海外也得到了广泛应用,系统稳定性也得到了验证,但相对来讲,标准被认可度要大大弱于TETRA,无法形成联盟技术优势,系统产品稳定性和成熟度也弱于TETRA。

(3)专业集群性能。GoTa的专业集群性能或多或少要弱于TETRA,如时延、脱网直通功能等,但这个差距让用户感觉不会特别明显,同时中兴通讯也在不断再优化相关性能。国内外主要的数字集群通信系统的区别和比较见表4-2。

国内外主要的数字集群通信系统的区别和比较　　　表4-2

性能	TETRA	iDEN	GoTa	GT800
多址方式	TDMA	TDMA	CDMA	TDMA
载波带宽	25kHz	25kHz	1.25MHz	200kHz
开放程度	较低	不开放	较高	较高

续上表

性能	TETRA	iDEN	GoTa	GT800
集群业务的支持能力	较强,支持的集群类补充业务丰富	较强,支持的集群类补充业务丰富,比TETRA少	较强,支持的集群类补充业务丰富,比TETRA少	较强,支持的集群类补充业务丰富,比TETRA少
数据速率	低	低	高	中等
未来发展	—	Wi-iDEN	EV-DO,EV-DV(可以平滑演进)	TD-SCDMA(不是平滑演进)
直通工作	支持	不支持	不支持	不支持
单载单扇最大组容量	4	6	3×30(3个组,每组30个用户),5×20,10×11	7组或3组
频率规划	中	中	少	多
呼叫建立时间(理论值)	<500ms	<1s	<1s	<1s
话权申请时间(理论值)	<200ms	<200ms	<200ms	<200ms

单元4.2　数字集群通信系统在城市轨道交通中的应用

本单元以TETRA为例,对数字集群系统在城市轨道交通中的应用进行说明。

TETRA标准没有限定无线网络的结构形式,只是用特定的接口来定义网络基础设施[在TETRA标准中常称之为交换与管理基础设施(WsMI)],它是网络的核心部分。在TETRA标准中定义的接口是保证互通、互连和网络管理所需要的。在一个大型TETRA网络中,WsMI是由多个基站、传输链路、交换设备和数据库组成的。在小型系统中,它可能只有一个基站和通过一条链路连接的调度台。图4-4为TETRA结构示意图。

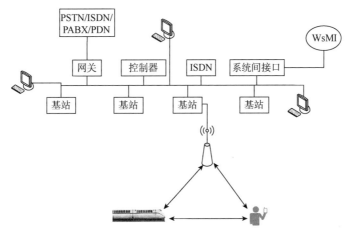

图4-4　TETRA结构示意图

交换和管理基础设施WsMI是TETRA的核心,包括基站收发信机(BTS)、交换系统(SS)、数据库(Data base)、操作和维护中心(O&M)、各种网关及相关的控制和管理设备。移动终端包括网内移动台和网外的移动台,移动台通过 TETRA 无线接口连接到 WsMI 上,还包括有线终端。下文以某城市地铁线路无线调度通信系统为例介绍数字集群通信系统在城市轨道交通中的应用。

1.无线调度通信系统组成

某城市地铁无线调度通信系统利用海能达 ACCESSNETB-T IP TETRA 系统强大的虚拟专网功能,使各通话组相互独立,在各自的通话组内的通信操作互不妨碍,其主要功能如下:

(1)保证地铁安全、高密度、高效运营。

(2)为地铁运营的固定用户(控制中心及车辆段调度员、车站值班员等)和移动用户(列车司机、防灾人员、维修人员)之间的话音和数据信息交换提供可靠的通信手段。

(3)为行车安全,提高运输效率和管理水平,改善服务质量提供了重要保证。

(4)在地铁运营出现异常情况和有线通信出现故障时,能迅速提供防灾救援和事故处理等指挥所需要的通信手段。

TETRA 架构如图 4-5 所示。

ACCESSNETE-T IP 系统的交换控制中心用于各种 TETRA 呼叫过程中进行的业务处理,具备信令交换、话音交换、数据处理等功能。

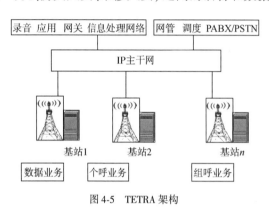

图 4-5 TETRA 架构

由于海能达 ACESSNETE-T IP 系统是真正意义上完全基于 IP 的集群系统,所有的网元设备都将采用 IP 连接的方式安入集群系统中,为了充分保障交换控制节点的高可靠性,对于以太网三层交换机采用冗余配置,保证城市轨道交通工程不会出现链路上的单点故障。

NDB 服务器(数据库服务器)器采用的硬件是标准服务器,主要负责承载系统内的所有用户信息数据,TETRA 数据库 NDB 服务器与 TETRA 网管客户端组成了整个无线系统的网络管理系统,为整个网络提供了高效且安全的系统网络管理服务。

SCN 服务器[数据交换服务器(冗余)]采用的硬件是标准服务器,可根据性能要求、网络容量和不同的功能需求配置多个 IPN 服务器。IPN 服务器中除了具有交换控制功能(SCF)外,还可以配置其他的功能模块,如电话网关(TGW)、TETRA 声码器(TVF)、应用网关(AGW)、分组数据网关(PGW)。

PABX 网关支持海能达 ACCESSNETE-T IP 系统和公务电话系统之间的 P 接口。电话互联网关和 PABX 之间的信令协议是 ETSI O-SIG 协议。对于电话互联呼叫而言,交换控制器可控制电话互联网关的音频信号的路由选择,以及传输给公务电话的呼叫建立信令。电话互联网关将话音与来自交换控制服务器的 Q-SIG 信令进行组合,并将其传输给 PABX。相反,电话互联网关可对话音和来自 PABX 的 QSIG 信令进行分解,将话音传输给交换网络,将信令传输给交换控制服务器。

RS 基站除了支持 GPS 时钟同步外,还支持主从同步;支持 PTP、1588V2、精准时钟同步协议。时钟同步服务器用于给基站分发时钟信号,基站可以透过传输网和 PTP 服务器进行时钟同步。时钟服务器以 GPS 作为时钟源,其连接图如图 4-6 所示。

2. 无线系统基站的组成及作用

某城市地铁 1 号线专用无线通信系统采用 TETRA 数字集群交换控制、基站、用户终端设备三级组网。在 1 号线控制中心设置集群交换设备。在 1 号线沿线 20 个车站及 1 个车辆段设置两个载频集群基站,中心集群交换设备通过传输系统提供

图 4-6 PTP 服务器连接图

的以太网通道、21 个 TETRA 基站形成的一个有线、无线相结合的专用调度通信网络。

在轨道、车站的站台层采用电缆覆盖,在站厅层、车站出入口、工作区及电梯通道等采用全向小天线覆盖。车辆段采用室外全向天线方式,通过空间波覆盖,控制中心增设光纤直放站远端机,采用室内天线分布方式覆盖,长大区间采用光纤直放站延伸无线信号覆盖。

(1) 系统网络组成。

某城市地铁 1 号线专用无线通信系统基站设备是海能达的 TETRA 基站 DIB,基站由电源单元(PSU)、分路器单元(DU)、发射滤波单元、基站控制器单元(BSCU)、信道机单元(CHU)、互连中继单元(IRU)、风扇单元、腔体合路器(ATC)等部件组成。基站最大发射功率为 25W,每基站两个载频。

①电源单元(PSU)。电源单元由电源框和多个电源模块(PSM)组成。

PSM 是一个整流器装置,用于将交流电转换为直流电并提供均流功能。根据电源配置和信道机数量,每个机柜可安装不同数量的 PSM。

DIB-RS 标准型基站的直流电源输入值为 48V。直流配电模块(DPDM)用于向背板和其他硬件组件提供和分配电源。

②分路器单元(DU)。DU 是天线耦合系统的一个组成部分,用于将接收到的信号分配到各个信道机。

DIB-RS 标准型基站支持接收滤波器和无源分路器两种 DU。

接收滤波器:用于过滤和放大接收到的信号,然后送到相应的 CHU。接收滤波器的数量取决于接收天线的数量,每个接收天线均需配置一个接收滤波器。接收滤波器位于 DIB-RS 标准型基站的机柜上方,并提供一个天线接口。

无源分路器(PDU):用于将扩展机柜中接收滤波器(或双工器)所收到的信号分配到相应的 CHU。PDU 的数量取决于接收信道的数量,每个接收信道均需配置一个 PDU。

③发射滤波单元。DIB-RS 标准型基站支持以下任一种发射滤波单元。

发射滤波器:用于滤除调谐频段范围内的发射信号,并配合发射天线使用。发射滤波器位于 DIB-RS 标准型基站的机柜上方,并提供一个天线接口。

双工器:集发射滤波器和接收滤波器于一体,用于隔离发射信道和接收信道,并过滤发射信号和接收信号,保证接收和发射都能同时正常工作。双工器主要是配合基站的收发天线使用。双工器位于 DIB-RS 标准型基站顶部,提供一个天线接口。该接口可通过基站的接口单元使用。

④基站控制器单元(BSCU)。BSCU 是整个基站的控制单元,负责管理基站范围内的无线链路,以及基站与其他网元(如系统控制节点)的链路。BSCU 通过接收和分配 GNSS 时钟

信号,实现基站同步。GNSS 包括所有常用定位服务,如 GPS、北斗、Galileo 和 Glonass。同步时钟信号也可通过精确时间协议(PTP)从主时钟获取。

BSCU 是连入 ACCESSNETE-T IP 系统的接口,也负责管理基站与其他网元的链路,如系统控制节点、网管系统(NSM)和应用程序等。

BSCU 通过插框的形式集成到 DIB-RS 标准型基站中。为了增强可用性,一个基站最多支持安装两个 BSCU,当主 BSCU 在运行过程中出现故障时,基站可迅速切换到备用 BSCU。

⑤信道机单元(CHU)。信道机单元如图 4-7 所示,它负责为话音数据的双向传输提供无线信道。CHU 由发射机、接收机和信道机软件构成,可生成调制射频信号,以实现基站和终端之间的信令数据与负载交换。此外,CHU 还提供监控功能,如动态控制风扇运行速度。CHU 通过插框的形式集成到 DIB-RS 标准型基站中。每个 CHU 提供 1 路载波,每个基站最多可配置 4 个 CHU,因此,每个基站最多支持 4 路载波。当主 CHU 在运行过程中出现故障时,基站可迅速切换到备用 CHU,重新建立无线覆盖。

⑥互连中继单元(IRU)。互连中继单元如图 4-8 所示。它位于扩展机柜,负责连接主机柜的 BSCU。在扩展机柜中,IRU 会将所有控制信令及时钟同步信号分配给相应的 CHU。IRU 通过插框的形式集成到 DIB-RS 标准型基站中。为了增强可用性,最多可配置两个 IRU,分别连接主备 BSCU。当主 IRU 在运行过程中出现故障时,基站可迅速切换到备用 IRU,重新建立无线覆盖。

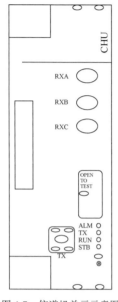

图 4-7 信道机单元示意图

⑦风扇单元。风扇单元负责为基站内的组件进行散热,并通过过滤网将空气中的粉尘物质滤出。

风扇单元由 6 个风扇组成,以插框的形式安装在 DIB-RS 标准型基站中。每个风扇都带有一个指示灯,以方便从机柜外查看运行状态。通过风扇单元,还可持续监视 CHU 和 BSCU 的温度,并实时控制风扇运行速度。

⑧腔体合路器(ATC)。腔体合路器背面板如图 4-9 所示。腔体合路器负责将多路发射信号合成一路送到天线发射。在合路过程中,发射机之间通过隔离防止产生互调干扰。DIB-RS标准型基站采用腔体合路器,可将 4 个载波无损合路到一根发射天线。腔体合路器支持电调合路方式,还支持远程频率更改。

(2)各部分作用。

①基站功能(BSF)。BSF 是 ACCESSNETE-T IP 的一个功能单元,提供符合 TETRA 标准的空中接口。该空中接口用于移动台(如手持终端、数据终端和无线调度台)之间的话音和数据通信。话音和数据通信所需的信道由各基站的信道机提供。其中,业务信道和分组数据信道采用动态分配方式,用于传输话音和分组数据。控制信道则采用静态分配方式,用于传输信令或同步数据(SDS)。

②交换控制功能(SCF)。SCF 是 ACCESSNETE-T IP 的核心功能单元,负责为网元和网关(电话网关、应用程序网关和分组数据网关)提供 IP 路由功能。

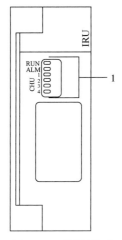
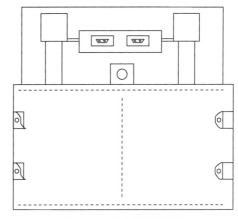

图 4-8 互联中继单元　　　　图 4-9 腔体合路器背面板

③TETRA 话音转码功能(TVF)。TVF 负责 TETRA 系统和外部系统(如电话系统)之间话音流的转换,并可对 TETRA 格式(ACELP)和 G71 格式(A-Law 或 u-Law)之间的话音进行重新编码。TVF 是电话网关所需要的功能单元。如果应用程序的语音编码也采用 G711 格式,则应用程序网关(AGW)也需要 TVF。

④应用程序网关。AGW 用作 ACCESSNETE-T IP 系统和应用程序之间的 IP 电话网关。应用程序包括调度系统、定位系统(如 AVL 和 GIS)、录音系统及控制系统(SCADA)或智能计量系统等。

⑤分组数据网关(PGW)。PGW 可实现 ACCESSNETE-T IP 系统中移动台之间的分组数据传输,以及将分组数据传输至相连的其他 IP 网络。该业务还可提供数据库查询或数据传输等功能,如将数据传输至控制系统。

⑥电话网关(TGW)。TGW 用作 ACCESSNETE-T IP 系统和 VoP 专用自动小交换机(VOIP PABX)之间的 IP 电话网关。在 ACCESSNETE-T IP 系统中,逻辑上 TGW 与 SCF 相连。TGW 向电话系统发起的登记信令和呼叫控制信令遵循会话发起协议(SP),话音传输则采用实时传输协议(RTP)。话音编码格式为 G71(A-Law 或 u-Law)。

 实训任务

本模块主要从以下几个方面对学生的学习进行评估:①学生能正确把握各种数字集移动通信系统的技术体制;②学生能正确画出各种数字集群通信系统的网络图;③学生能正确区分各种数字集群通信系统的应用范围;④学生能正确区分各种数字集群通信系统。

相关工作任务单详见书后模块 4 实训工单。

思考与练习

1.填空题

(1)TETRA 是一种基于_____技术的数字集群通信系统。

(2)移动通信可分为公用移动通信网(PLMN)、_____和无线寻呼系统(RPS)三大类。

(3)TETRA 信道间隔是_____kHz,PDT 信道间隔为_____kHz。

(4)iDEN 采用的调制技术是_____。

(5)_____是中兴通讯推出的面向未来技术演进的新一代数字集群通信系统。

2.选择题

(1)TETRA 每射频信道可分为(　　)个时隙。
  A.2　　　　　　B.3　　　　　　C.4　　　　　　D.5

(2)TETRA 收发频率间隔有两种,分别为(　　)。
  A.10kHz 和 45kHz　　　　　　B.10MHz 和 45MHz
  C.100MHz 和 450MHz　　　　D.100kHz 和 450kHz

(3)PDT 工作频率为(　　)Hz。
  A.35　　　　　　B.350　　　　　　C.35M　　　　　　D.350M

(4)GoTa 采用(　　)技术。
  A.TETRA　　　B.CDMA　　　C.GPRS　　　D.GSM

(5)GT800 空中接口采用(　　)技术。
  A.TETRA　　　B.CDMA　　　C.GPRS　　　D.GSM

3.判断题

(1)TETRA 频谱范围为 450MHz～900MHz。(　　)

(2)iDEN 采用了前向纠错(FEC)技术译码纠错。(　　)

(3)PDT 采用的多址方式为 FDMA 频分多址方式。(　　)

4.简答题

(1)试画出 TETRA 网络结构示意图。

(2)简述 iDEN 特点和业务功能。

模块 5　TETRA 及其应用

学习目标

知识目标：重点掌握 TETRA 的特点、结构、业务功能及技术标准，了解和掌握 TETRA 在我国城市轨道交通中的应用。

能力目标：能正确把握 TETRA 的技术体制；能正确画出 TETRA 的框图；能正确识别、区分各种数字集群通信系统的设备，了解相应的设备维护、故障处理流程。

素质目标：关注 TETRA 在城市轨道交通中的应用，注重专业知识的积累和未来工作能力的提升，了解 TETRA 的技术标准和关键参数，以及在国内的典型应用，促进知识技能的吸收和转化。

建议学时

模块总学时 10 课时＝6 理论学时+2 实验学时+2 实训学时。

知识导航

欧洲国家于 20 世纪 80 年代末，开始研究数字集群通信系统，1995 年开始确定 TETRA 标准，1998 年开始推广。2001 年 800MHz 频段 TETRA 进入我国市场，2003 年 350MHz 频段 TETRA 在我国开始组网实验。随着我国城市轨道交通、高速铁路等基础设施建设的快速发展，基于 TETRA 标准的产品、设备在城市轨道交通中的应用越来越广泛。

单元 5.1　TETRA 的基本概念

TETRA 是一种基于数字时分多址（TDMA）技术的集群移动通信系统，是欧洲电信标准协会于 1995 年正式确定的一种新一代数字传输网络无线产品标准，它包括一系列已定义的开放接口、呼叫服务和协议。

该系统是专业移动通信统一标准的开放性系统，可在同一技术平台上提供指挥调度、数据传输和电话服务，它不仅可以提供多群组的调度功能，而且可以提供短数据信息服务、分组数据服务以及数字化的全双工移动电话服务。支持移动台脱网直通模式（DMO），可实现鉴权、空中接口加密和端对端加密。具有虚拟专网功能，可以使一个物理网络为互不相关的多个组织服务。

TETRA 整套设计规范可提供集群、非集群及具有话音、电路数据、短数据信息、分组数据业务的直接模式（移动台对移动台）的通信。TETRA 可支持多种附加业务，其中大部分是 TETRA 独有的。TETRA 是一种非常灵活的数字集群标准，它的主要优点是兼容性好、开放性好、频谱利用率高、保密功能强,是目前国际上制定得最周密、开放性好、技术最先进、参与生产厂商最多的数字集群标准。

5.1.1 TETRA 特点

TETRA 频谱效率高,采用 TDMA 技术,使每 25kHz 信道复用 4 时隙,其与其他数字集群通信系统比较具有下列特点:

(1)快速反应。TETRA 的呼叫建立时间非常短,实际小于 0.3s,经 GSM-R 欧洲铁路综合移动通信系统实际测试,TETRA 呼叫建立时间最快为 3s。

(2)调度业务丰富。TETRA 有多种指挥调度功能,如退后进入、区域选择、监听、动态重组、多种优先级配置方案(呼叫排队、强拆抢占、扫描优先等),功能齐全,可以按需选配。

(3)加密方式灵活。除公共密钥加密外,还有空中接口加密、端到端加密等方式,可满足普通、商业、秘密、机密等不同级别需要。

(4)安全性高。TETRA 的鉴权较 GSM 更为严密,有单向双向空中接口鉴权,在专业网中可以防止各种威胁,使得专业网正常运行更有保障。

(5)可脱网直通。TETRA 在直通(DMO)工作模式中,无线用户可以不通过网络基础设施,使用不受基站和交换机控制的无线频率,直接进行相互间的通信。

(6)话音质量好。在严重噪声环境下,GSM 手机通话质量会变差,而 TETRA 终端则不受环境因素影响,听不见噪声干扰,话音清晰。

(7)高速适用性强。在高速运行的汽车、火车或直升机中,当速度达到 140km/h 时,GSM 手机通话话音已听不见,而 TETRA 终端的通话话音仍非常清晰,据测试,TETRA 终端可在速度高达 260km/h 的直升机上进行通信。

(8)标准开放。TETRA 标准,可以免费下载。

(9)系统组网灵活。TETRA 在设计上支持小、中、大型系统,集中式、分布式、混合式部署,根据实际组网情况选择部署方式。

(10)多频段选择。可提供多频段系统,如 350~400MHz、410~470MHz 和 806~870MHz 频段的系统。

(11)通信模式多样。可提供全双工通信、半双工通信及数据通信服务。

未来,TETRA 将主要沿着以下几个方向发展:

(12)高级无线数据业务 DAWS(DIGITAL ADVANCED WIRELESS SERVICEs)的研究开发。

(13)频率扩展,争取覆盖 130MHz~1GHz,以适应市场的需求。

(14)更新和完善 TETRA SIM 卡。

(15)进一步增强互联性,开发研究多模终端。

5.1.2 TETRA 标准族

TETRA 由 TETRA 话音(V)+数据(D)、TETRA 分组数据优化(PDO)和 TETRA 直接模式通信(DMO)3 个普通标准的集合。所研制的设备可以包含上述一个或多个标准功能,也可以根据用户的需求对标准进行变通处理,从而使 TETRA 更加灵活,功能也更强。

(1) TETRA 话音(V)+数据(D)。

使用 25kHz 信道的 TDMA 系统,每射频信道分 4 个时隙,能同时支持话音、数据和图像的通信。与单个移动台相结合,可减少阻塞及互调干扰问题,数据传输速率最高可达 28.8kbit/s。

(2) TETRA 分组数据优化(PDO)。

使用 25kHz 信道的 TDMA 系统,每射频信道分 4 个时隙,主要面向宽带、高速数据传输。TETRA PDO 只能支持数据业务,TETRA V+D 则数话兼容。它们的技术规范都基于相同的物理无线平台(调制相同,工作频率也可以相同),但物理层实现方式不太一样,所以不能实现互操作。

(3) TETRA 直接模式通信(DMO)。

DMO 是脱网直通模式,直通模式就是终端机之间直接通过空中接口通信,不需要网络基础设施。当移动台处于网络覆盖范围外,或者即使在覆盖范围内,但需要安全通信时可采用 TETRA DMO 方式,实现移动台和移动台之间的通信。如果终端处于网络覆盖范围内,通过入网终端,就可以在 ISO(国际标准化组织)第三层上提供集群方式与直通方式的相互转换。

(4) TETRA 集群模式(Trunked Mode Operation,TMO)。

集群模式就是终端机之间需要中转站(网络基础设施)才能通信。通话距离远并具有丰富的调度业务,可支持半双工和全双工两种模式通信。但是需要网络,在没有建立基站的地方不能使用。

5.1.3 TETRA 的技术标准

(1) 主要技术特性。

TETRA 主要技术特性见表 5-1。

TETRA 主要技术特性 表 5-1

序号	内 容	技 术 特 性
1	信道间隔	25kHz
2	调制方式	$\pi/4$DQPSK α(滚降因子)= 0.35
3	调制信道比特率	36kbit/s
4	语音编码速率	4.8kbit/s(ACELP 编码方式)
5	接入方式	TDMA(4 个时隙)
6	用户数据速率	7.2kbit/s(每时隙)
7	数据速率可变范围	2.4~28.8kbit/s
8	接入协议	时隙 ALOHA

(2) 集群方式。

TETRA 标准支持消息集群、传输集群和准传输集群三种集群方式。

消息集群是在调度通话期间,控制系统始终给用户分配一条固定的无线信道。从用户最后一次讲完话并松开 PTT 键开始,系统将等待 6~10s 的"信道保留时间"后"脱网",完成消息集群,再将该信道分配给其他用户使用。若在保留时间内,用户再次按 PTT 键继续通话,则双方仍在该信道上通话(保持原来的信道分配)。消息集群采用按需分配方式,频谱利用率不高。

传输集群是指用户双方以单工或半双工方式工作时,用户按下 PTT 键,就占用一个空闲信道工作。当用户发完第一个消息松开 PTT 键时,就有一个"传输完毕"的信令送到基站控制器,以指示该信道可再分配给其他用户使用。传输集群的信道采用动态分配方式,频谱利用率高,但可能导致通话不连续和不完整。

准传输集群兼顾消息集群和传输集群的优点,缩短了"信道保留时间"(0.5~65s),增加了用户每次讲话完毕并松开 PTT 键后的时间,使消息不会中断。准传输集群的信道利用率比传输集群低。

(3)频谱资源。

TETRA 标准的显著特点是其频率资源的灵活性。频谱范围从 VHF(甚高频)的 150MHz 到 UHF(特高频)的 900MHz,收发频率间隔有两种,分别为 10MHz 和 45MHz,见表 5-2、表 5-3。

10MHz 双工间隔　　表 5-2

上 行 链 路	下 行 链 路	应　用
380~390MHz	390~400MHz	欧洲国家安全部门
380~390MHz	390~400MHz	中国
410~420MHz	420~430MHz	欧洲国家
450~460MHz	460~470MHz	欧洲国家

45MHz 双工间隔　　表 5-3

上 行 链 路	下 行 链 路	应　用
870~888MHz	915~933MHz	欧洲国家
806~821MHz	851~866MHz	中国

(4)TETRA 设计规范。

TETRA 采用大区制设计,参数如下。

呼叫建立时间:<300ms。

邻道功率:-60dBc。

基站 RF 功率:0.6W~40W。

移动台 RF 功率:1W、3W、10W、30W。

TETRA 接收灵敏度(对 2%BER):

移动台:衰落——107dBm,静噪——12dBm。

固定台:衰落——109dBm,静噪——115dBm。

(5)TETRA 网络结构。

TETRA 标准对无线电网络的结构没有明确限制,其基础结构只定义了 6 个规定的接口标准,用于确保网内操作互联和网络管理。这 6 个接口分别是无线空中接口、有线站接口系统间接口、移动台(包括有线终端)与终端设备间的终端接口、网络管理接口和直接模式无线电空中接口。TETRA 网络结构如图 5-1 所示,TETRA 网络配置示意图如图 5-2 所示。

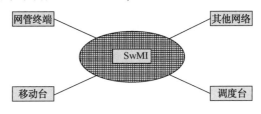

图 5-1 TETRA 网络结构

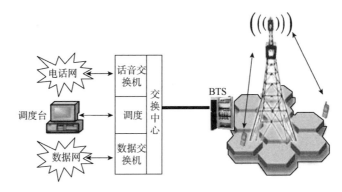

图 5-2 TETRA 网络配置示意图

(6) TETRA 帧结构。

TETRA 采用 TDMA 多址接入方式和 π/4DQPSK 的调制方式,调制信道比特率为 36kbit/s,1 个 TDMA 帧为 56.67ms,分 4 个时隙,每个时隙为 14.167ms,可携带 510 个调制比特,上行时隙又可进一步分为 2 个子时隙,每个子时隙为 7.08ms,可携带 255 个调制比特。18 个 TDMA 帧构成 1 个复帧(周期为 1.02s),60 个复帧构成一个超帧(周期为 61.2s)。如图 5-3 所示。

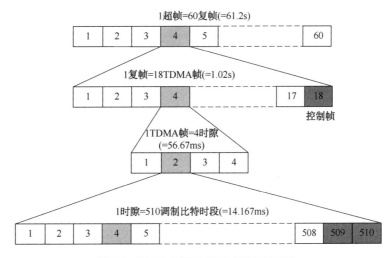

图 5-3 TETRA 中超帧、复帧、帧、时隙的结构

5.1.4 TETRA 的业务功能

TETRA 的业务包括用户终端业务和承载业务。

用户终端业务包括单呼（点对点）、组呼（点对多点）、广播（单向点对多点）、数据业务，承载业务包括分组数据、电路数据。承载业务提供下列用户比特率：未保护的话音或数据为 7.2kbps（最高可达 28.8kbps），低保护数据为 4.8kbps（最高可达 19.2kbps），高保护度的数据为 2.4kbps（最高可达 9.6kbps）。

补充业务包括：专业调度型补充业务和电话型补充业务。承载业务提供终端网络接口之间的通信能力（不包括终端功能），具有较低层属性的特征（OSI 的第 1~3 层）。电信业务提供两用户之间相互通信的全部能力（包括终端功能），除具有较低层的属性外，也具有较高层的属性（OSI 的第 4、7 层）。附加业务是对承载业务或电信业务的改进或补充。如图 5-4 所示。

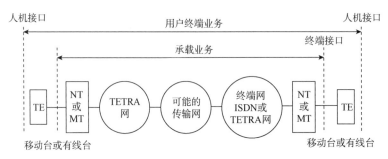

图 5-4 TETRA 支持的用户终端业务和承载业务结构图
TE-终端设备；NT-终端网络；MT-移动终端

（1）话音业务。

①标准单呼。标准单呼是系统最基本的呼叫功能，即通过拨号进行个人对个人呼叫。对于呼叫成功的立即自动接通话路，对于呼叫失败的提示被叫用户信息。通话过程中动态地显示对方号码。

②标准组呼。使用半双工方式建立的一对多的直接呼叫是 TETRA 终端最常用的呼叫方式。只有那些附属特定组的终端用户才能接收到对该组的组呼接入信号。

③紧急呼叫。TETRA 终端和调度台可以根据情况设置紧急呼叫。紧急呼叫拥有最高的预占优先级（15 级），如果需要，紧急呼叫时可以预先清空正在进行的呼叫资源。按下终端紧急呼叫键即可发起紧急呼叫。紧急呼叫会在被叫方显示。

④预占呼叫。发起预占呼叫，可以打断正在进行的普通优先级的呼叫。

⑤网关。网关呼叫包括 PSTN 和 PABX 网关呼叫，即 TETRA 终端在 TMO 模式下可以通过 PSTN 或 PABX 网关与公网或集团网的用户进行互联互通。

（2）数据业务。

①预定义状态消息（Saus）。预定义状态信息用于从一个用户到另一个用户（或一个组）快速可靠地发送预定义信息，而无须话音呼叫。

②用户消息（SDS）。TETRA 提供短数据服务，允许在移动终端设备之间传送短信息。支持对单个 TETRA 用户和用户群或外部应用（如调度台）的 SDS 请求。

③GPS定位。终端可接收GPS卫星定位信号,向基站发送GPS定位信息。调度台根据终端的定位信息,实现可视化调度。

④IP分组数据(Packet DATA)。IP包在无线终端、IP数据网关客户、以太网网关和客户应用之间传送;可以使用任何标准的应用,如Web、FTP、E-mail等;可以交换任何类型的信息,如图片、文字、声音。

(3)调度台基本功能。

调度台基本功能(DWS)可以理解为特殊的一款TETRA终端,它具有调度的能力。调度台功能强大,一个操作员可以控制一组移动终端的部分或全部活动。

①终端呼叫调度台。无线用户通过呼叫调度台ID号码呼叫调度台。

②调度台呼叫终端。调度台通过调度软件可以选呼某一个或某一组移动用户。

③调度台数据业务。调度台可与移动用户之间相互传输短信息及状态消息。

④强插、强拆。调度台可以强行插入正在进行的通话,参与到这个通话中,也可以把这个通话强行拆除。

⑤环境侦听。环境侦听呼叫业务以隐蔽的方式监听被叫用户周围的声音。

⑥通话监听。调度台可以插入当前正在通话的信道监听通话内容。此时调度台可以听到该呼叫的通话信息,而被监听的用户并不知道其通话被监听。

(4)录音功能。

TETRA可部署强大的录音功能,通过在系统中部署录音服务器,可实现以下功能:

①录音。可实现全网录音,也可以选定特定的组织进行录音。

②记录短信。

③查询回放。通过Web客户端查询、下载与回放录音,查看统计分析数据,查看短信,查看登记信息,以及根据系统日志了解客户端使用情况。

(5)应用范围。

从应用角度看,移动通信可分为公用移动通信网(PLMN)、专用移动通信网(PMRS)和无线寻呼系统(RPS)三大类。其中,专用移动通信网是指某部门(如公安、铁路、内河航运、电力系统等)内部使用的移动通信网,可与公用交换电话网(PSTN)或专用有线交换机(PABX)互联。

TETRA可完成话音、电路数据、短数据信息、分组数据业务的通信及以上业务直接模式(移动台对移动台)的通信,并可支持多种附加业务,因此它在专用移动通信网中占有重要地位,甚至可为部分公用事业提供服务。

采用TETRA标准的用户按性质可分为公共安全部门、民用事业部门和军事部门等,具体包括公共无线网络运营商、紧急服务部门、公共服务部门及运输、公用事业、制造和石油等行业。

单元5.2 TETRA技术应用

本单元以某市的市郊铁路线路采用的专用无线系统800MHz频段的AcroTETRA数字集群调度系统为例,对TETRA技术应用进行说明。该系统是为保证城市轨道交通安全、高密度、高效运营而建设的话音、数据无线通信系统,它为城市轨道交通运营的固定用户[主用控制中心、备用制中心(停车场)调度员、车站值班员等]和移动用户(列车司乘人员、环控人员、维修人员)之间的语音及数据信息交换提供可靠的通信手段,它为行车安全、提高运输效率和管理水平、改善服务质量提供了重要保证;同时,在城市轨道交通运营出现异常情况和有线通信出现故障时,能迅速提供防灾救援和事故处理等指挥所需要的通信手段。此外,该系统符合我国《数字集群移动通信系统体制》(SJ/T 11228—2000)和欧洲电信标准协会 TETRA 标准。系统基于全 IP 网络架构,采用先进的 NGN 交换技术及软件无线电技术,集调度指挥、电话互联、短信息、分组数据功能为一体,可满足关键领域用户对高效、专业无线调度指挥业务的迫切需求,能够组建多域、单域或单基站等不同规模的集群通信系统。

5.2.1 系统功能

AcroTETRA 系统操作简单,维护方便,可以提供完整的系统软件和专用软件,主要的控制及监测功能的实现均可通过编程进行灵活地编辑、修改。该系统满足行车调度、环控(防灾)调度、维修调度、停车场值班调度等无线调度子系统通话的相互独立性,使其在各自的通话组内的通信操作互不妨碍。同时可以实现车-地数据信息(车载台语音信息等)的传输功能,并实现设备和频率资源的共享、无线信道话务负荷平均分配,服务质量高、接续时间短、信令系统先进,可灵活地多级分组,具有自动监视、报警及故障弱化等功能。本系统具有强大的扩展功能,扩展时不影响既有设备的使用、增加的设备少、软件基本不变。

AcroTETRA 系统的用户包括中心行车调度员;沿线各车站的车站值班员和站内移动值班人员、运行线路上的列车司乘人员;控制中心环控调度员,线路和车站内的相关移动人员;线路和车站内的移动维修人员;控制中心维修调度员,线路和车站内的移动维修人员;停车场调度员、值班员,停车场内列车司乘人员,列检及停车场移动工作人员等。

5.2.2 系统结构

AcroTETRA 系统组成结构如图 5-5 所示。
1)通话功能
(1)控制中心调度员与在线列车司乘人员之间的通话。
(2)控制中心调度员与在线任意列车、任意车厢内乘客远程对讲。
(3)车站值班员与在线列车之间,车站值班员与站内移动值班人员之间的通话。
(4)列车司乘人员之间的通话。
(5)控制中心环控(防灾)调度员与相关移动人员之间,相关移动人员相互之间的通话。
(6)停车场值班员与停车场内列车司乘人员之间的通话。
(7)停车场值班员与停车场内持便携台人员之间的通话。
(8)停车场内持便携台作业人员之间的通话。
(9)公务电话用户与专用无线调度用户之间的通话。
(10)不同组成员之间通话(通过调度台转接)。
(11)控制中心调度员对在线列车的广播。

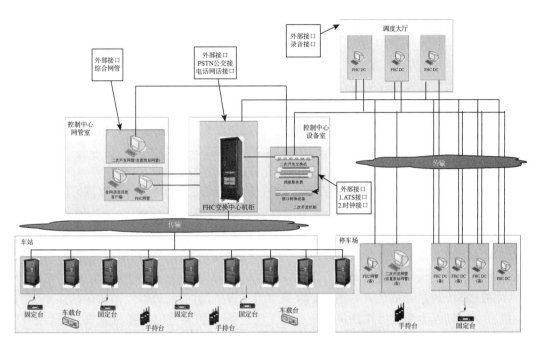

图 5-5 AcroTETRA 系统组成结构

2) 呼叫功能

AcroTETRA 可以支持很多不同的用户，所有的用户根据其特定的操作需求分成不同的通话组。基于用户的需求，无线用户机之间可以进行组呼、私密呼叫(单呼)和紧急呼叫。调度员根据无线用户机的编组情况，可以对系统设定的各大、中、小通话组进行组呼；调度员可以同时选定不同的通话组进行通播组呼叫，以实现对不同通话组的广播；被授权用户可以通过电话互联呼叫功能实现与有线电话用户之间的通话。

采用组呼方式通话为单工通信，采用私密呼叫方式通话为单工或双工通信，采用有线电话呼叫时为双工通信。各种无线用户之间、调度台与无线用户之间具体采用何种通话方式，有待设计联络阶段根据用户的实际使用习惯和要求确定。

3) 组呼

AcroTETRA 能够根据不同通话组的特别要求进行灵活编组。一旦编组确定，调度台或移动台就可以用 AcroTETRA 的组呼功能向预定义的通话组发起一点对多点的呼叫。组呼为半双工通信。

组呼允许用户机和调度台与一组用户进行一对多的通信，用户机缺省工作模式为组呼，而且非常便于发起和接收组呼。

每个用户机可被编成 512 个通话组，用户可以很简单地选择进入哪个通话组，且可以随时进入另一个通话组。用户机可以显示当前进入的短用户群呼识别码(Group Short Subscriber Identity, GSSI)，在接收呼叫的情况下，接收方可以显示当前讲话方的短用户单呼识别码(Individual Short Subscriber Identity, ISSI)。用户机可为每个 ISSI 和 GSSI 编制别名，这样它就可以显示 ISSI 和 GSSI 的别名。调度台通常被分配到多个通话组，它可以被包含在所有通话组的组呼内。

一旦选择一个通话组,用户机不需任何动作,便可自动接收所有有关那个组的呼叫。要发起一个呼叫,用户仅需按下 PTT。呼叫发送的结果可通过音频指示,其音量可调,也可被设置为关闭。

组呼通常用于快速变化的工作条件,因此要保证没有因发送冲突而引起的干扰,也就是说同一时间仅有一个用户可以发送。在按下 PTT 时,用户机喇叭关闭。在传送结束时,系统启动一个信道保留时间,如果在信道保留时间内,另一个组成员发送呼叫,信道马上可用,不会有呼叫建立延迟。对于正在进行的呼叫,没有呼叫建立的延迟会给快速转换的工作环境带来很多好处。但是,如果呼叫时间超过最大允许时长,系统会中断这个组呼。对于用户来说,不需要通过中断呼叫来释放系统资源。信道保留时间和最大呼叫时长都是可以配置的。

4)通播组呼叫

本部门的调度员可以向所管辖的全体成员发起呼叫。被呼叫的成员无须手动转组即可自动纳入通播组的通话,并且可以进行双向通话。除了调度台之外,普通的无线用户也可通过通播组呼叫来实现多方通话。

AcroTETRA 通过通播组呼叫服务可以延展组呼服务的内容,通播组同时包括多个组,这一功能极大地增强了系统操作的灵活性。为了能够满足更大范围的操作需求,通播组呼叫功能可由系统管理员进行配置。

通播组呼叫的一个关键优势是,它可经过配置使其功能上等同于广播呼叫,这是对组呼服务的一种延伸。系统管理员可以配置通播组,每个通播组包括一个通话组列表,每个通话组可以隶属一个通播组。

用户转换到一个通播组,按下 PTT 即可发起呼叫。只要基站覆盖范围内有通播组所包含通话组的成员注册,系统即在此基站分配信道,用户机仅需处于其中的任何一个通话组即可接收到通播组呼叫。通播组也可以紧急呼叫的形式发起。

系统管理员可以配置每个通播组的工作模式,因此通播呼叫的建立需等待正在进行的呼叫发送完成,或者马上中断所有的呼叫。

系统管理员同时可以配置每个通播组在通播呼叫期间如何操作,即对通播的反应是针对整个通播组,还是仅对他们自己的通话组。

5)紧急呼叫

紧急呼叫具有最高优先级。当移动台发起紧急呼叫时,如遇系统繁忙,则系统将立即强拆最低优先级的呼叫,建立紧急呼叫通话。被呼叫的调度台上将会有相应紧急告警提示以提醒调度员有紧急呼叫发生。

系统支持紧急呼叫服务。网络管理员(NM)能按通话组设定这个服务。紧急呼叫是一种具有最高排队优先级的组呼叫。当系统信道忙时,正常操作将紧急呼叫(优先级1)放在忙队列的顶部。紧急呼叫也可被选择立即启动,抢占正在进行中的最低优先级呼叫。当最低优先级呼叫被放弃后,所需资源被立即授予紧急呼叫。网管系统能给不同的通话组设置各自的强拆能力。

系统紧急呼叫还支持"热麦克"功能,即紧急呼叫时麦克风自动打开一定时间(0~300s可设),用户无须按 PTT 即可说话。

紧急呼叫的信道保留时间可以独立于正常组呼叫的信道保留时间。

6）单呼

单呼又称私密呼叫。移动台之间或移动台、固定台与调度台之间可发起一对一的选择呼叫，对于此种选择呼叫，系统可支持全双工的或半双工的两种方式。

AcroTETRA 支持用户机之间或调度台与用户机之间的私密呼叫。当处于私密呼叫时，仅通话双方可以听到通信内容，系统管理员可以配置用户是否具备私密呼叫能力。私密呼叫非常容易从调度台或用户机发起，如两个用户机之间的私密呼叫由呼叫方切换到私密呼叫模式，然后输入对方号码，按下 PTT 即可。在另一端，接收用户机会收到提示音，呼叫方的识别码也会在屏幕上显示，如果接收方按下 PTT，系统就会分配业务信道给此私密呼叫。

大多数的私密呼叫处于半双工方式，即仅通信一方可以在一个时间讲话，这对在困难的条件下保持通信的清晰是尤其重要的。然而，在某些环境下，双工通信也非常有用，为此系统提供了调度员与用户机之间的双工私密呼叫。在每次传送结束后，系统启动信道保留定时，如果通话的任何一方在信道保留时间内均未发送，系统将终止呼叫，这样可以保护系统资源不被浪费。当通话超过最大允许时间时，系统也将中断呼叫，此时间参数可通过系统管理器设置。

7）电话互联呼叫

有线电话用户可以向被授权的移动用户或授权的移动用户向有线电话用户发起全双工的电话互联呼叫。

电话互联呼叫服务可以实现用户机和电话用户之间的全双工通信。所谓全双工，是指通话的双方可以同时发送和收听。同样，电话用户也可以通过拨打一个预留的"用户机直接拨入"（DDI）分机号，向某用户机发起电话互联呼叫。这种呼叫通过专用自动小交换机接入本系统。在发起呼叫的过程中，主叫方可以听到呼叫过程音。这种呼叫可由用户机清除、电话用户清除，或在紧急呼叫请求无线信道的情况下由系统清除。此外，网络管理员可以设定电话互联呼叫的最长通话时间。如果超过最长通话时间，系统会在向用户提示本次通话将被终止后清除本次呼叫。

8）车组号/车次号呼叫

在调度台上用功能号（车组号、司机号、车次号）呼叫机车电台，该功能需通过二次开发实现。

在典型的城市轨道交通类应用中，通常用到下列功能号：

(1)列车车次号（TRN）：根据列车运行线路和发车时间的不同，可将 TRN 动态分配给任何列车。

(2)列车司机号：列车司机号用于标识正在驾驶列车的司机。

(3)列车车组号：车组号是分配给每个车组的唯一 ID，车组号是固定的，并用于标志机车。

通常，用于牵引每趟列车的机车总有自己固定的机车 ID（或车组号），与之相对应，安装在每个机车上的机车台也都有自己固定的 ID，它们的对应关系是不变的。这种对应关系可采用对应表格的形式反映在调度系统 CAD（Cumputer Aided Design，计算机辅助设计）服务器的数据库中，这种对应关系一旦确定，就不会轻易改变。因此，用车组号呼叫机车电台时，实际上对应于用机车电台 ID 号直接进行呼叫。

与车组号呼叫不同的是,列车车次号(TRN)、司机号与机车 ID 之间的对应关系是动态变化的。需要找到它们之间的关系,才能用实时的车次号、司机号呼叫机车电台。

目前,有两种方式实现列车车次号(TRN)与机车 ID 之间的对应:一种方式是实时自动跟踪(TIAS)系统输出的信息,其中包括列车位置信息及当前排定的列车车次号(TRN)、司机号与机车 ID 的对应关系信息。该相关信息可以引入调度台子系统的 CAD 服务器,并通过数据库操作进行自动映射,使车次号呼叫、司机号呼叫转换成机车电台 ID 号的呼叫。该映射是在后台实现的,用户在操作时只需在调度台界面上选择车次号或司机号进行呼叫即可,根本感觉不到后台的映射过程。

图 5-6 以列车车次号(TRN)通过机车 ID 对应到机车电台 ID 的方式作为示例对车次号与机车电台对应关系进行说明。

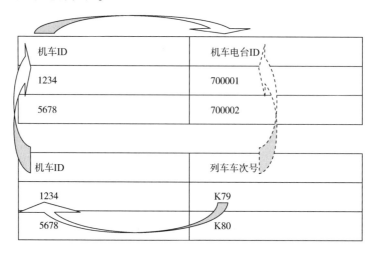

图 5-6 车次号与机车电台对应示意图

9)其他呼叫功能

(1)无线广播功能。

通过和广播系统的互联及二次开发,车站、停车场的现场人员通过专用无线系统的手持台直接控制广播进行车站上、下行站台广播。可以使用广播功能的手持台绑定对应的车站,不可以跨站使用,不影响专网无线用户的通信功能。

(2)调度广播和车辆乘客对讲功能。

控制中心行车调度员可选择运行中的全部本线列车或部分列车的旅客进行广播,车辆段调度员可对位于车辆段的全部列车或部分列车进行广播。车载台与车辆广播、车辆乘客对讲(IPH)有接口,经过二次开发,车载台可以实现控制中心对任意列车,任意车厢的广播功能、乘客与中心调度人员的远程对讲功能。

(3)呼叫转接/转移。

对于没有权限直接拨叫电话的无线用户,可以先呼叫调度台,然后通过调度台转接。用户机支持呼叫转接设置,可将来电转接到同一 ID 上。

(4)新近用户优先。

在队列中的呼叫通常以先入先出的方式进行处理,然而,AcroTETRA 系统同样支持另外一种排队功能,称为新近用户优先,它可以大大增强通话的连续性。举例来说,如果一个用户在组呼期间没有来得及响应,业务信道很可能被释放。信道被释放后,如果该用户在系统规定的时间内再次发起呼叫,新近用户优先功能使他超出同级别的新呼叫用户,防止他回到队列的尾部。

(5)自动重拨。

根据 TETRA 标准,无线用户按下 PTT 后,用户机会通过控制信道发送申请,如遇碰撞不成功,用户机会随机自动重发。

(6)选区呼叫。

在特定环境下,需要对注册在一定地理区域内的所有无线用户进行通信,如在火灾和地震威胁的情况下,疏散车站内的人员。同样重要的是,通信仅在所需目标区域内进行,注册在其他区域的用户不需要接收。

选区呼叫时,由调度员发起基站区域呼叫,此时,"基站范围"的特殊通话组被建立,因此它们仅在单个基站有效,而且这些基站是"关键的",呼叫总在那里建立,调度员可以选择一个或多个基站区域进行呼叫。

如果基站区域呼叫以紧急呼叫的方式发起,所有无线用户将放弃正在进行的呼叫而加入基站区域呼叫。否则,如果建立的不是紧急呼叫,仅空闲的用户可以立刻加入基站区域呼叫,正在进行其他呼叫的无线用户会在空闲时利用迟后加入功能进入基站区域呼叫。

(7)会议呼叫。

集群系统的组呼可以实现调度台或车站台与多个移动台之间的通信,并仅占用一个话音通道,完全可以实现会议呼叫的功能,同时节省信道资源。

(8)调度台的呼叫。

调度台界面上可以显示相应用户和通话组的识别码或别名,对于机车车载台则显示其对应的功能号(如车次号),对于车站固定台则显示其对应的车站名。这样,调度员通过鼠标可以很方便地进行呼叫。同时,调度台也具备拨号呼叫功能。

(9)用户台对调度台的呼叫。

机车车载台对行车调度台的呼叫在上文中已作详细说明(主要采用呼叫请求的方式),这里着重说明其他(除行车调度通话外)用户台对调度台的呼叫。比如维修人员对维修调度员的呼叫、环控(防灾)人员对环控(防灾)调度员的呼叫、保安人员对保安值班员(调度员)的呼叫等。既可以把相关用户群编成一个大组进行组呼,也可以把他们细分成小组进行组呼。当然,用私密呼叫的方式也是可以的,但是考虑到这些人员的工作性质和私密呼叫对系统资源的占用比组呼大得多,因此建议一般情况下均采用组呼方式。

(10)用户台之间的组呼。

用户台之间的组呼可通过系统标准组呼功能实现。

(11)用户台之间的选呼(私密呼叫)。

用户台之间的选呼可通过系统标准私密呼叫功能实现。选呼可采用拨号方式,也可直接利用用户台中存储的号码簿进行呼叫。系统支持缩位拨号功能,因此,同一组内的选呼拨号可以很少。举例说明:假设组 22 内用户台甲编号为 X,XX2,211,用户台乙编号为 X,XX2,212,则甲选呼乙用户时,可省去前面相同的部分,仅拨 12 即可。

10)数据传送功能

AcroTETRA 支持状态信息业务、短数据信息传输业务、分组数据、紧急告警等业务。

(1)状态信息业务。

状态信息业务允许无线用户发送预编码状态信息至调度台。只有用户机能发送状态信息且仅主控制信道(MCCH)支持发送,状态信息被传送给用户机组所属的调度台,且仅被送给调度台,而不送给其他通话组成员。

由于 STS(静态转换)服务仅通过 MCCH(五控信道)传送,这一服务非常高效,而且这一信息很短,因此,STS 仅会给系统资源带来很小的负载。系统的 RCM(Radio Control Manager,无线控制管理)可为用户机自动生成确认信息。

(2)短数据信息传输业务(SDTS)。

短数据传输业务(SDTS 或短信)是一种传输层承载服务。SDTS 可支持文本消息,数据库查询,AVL(Automatic Vehicle Location,自动车辆定位),遥控遥测等数据应用。SDTS 同时支持"点到点"和"点到多点"TETRA 短数据传输服务,SDTS 支持信息多达 140 字节(中文 70 个汉字)。所有用户终端都具有短数据传送功能。二次开发中调度系统的呼叫请求 RTT(往返时间)和 HRTT(硬实时线程)就是通过短数据传送业务实现的。

通过移动台提供的 PEI(外围设备)接口,列车的状态或告警信息可以通过移动台发送给位于调度中心的计算机终端。以 140 字节的数据长度举例,如果移动台守候在控制信道,从移动台发送到计算机终端需要 1~2s 的时间;而如果移动台正在通话过程中,利用短数据和话音同时传送的功能,从移动台发送到计算机终端所需的时间为 11~13s。

(3)分组数据业务。

分组数据技术的飞速发展,以及分组数据设备的降价使得各种服务,诸如话音、图像和高速数据链接都可以采用 IP(互联网协议)技术实施。IP 的简单性和普遍性,以及互联网客户/服务器(资源分散)模式的推广,为承接数据服务的开发提供了先导,为 GSM 蜂窝电话开发的多媒体应用可以移植到 TETRA。

在 AcroTETRA 内部,每个用户机通过一个单一 ITSI(Individual TETRA Subscriber Identity,个人 TETRA 用户识别码)进行寻址,在 AcroTETRA 的 PDS(分组数据业务)内部的映像使得每个用户机均通过 IP 地址寻址。用户机端通过 PEI 接入,AcroTETRA 上层网段通过与 PDR 的 IP 连接实现,系统提供完整的 PDS 程序员手册(具备详细的接口信息),可以为应用程序开发者提供支持。

PDS 提供了一种承载业务,它允许系统中两方利用 IP 进行通信,外部应用程序可以通过分别在上层网和用户机两侧的接口使用分组数据服务,PDS 采用 TETRA 的 SNDCP 空中接口协议。

PDS 采用静态 IP 地址绑定技术,网管系统可以设置 IP 地址与无线用户机 ITSI 地址之间的映射,并且可针对每个用户机设定其是否可使用 PDS 服务。PDS 支持 IP V4,最大传送单元(MTU)为 1500 字节,建议在使用 PDS 服务时采用用户数据报协议(UDP)。

为保证话音和数据服务可以同时在空中接口传送,分组数据的交换通过 PDC(Packet Data Channels,分组数据信道)承载。为保护服务的可用性,被分配给用户机的 PDCH 会在一段时间不活动后收回,系统同样可配置高级别用户,其可优先接收数据服务。

如果分组数据服务采用完全动态的信道分配方式，移动台必须针对每个数据业务都从 MCCH 申请一次业务信道。模拟显示，由系统提供的分组信道的实施方式优于动态数据分配 3~5 倍。

尽管 AcroTETRA 同时支持话音和分组数据业务，但对于同一个移动台而言，却不能像短数据那样实现与话音的同时传送，因此就要求话音具有最高的优先级。即使移动台正在进行分组数传，如果无线用户需要向外发出话音呼叫，或者有话音呼叫进入，移动台也会中断当前正在进行的分组数传，转而进行话音呼叫。待话音呼叫结束后，从断点继续未完成的分组数据传送。

(4) 特殊信息传送。

AcroTETRA 在进行二次开发后，具备下列特殊服务功能：

① 用户状态信息服务。
② 紧急告警服务。
③ 出入库自检服务。
④ 列车状态监控服务。
⑤ 列车旅客信息系统服务。
⑥ 列车车载广播分区信息服务。

(5) 动态基站分配。

用户发起组呼时，无线通信系统将自动查询当前呼叫组的成员所处的基站，在这些基站下分配业务信道，自动释放没有组呼成员的基站业务信道，提高整个系统的信道使用率。

(6) 动态重组。

根据业务的需要(如事故抢险等)，被授权的系统管理员或调度员可通过系统管理设备或调度台以无线方式对无线移动用户重新编程，将不同组、不同基站覆盖区内的某些用户重新组成一个临时小组进行通信。

系统管理员可以动态地对通话组进行重组(支持中文的动态重组)，并通过系统调度台一次执行多个动态重组的命令，动态重组功能是通过在空中接口向手持台发送信息来实现的。

动态重组使得一个或多个终端可以加入一个通话组或从一个通话组删除，动态重组命令是通过 MCCH 发送的，因此，系统管理员可以在需要的情况下对通话组进行重组。而每个终端也会记住它原先的通话组设置，当系统调度台发送"取消重组"指令时，终端会返回到原先的通话组，但如果它未能接收到正常的重组确认，也会回到原先的通话组。

调度软件可以事先制订"应急预案"并存储起来，在出现重大事件时可以非常方便地进行快速响应。"应急预案"包括可以对所有或某些手持台发布重组命令，可以适用于重大事件发生时的紧急处理，如车辆事故、抢险救灾等。

动态重组命令发送成功后，终端会提示用户"一个(或多个，根据具体数量而定)新的通话组号码已被加入本机"，如果需要加入新的通话组的通话，需要通过旋钮或菜单选择到新的通话组号。

（7）跨区呼叫。

当用户组成员处于多个基站的覆盖区域时，无线通信系统将在所有通话组成员所在的基站分配业务信道，传送语音信息，将用户组全部成员纳入当前组呼，实现跨区呼叫。

（8）呼叫限时。

网络管理系统可以设置组呼、私密呼叫和电话互联的最大通话时间，当处于私密呼叫和电话互联呼叫时，如果限制时间已到，系统将向用户机发送指示，告诉用户时间限制已到。如果用户不理睬此限时提示，系统会在超时后将此次呼叫终止。

（9）迟后接入。

由于没有开机，或正处于一个新的通话组，或处于信号衰落区，一些通话组的成员可能在呼叫发起时不能加入通话。在组呼过程中，迟后加入的信号会定期在主控制信道上传送，那些没有在呼叫发起时加入呼叫的终端一旦检测到这些信令，会马上进入所需业务信道进行通信，即允许通话组成员加入正在进行的呼叫。

（10）来电显示。

组呼方式下，接收方可以显示发话方的识别号。当外部有线电话通过 E1 中继线拨叫无线用户时，无线用户机上会显示来电号码。

（11）授权用户监听。

对于隶属调度台管理的通话组，调度台均可以通过选择此通话组来监听其当前的通话内容。除此之外，经授权的调度台也可以开启某个移动台的环境监听。即便此时用户没有按下 PTT，移动台的 MIC（麦克风）也会被启动，从而可以判断移动台周围的情况。此功能可以用于帮助受困无线用户摆脱困境。

（12）组扫描功能。

用户台可以被编入多个通话组，用户是在当前选定的组下进行通话的。比如维修人员甲同时被编入通话组 1（与维修人员乙、丙、丁一组）和通话组 2（与某车站有关人员一组）。平时，甲总是选定在通话组 1，与同组内的其他维修人员进行通话。但是当甲移动至该车站时，可能还有兴趣听取和加入车站通话组的通话。

AcroTETRA 允许每个用户台除了在自己的通话组工作外，还可以监听（扫描）其他所选通话组的通信。在通话组扫描情况下，用户台给自己的通话组以优先级，并在空闲的情况下听取其他通话组的通信。因此，这种情况下，维修人员甲平时在自己通话组通话，也可以扫描车站通话组的通话。

另外，AcroTETRA 还支持优先监视功能。如果一个用户台具备优先监视功能，即使它已经处于一个组呼中，其仍然可以探测到高优先级的呼叫，如果新的呼叫的优先级高于正在进行的呼叫，用户台会加入新的呼叫。作为典型，紧急呼叫的优先级总是最高的。因此，当用户中断正在参与的组呼时，也能接到紧急呼叫。

在每个移动台上，通话组扫描功能可通过编程打开或关闭，每个移动台可被编程 20 个扫描列表，每个列表最多 20 个通话组。针对通话组扫描列表，每个编程进入移动台的通话组都分别可通过编程对应一个自己的扫描列表，也就是说，每个通话组可根据需要选择自己的通话扫描列表，因此对于所有的通话组来说，整个可以扫描的通话组数量最大为 400 个。如图 5-7 所示。

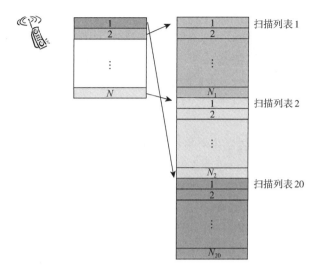

图 5-7　通话扫描列表示意图

11) 故障弱化功能

作为专业无线通信系统的重要用户,城市轨道交通运营管理最重视的工作是安全生产,为此在无线通信系统中有很多针对安全生产的重要功能。

(1) 单站集群功能。

所谓"单站集群",其功能重点体现在"集群"上面,而非普通的"信道转发"方式,这两种方式的本质区别在于"基站控制器"是否具备本地智能,即便没有"交换控制中心"的参与,同样可以依靠自身完成对本基站"所有信道资源"的动态分配。

"单站集群"的基本功能为当基站与交换控制中心的链路中断时,基站会自动进入单站集群状态并继续为其覆盖区内的用户提供集群模式服务,一旦连接恢复正常,基站将自动返回正常的集群模式。单站模式下,基站会向用户机广播其即将进入单站集群模式,用户机会试图注册到其他相邻未进入单站集群的基站。然而,对于那些没有可选基站的用户机,单站集群仍然可以提供非常全面的服务。

单站集群的特征是,当与交换控制中心的通信出现故障时,基站仍能作为独立的 TETRA 集群模式正常工作,而且编组没有任何变化。

(2) 脱网直通模式对讲。

用户机的直接通信就好像对讲方式,它可以提供两个好处:提供系统覆盖区外的工作能力,在系统覆盖区内提供附加的私密性。这种在系统覆盖区外的工作能力同样提供了本地基站故障时的操作功能,无线用户机可随时切换到 DMO(直通模式)方式,可支持 208 个 DMO 通话组。

DMO 是一种 TETRA 标准定义的操作模式,可以使多个用户机相互之间直接通信,而不必借助任何无线网络。可认为 DMO 是一种回退运行模式,能使多个用户机在无线网络的服务务中断的情况下保持通信。

DMO 支持下列功能:组呼、迟后加入、通话方识别、ID 的文本别名、紧急呼叫、单呼、短数据。

不同于普通调频对讲机,TETRA 手持终端在 DMO 下采用的是符合 TETRA 标准的数字通信方式,不同的通话组以组号(GSSI)来区分和识别。即使工作在同一个 DMO 频率之下,守候在不同组的无线用户之间仍然互不干扰,单个无线用户之间还可以通过个人身份码(ISSI)实现单呼和短数据传送,为 DMO 下的无线用户提供如同集群模式(TMO)下的多种通信方式,并互为补充。

(3)降级备用功能。

当发生紧急情况导致主用控制中心集群交换机不能正常工作或控制中心不能按时投入使用时,可通过备用系统实现中心调度员与列车司机以及重要的流动工作人员间必要的信息交流,满足行车调度和环控(防灾)调度的基本通信需求。主用控制中心与备用控制中心之间没有通信连接,不需要信息交换。

主用控制中心与备用控制中心(停车场)采用人工切换。正常情况下,备用控制中心处于关闭状态,当主用控制中心出现故障无法使用时,可人工开启备用系统,启用备用控制中心;当主用控制中心恢复正常后,可人工关闭备用系统,重新开启主用控制中心系统;系统中车载台、手持台在人工控制下完成主/备模式切换,基站接入电台在备用系统服务器人工远程操作控制下完成主/备模式切换。

12)虚拟专网功能

AcroTETRA 提供虚拟专网(VPN)功能,支持多个 VPN。可以根据需要将设备、调度台、用户、通话组分成不同的 VPN。每个 VPN 可以独立配置通话权限和业务属性,不同 VPN 之间相互独立。

VPN 功能能够使多条线路共用一个交换管理中心,每条线路是一个 VPN,不同线路之间具有高度的通信保密性和独立的控制权限,不会产生干扰和失密。

对应 VPN 功能,系统网管分为超级网管和 VPN 网管。VPN 网管只能对本线路的设备、调度台、用户、通话组进行管理,只能配置本线路的用户和通话组的号码与属性,查看本线路的设备状态和告警信息。超级网管的权限高于 VPN 网管,可以对多条线路的设备和配置进行管理。超级网管操作员可以创建、修改和删除 VPN。

单元 5.3 TETRA 设备组成

5.3.1 主用控制中心设备

本单元以 AcroTETRA 为例对 TETRA 设备组成进行介绍。AcroTETRA 主用控制中心设置交换管理中心、调度设备、网管终端及二次开发网管(含直放站网管)。

交换管理中心是 AcroTETRA 的核心控制部分,提供信令交换、呼叫接续、安全访问、数据传输、网络管理、业务控制、互联互通、集中录音等功能。其主要设备包括:交换管理控制器、电话互联网关、录音服务器、鉴权服务器、网管服务器、NTP 服务器、网络传输设备。

5.3.2 调度设备

AcroTETRA 调度设备包括调度服务器及二次开发调度台,调度服务器采用热冗余方案,调度台包括行车调度台、环控(防灾)调度台、维修调度台。

调度服务器是调度子系统的核心,负责协调调度子系统内所有调度台的运行,还负责与外部系统通信,获得软件运行所需的列车位置信息和时间信息等。

调度台软件是调度用户的主要工作平台,它分别为系统中不同职责的调度员提供不同的调度功能。

1.网管终端

AcroTETRA 网管终端可为网管用户提供不同网管应用的图形用户界面(GUI),网管终端可以位于主站或远端站。AcroTETRA 的网管终端通过以太网接口连接到中心无线设备机柜内的以太网交换机上。

网管终端运行着 TETRA 网络管理应用程序,采用工业标准,通过 FCAPS 模式将网络管理工具分成不同的功能块:故障管理、配置管理、统计管理、性能管理、安全管理,对 TETRA 系统实现资源管理和用户控制。

2.二次开发网管(含直放站网管)

二次开发网管具备无线系统的告警显示及管理等功能。它采用 GUI 模式的中文操作界面,能够对专用无线通信系统中的集群系统、直放站等设备进行监测管理及告警,并能将这些设备的告警信息和 AcroTETRA 设备的告警信息,经过协议转换后传送给通信集中告警系统。

5.3.3 车站设备

车站设置双载波基站、固定台、车站广播台和备用控制中心(停车场)设备。

1.双载波基站

AcroTETRA 双载波基站提供无线覆盖、空中信令、空中数据传输等业务。其主要设备包括基站控制器(1+1 冗余)、同步单元、信道机、射频分配单元。

2.固定台

固定台与调度子系统配合工作向车站值班人员提供满足轨道交通无线通信子系统需求的专门调度和通话功能。固定台以摩托罗拉 MTM800E 为平台,加装固定台控制盒、电源变换电路及附属设备,提高了无线用户终端的语音、数据通信、信息显示能力和对车站工作环境的适应能力。固定台安装在车站值班室,能使车站值班员轻松接入无线系统。

3.车站广播台

车站广播台与广播系统的接口(数据和音频),用于手持台向广播系统发送数据信息,同时广播系统在接收信息后,打开相应的音频通道给无线系统,在优先级允许的状态下,对相应的上下行站台进行广播。

4.备用控制中心(停车场)设备

停车场设置双载波基站,二次开发固定台、备用行车调度台、防灾调度台、维修调度台,停车场无线调度台、AcroTETRA 网管、二次开发网管(含直放站网管)。

5.3.4 移动终端设备

1.车载台

车载台包括主机和控制盒两大部分。

车载台主机由摩托罗拉提供的 MTM800E 车载电台、控制电路、接口电路以及电源模块等组成。

车载台控制盒是列车司机操作的人机界面,实现所有的调度通话和数据服务。如图 5-8 所示。

2.手持台

手持台采用摩托罗拉 MTP3000 系列数字集群 TETRA 手持台,如图 5-9 所示。

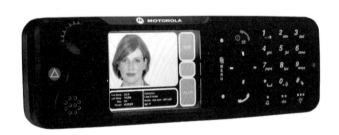 

图 5-8　车载台控制盒　　　　　　　图 5-9　摩托罗拉 MTP3000 系列
　　　　　　　　　　　　　　　　　　　　　　数字集群 TETRA 手持台

摩托罗拉具备在专业通信领域内多年的研发、设计和制造经验,MTP3000 系列数字集群 TETRA 手持台是专门为专业用户设计,可在复杂、恶劣环境下使用的专业产品。其中,MTP3150 手持台产品成熟、性能稳定、品质可靠。

3.无线覆盖设备

无线覆盖包括漏泄电缆、射频电缆、直放站设备。

系统采用专用通信系统(800MHz~960MHz)设计的漏泄电缆,型号是 HLRHTCMYZ-50-42,该电缆由内导体、物理发泡绝缘层、冲孔铜箔外导体、聚烯烃外护套组成。

 实训任务

本模块主要从以下几个方面对学生的学习进行评估:①学生能正确把握 TETRA 系统的技术体制;②学生能正确画出 TETRA 系统的框图;③学生能正确识别、区分各种数字移动通信系统的设备,了解相应的设备维护、故障处理流程。

相关工作任务单详见书后模块 5 实训工单。

思考与练习

1. 简述 AcroTETRA 系统的通话功能有哪些。
2. 简述 AcroTETRA 系统的呼叫功能有哪些。
3. 试画出车次号与机车电台对应的示意图。

模块 6　GoTa 及其应用

学习目标

知识目标:重点掌握 GoTa 的特点、结构、业务功能及技术标准,熟悉 GoTa 与 TDMA、CDMA 的技术区别,认识 GoTa 呼叫控制过程、技术指标和功能实体。

能力目标:能根据维护标准对无线设备进行简单的日常维护,为城市轨道交通运营安全提供支持。

素质目标:关注 GoTa 在城市轨道交通中的应用,注重专业知识的积累和未来工作能力的提升,了解 GoTa 技术标准和关键参数,以及在国内的典型应用,促进知识技能的吸收和转化。

建议学时

模块总学时 10 学时=6 理论学时+2 实验学时+2 实训学时。

知识导航

在简单介绍 GoTa 的技术特点和业务功能的基础上,给出 GoTa 数字集群通信网络结构、关键技术、集群方式及主要业务功能;对 GoTa 与 TDMA、CDMA 的技术进行比较;最后介绍了 GoTa 呼叫控制过程、技术指标和功能实体。

单元 6.1　GoTa 概述

学习任务

了解 GoTa 的发展历程及其特点;掌握 GoTa 的网络结构;了解 GoTa 的关键技术;掌握 GoTa 的集群方式及业务功能特点;能够将 GoTa 与其他系统进行区分;能够看懂 GoTa 的技术指标;具备使用和维护 GoTa 终端的能力。

问题引导

在城市轨道交通车站中,列车和车站之间、不同岗位的员工之间如何进行实时沟通和联系?

知识学习

GoTa 是我国中兴通讯提出的基于集群共网应用的集群通信体制,也是世界上首个基于 CDMA 技术的数字集群系统,具有自主知识产权,具备快速接续和信道共享等数字集群公共

特点。GoTa作为一种共网技术,主要应用于共网集群市场,其主要特色在于更利于运营商建设共网集群网络、适合大规模覆盖、频谱利用率高,在业务性能和容量方面更能满足共网集群网络和业务应用的需要。

GoTa采用目前移动通信系统中所采用的最新的无线技术和协议标准,并进行了优化和改进,使其能够符合集群系统的技术要求,同时具有很强的共网运营能力和业务发展能力,满足集群未来发展的需求。

GoTa可提供的集群业务包括:一对一的私密呼叫和一对多的群组呼叫;系统寻呼、群组寻呼、子群组寻呼、专用PTT业务等特殊业务;对不同的话务群组进行分类,如永久型群组和临时型群组,用户可对其群组内成员进行管理。除了集群业务以外,GoTa还具有所有新的增值业务,如短消息、定位、VPN等,这些业务和集群业务结合起来,可为集团用户提供综合服务。

GoTa成功解决了基于CDMA技术的集群业务关键技术。为了能够在CDMA网络上进行PTT通信,并且不影响原有CDMA已具备的业务功能和性能,GoTa围绕着无线信道共享和快速链接这两项关键技术提出解决方案,使新增的集群业务不会给传统通信业务和网络资源带来不利影响。与传统数字集群通信方式相比,GoTa技术的优势有:技术先进、业务丰富、投资少、见效快、运营成本低。

6.1.1 GoTa发展历程

随着国内蜂窝移动通信系统的高速发展,国内的通信企业先后开发出多种基于第二代技术的无线通信产品满足移动通信的需求,在这个不断满足市场和技术发展的需求过程中,国内移动通信产业也逐渐成熟,研发能力得到了较大提升,基本具备了提供具有自主知识产权的数字集群移动通信系统的能力。

在1999年,中兴通讯积极参与了当时的国内集群通信体制标准的制定工作。为了能够建立我们国家自己的集群通信系统的体制和规范,中兴通讯在2000年组织大量技术人员研究如何将GSM技术改造成GSM-R技术。在2002年,中兴通讯又组织其在国内外的专家研究如何在第三代移动通信技术的基础上开发集群业务。在多年的研究下,中兴通讯提出了一套新的基于第三代移动通信技术的数字集群通信体制的GoTa。

6.1.2 GoTa技术特点

GoTa的含义是开放式集群结构。GoTa的开发是基于无线通信技术逐渐向第三代移动通信技术发展,集群通信由于其面临的业务多样化和宽带化也需要引入第三代移动通信技术,集群必须走共网发展的道路才能降低使用的门槛。在网络互连的技术上,目前的蜂窝移动通信系统有大量可资借鉴的技术。

GoTa是为满足数字集群通信专网和共网用户的需要而开发的,和目前较为成熟的几种集群技术不同的是,GoTa具有很多自主知识产权,空中接口和体系结构采用了第三代移动通信系统所采用的技术,且接口可以公开并标准化,而TETRA和iDEN都含有国外厂家所独有的几十项专利技术,除外部接口外,内部接口基本不公开,严重影响了我国企业对集群系统的开发,特别是iDEN,完全由摩托罗拉公司所包揽,其他公司根本无法插足。

GoTa的空中接口在第三代移动通信技术中CDMA 2000技术的基础上进行了优化和改造，使之能够满足现代集群通信的技术要求。首先GoTa采用的呼叫方式是数字集群通信中所特有的PTT方式的话音呼叫；为了提高呼叫接续速度，GoTa定义了一套相应的体制结构和协议栈，以满足集群通信系统的快速连接；为了支持群组呼叫，GoTa必须优化空中接口，从而达到在同一个小区下同一群组的用户在呼叫时能够共享同一条空中信道的目的。

GoTa在处理通信连接时也采用了共享的方式，因此，这将减少网络处理呼叫时的时延。对用户来说，信道选择和分配的过程是透明的。因此，GoTa具有快速接入、高信道效率和频谱使用率，较高的用户私密性、易扩展性和支持业务种类多等技术优点。

在一个群组内，GoTa以半双工方式提供点到点或点到多点的语音呼叫，即私密呼叫和群组呼叫。在前向链路上，对于点到多点的群组呼叫，语音流以广播方式发给全部群组成员。在同一个小区内，对于同一个呼叫，GoTa所提供的广播信道被所有群组成员所共享；对于下一次呼叫，GoTa将根据资源使用情况重新提供一个广播信道。在反向链路，用"申请－许可"机制，所有群组用户争抢这个信道。这意味着，一个用户要使用反向链路必须提出申请，在能够传递语音流时，必须得到许可。

GoTa支持优先级较高的集群用户插入谈话。这样，重要的集群用户在任何时候都有优先权和群组或群组中的成员谈话。为了满足不同的服务质量的需要，GoTa定义了五级服务优先级。如果没有资源给高优先级的用户使用，高优先级的用户有权优先使用低优先级的用户的资源。

GoTa支持强制连接，这适合于超级用户或群组管理员。系统通过强制连接将超级用户或群组管理员强制性地连到正在通话的用户，不论这个用户是否设置为PTT模式，是否正在通话。和强制连接特性相反，超级用户或群组管理员可以强制用户退出群组，以防个别群组成员的手机丢失和被盗。实际上，强制连接和强制退出也是集群系统中动态重组的功能。

GoTa定义了两类群组：永久群组和临时群组。永久群组是成员数量不经常变化的组。每个永久群组可以有大量成员，永久群组由网络管理员在后台创立，可以随时进行动态重组。永久群组内还可以再创建多个子组。而临时群组则临时创立，其成员经常变化。这种群组通常提供给一些个人使用，满足如聊天和移动会议电话（任何时间和任何地点）的应用。

由于GoTa是在CDMA 2000技术基础上发展起来的，除了以上所述集群业务，GoTa系统还可以实现大量业务，如呼叫普通用户、短消息、定位以及无线数据业务等。这些业务组合起来为集团用户提供综合业务解决能力。

6.1.3 GoTa网络结构

终端、无线子系统（WSS）、调度子系统（DSS）共同构成GoTa的基本网络结构，如图6-1所示。

为了能够支持电话互连业务、数据业务和短信息服务，GoTa还可以在其基本结构上接入交换子系统、数据业务子系统及短信息服务中心。

GoTa终端是一个具有PTT按键的移动终端，支持GoTa提供的各种集群业务以及GoTa扩展的普通电话业务、补充业务、短消息业务和数据业务。GoTa终端通过空中接口和GoTa相连。

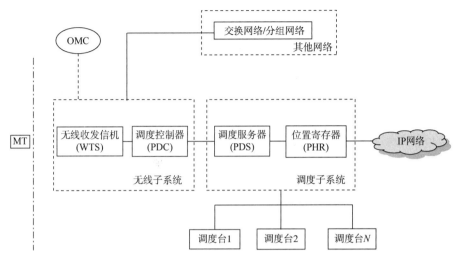

图 6-1　GoTa 的基本网络结构

WSS 主要完成各种集群业务、数据业务和普通电话业务的无线接入功能。WSS 一般由无线收发信机(WTS)和调度控制器(PDC)共同构成。功能分工是 WTS 完成 GoTa 系统基带信号的调制与解调、射频信号收发等功能,PDC 则完成无线资源的分配、调度呼叫控制、功率控制,支持 GoTa 系统终端在不同覆盖区下的各类切换、汇集和分发集群语音数据流。PDC 和不同功率等级的无线收发信机可以组成星状连接和线形连接,从而实现大区制、小区制,以至微小区制的覆盖,满足各种用户的在共网运营下的各类覆盖要求。

PDC 通过光缆和 DSS 相连。另外,PDC 还提供多种方式的接口,和交换子系统、数据业务子系统相连,满足 GoTa 系统终端的各种业务扩展业务的需求。

DSS 主要完成集群调度业务,由 PDS 和 PHR 两个部分组成。

PDS 是集群呼叫的总控制点,完成集群调度呼叫的处理,包括鉴别集群用户、建立各种集群呼叫,如私密呼叫和群组呼叫、判断集群 PTT 请求等。PDS 作为调度服务器,还接收反向链路来的集群语音数据,根据呼叫的性质再分发到对应的前向链路。

PHR 完成数据库管理和配置功能,为集群用户提供群组注册、群组成员注册,并提供集群成员的本地信息以及集群成员的业务权限记录,完成呼叫统计和计费功能。

单元 6.2　GoTa 关键技术

了解无 GoTa 的信道共享技术、快速连接技术;掌握 GoTa 的集群方式;掌握 GoTa 的业务功能;了解 GoTa 的电话互联方式及其他增值业务;能够列出 GoTa 的应用;能看懂 GoTa 技术指标,并进行测量;能正确使用和维修常见的 GoTa 终端。

GoTa 的特色是什么? GoTa 的终端有何独特功能?

> 知识学习

现有的各种移动通信系统均是从上一代蜂窝移动通信基础上发展起来的,系统面向的对象是个人通信。因为没有在通信流程、资源分配上为以专业通信为主的集群通信考虑,所以,不论是第三代移动通信,抑或是其他移动通信都不能直接用作集群通信系统。为了推出一套能够面向未来先进技术并能引入各种业务的集群系统,中兴通讯在已有技术的基础上,推出具有自主知识产权的新一代集群通信系统——GoTa。以下对 GoTa 的关键技术进行介绍。

6.2.1 信道共享

信道共享是由数据链路层的媒体接入控制(MAC)子层来完成的。信道共享技术又称为多点接入(Multiple Access,MA)技术,包括随机接入和受控。在计算机网络中使用的信道共享技术可分为三种,即随机接入、受控接入和信道复用。

1.随机接入

随机接入的特点是所有的用户都可以根据自己的意愿随机向信道上发送信息。当两个或两个以上的用户都在共享的信道上发送信息的时候,就产生了冲突(collision),导致信息发送失败。随机接入技术主要就是研究解决冲突的网络协议。随机接入实际上就是争用接入,争用胜利者可以暂时占用共享信道来发送信息。随机接入的特点是:站点可随时发送数据,争用信道,易冲突,但能够灵活适应站点数目及其通信量的变化。典型的随机接入技术有 ALOHA、CSMA、CSMA/CD(将会在后面章节中详细介绍)。

2.受控接入

受控接入的特点是各个用户不能随意接入信道而必须服从一定的控制,又可分为集中式控制和分散式控制。

集中式控制的主要方法是轮询技术,又分为轮叫轮询和传递轮询。轮叫轮询主机按顺序逐个询问各站是否有数据,传递轮询主机先向某个子站发送轮询信息,若该站完成传输或无数据传输,则向其临站发轮询,所有的站依次处理完后,控制又回到主机。

分散式控制的主要方法为令牌技术,最典型的应用为令牌环网。其原理是网上的各个主机地位平等,没有专门负责信道分配的主机。在环网上有一个特殊的帧,称为令牌,令牌在环网上不断循环传递,只有获得令牌的主机才有权发送数据。

3.信道复用

信道复用指多个用户通过复用器(multiplexer)和分用器(demultiplexer)来共享信道,信道复用主要用于将多个低速信号组合为一个混合的高速信号后,在高速信道上传输。其特点是需要附加设备,并集中控制,其接入方法是顺序扫描各个端口,或使用中断技术。

下行业务信道共享是集群系统的一个重要特征。在这一点上,GoTa 对无线信道的使用做了优化,做到了下行业务信道的共享,并且为话音的快速接入提供了可能。

GoTa 包括两个层面:一是在空中链路上进行共享,二是在网络通信链路上对群组用户实行共享。

空中链路的共享,意味着同一小区下的同一群组成员共享前向业务信道,达到节省了空中资源、扩大容量的目的。

6.2.2 快速连接

GoTa 的另一个特点就是可以实现快速群组呼叫和私密呼叫的连接,对于集群组呼业务,采用数据通道建立快速呼叫方式建立,而不是采用传统的电路域的方式。在呼叫建立过程中,GoTa 无须建立专门的 PPP 链路,从而省去大量的接续时间。

在基站处理过程中,尽量采用并发处理方式,节省用户的接入时间,对于被呼的组内成员,PDS 从 PHR 调用群组成员的本地信息提供给 PDC,使 PDC 可以快速寻呼集群组内的其他用户。

虽然在 GoTa 中没有建立直达终端的点对点 PPP 连接,但是由于引入了通用集群消息链路。共享集群数据链路以及前向业务信道的共享特性,同样可以为群组用户提供呼叫的"永远在线"方式,从而加快了集群群组呼叫的接入时间。

在网络侧的通信链路上,采用通用集群消息链路,在 PDC 和 PDS 之间建立共享的信息通道,承载和传输集群消息,底层协议栈基于 TCP/IP。GoTa 系统中,PDC 下的所有集群用户共享该信道,节省了链路资源。

在网络侧用户数据的传输上,采用共享集群数据信道的方式实现共享,以集群群组为单位,在 PDC 和 PDS 之间建立共享的业务信道,协议栈同样基于 TCP/IP。在一对 PDC 和 PDS 之间,同一群组成员在同一群组呼叫中,共享一个集群数据链路。共享集群数据链路集合来自 PDCs 反向信道数据包到 PDS,分发从 PDS 到 PDCs 的前向信道数据包。

6.2.2.1 通用集群消息链路

通用集群消息链路(Common Trunking Message Link,CTML),在 GoTa 系统初始化时就建立,用于传送 PTT 呼叫所需的所有信令和呼叫控制信息。一个 PDC 和一个 PDS 之间只有一条 CTML 连接。CTML 连接不能被释放。

CTML 在 PDC 与 PDS 之间使用专门的连接作为承载通道,在空中链路使用 SDB 形式封装,如图 6-2 所示。

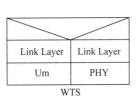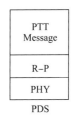

图 6-2 CTML 封装示意图

CTML 连接上的 PTT 信令分为两类:一类是需要在空中链路传输的,信令终结点在 MS,统称为 OTADeliver 消息,用于 PDS 与 MS 之间的消息交互;另一类是不在空中链路传输的,信令终结点不在 MS,而在 PDC,用于 PDS 与 PDC 之间的消息交互。

6.2.2.2 共享集群数据链路

共享集群数据链路(Shared Trunking Data Link,STDL),在集群呼叫建立过程中建立,用于传送集群呼叫的所有前向/反向业务数据(语音流);在呼叫释放或进入休眠时释放对应的STDL。一个PDC和一个PDS之间的一个激活群组对应一条STDL,该STDL为该PDC覆盖范围下的该激活群组用户所共享。如果该激活群组的用户分布于多个PDC的管辖区域,则每个PDC都必须和PDS建立一条为该激活群组服务的STDL。

STDL使用标准R-P连接(GRE)封装,是PTT业务流的承载通道。

PDC将MS发来的PTT语音流送到PDS,PDS根据群组信息,将从反向链路收到的集群业务语音流数据包分发到对应的各前向链路上。

6.2.3 集群方式

集群通信系统能有效地利用带宽,基站在其覆盖范围内为移动用户提供若干个通信信道,对于话务信道,集群通信系统有三种不同的使用方式,即消息集群、传输集群和准传输集群。

消息集群的定义描述参见2.2.5。

使用消息集群,在整个调度通话期间,给它分配一条无线信道。当移动台松开PTT,信道要保持6~10s才能完成"脱离"。如果在脱离时间内且该通话组内有移动台再次按下PTT,则仍能保持原来的信道分配。

这种技术效率低,因为在传输时间内若没有消息传输仍然分配信道,并且在每个消息结束后的6~10s"超时"内信道仍然被分配,如图6-3所示。

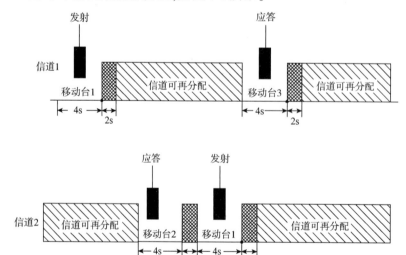

图6-3 GoTa系统信道分配示意图

传输集群的相关描述参见2.2.5。准传输集群的相关描述参见2.2.5。

GoTa采用的集群方式既可以是消息集群方式,也可以是准传输集群方式。

PDC将MS发来的PTT语音流送到PDS,PDS根据群组信息,将从反向链路收到的集群业务语音流数据包分发到对应的各前向链路上。

6.2.4 业务功能

GoTa 主要以提供 PTT 呼叫方式进行的集群业务为主,PTT 呼叫是一种半双工的通话方式,包含点对点和一对多两种基本调度业务。另外,GoTa 还提供普通电话互联业务、多种补充业务和宽带数据业务等。

为了能更好地描述集群业务,下面罗列了一些和集群业务有关的名词的解释。

(1)集群用户,指具备 PTT 功能的用户,其在 MSC 和 PDS(调度服务器)都进行放号。

(2)通话群组,指一定数量群组成员的逻辑集合,它们之间可以进行半双工的组呼,每个人的话音都能被所有群组成员听到。

(3)组管理员,指群组中具备特殊权限的成员,他们具备增加成员、删除成员、强制释放、激活群组等管理能力。

(4)组号码,每个被申请的群组可以有一个组号码(GMDN),组内用户可以通过此号码拨打组呼。

(5)调度服务器(PDS),GoTa 中的调度呼叫中心,具有呼叫建立、位置管理、用户鉴权、业务分发等功能。

(6)调度客户端(PDC),用于连接 BSS 和调度服务器之间的设备,参与呼叫建立、业务复制分发等功能。

(7)用户优先级,对不同的用户设置不同优先级别,不同优先级的用户具有不同的呼叫权限,高优先级的用户可以抢夺低优先级用户的说话权限。

(8)呼叫显示,呼叫时显示说话用户的号码。

6.2.4.1 私密呼叫

用户标示:标示用户使用的电话号码。

系统有两种编号方案:①被叫用户真实号码;②短号码编制方案,即组内 PTT 呼叫专用编号,也可以用于临时组编制。

组内用户进行私密呼叫的时,可以通过拨打短号码实现私密呼叫,当要拨打组外用户的时候,需要拨打一完整号码。

拨打互联电话时候,需要拨打完整的用户号码。

组内所对应的真实号码发生改变、添加新的用户,这些改动需要由运营商对其业务数据做相应的改变。

快速接入:私密呼叫的时候,用户只要按下 PTT,在听到提示音后即可说话,无须等待对方应答。

被叫提示:被叫方在有用户需要对其呼叫的时候首先听到提示音,在听到提示音后,紧接着就听到对方说话,被叫方不需要做任何操作。

呼叫显示:移动台可以显示说话方的电话号码。

退出 PTT 模式:用户可以选择退出 PTT 模式。在该模式下,移动台不再接受 PTT 呼叫寻呼。

通话终止:在私密呼叫过程中,通话双方在松开 PTT 的情况下,都可以选择终止该次通话,而转向其他业务,如组呼业务等。

通话提示：当用户处于私密呼叫模式时，如果有其所在的组建立组呼或其他用户对其发起私密呼叫，系统通过呼叫提示通知该移动台，在移动台上显示呼叫方号码。

6.2.4.2　组呼

组标示号：每个群组都有一个唯一组标示号（4~6位），用于实现组呼（一对多的半双工通话）。

组内任意一个成员可以发起该组的组呼。组成员通过输入该组的号码，然后按下PTT，就可以发起该组的组呼。

一个PTT用户可以同时属于多个通话群组，用户在呼叫时，可以选择需要呼叫哪一个组。当用户处于空闲状态的时候，任意一个该用户所属的组可以呼叫该用户；当用户处于激活状态的时候，系统通过提示消息通知移动台。

迟后接入：当组呼建立的时候，移动台如果处于关机状态或者不在PTT服务区，这时候无法呼叫该用户。当用户开机后或用户进入服务区，能将该用户自动加入组呼，无须用户操作。

组成员异常退出后能继续寻呼，当一个用户由于异常情况退出该组呼后，系统在移动台异常恢复后，能重新将移动台寻呼起来并加入组呼。

用户最长通话时长限制。无限制：可以有任意长的说话时长。有限制：对用户说话的最长时长有限制，如果该用户说话超过了最长时长，系统可以收回该用户的通话权利。

用户优先级：对组内不同成员设置相应的优先级，不同优先级的用户权限不同，高优先级的用户可以抢夺低优先级用户的说话权限，低优先级的用户仍然能听到说话。

用户在组呼状态可以转向其他业务。当用户处于组呼状态的时候，可以在松开PTT的情况下选择退出本次组呼，转向其他电信服务，如拨打其他组组呼、拨打电话互联业务等。

只能由PDS发起组呼的释放，组呼的释放只能由调度服务器发起，组内任意一成员只能选择自己离开组呼，而不能发起整个组组呼的释放。

呼叫显示：当有用户说话的时候，被叫移动台能显示说话方的电话号码。

6.2.4.3　动态重组

空闲状态增加组成员：组管理员可以在空闲状态通过无线方式增加一个成员到群组中，增加成功后，系统会证实，告知组管理员增加成功。

空闲状态删除组成员：组管理员可以在空闲状态通过无线方式从群组中删除一个成员，增加成功后，系统回证实，告知组管理员删除成功。

呼叫状态下增加组成员：组管理员在呼叫状态通过无线方式增加一个成员到群组中，增加成功后，系统能将用户呼叫起来，加入组呼。

呼叫状态下删除组成员：组管理员在呼叫状态通过无线方式从群组中删除一个成员，系统首先将成员从组呼中释放，然后将其从组中删除。

设置用户优先级：组管理员可以通过无线方式对组成员的优先级进行设置。

设置用户最长说话时长：组管理员可以通过无线方式对组成员的最长通话时长进行设置。

6.2.4.4　集群业务管理

用户管理：对PTT用户进行管理，包括用户放号、用户业务选择。

组管理:对通话群组的统一管理,包括群组申请、群组成员管理、指定群组管理员、群组优先级等。

组成员管理:增加用户、删除用户、修改用户优先级、修改用户最长说话时长的管理等。

管理方式:可以通过受理台对集团或组成员进行管理工作,也可以通过无线方式对组成员和群组进行管理。

6.2.5 电话互联

集群用户拨打 PSTN 用户:集群用户可以拨打 PSTN/PLMN 用户,要求 PTT 用户在拨打 PSTN 用户之前,如果处于组呼或私密呼叫状态,必须先退出状态,转到空闲状态。

PSTN/PLMN 用户可以呼叫集群用户,集群和 PSTN/PLMN 呼叫移动台都是采用先到先服务的方式,对于后来的呼叫请求只是通过提示消息提示移动台,并在移动台上显示主叫号码,由用户判断是否需要转到其他组。

集群用户之间可以以普通电话方式互相拨打。

6.2.6 增值业务

GoTa 还可以开展各种增值业务,具体有增值业务、短消息业务、数据业务等。

补充业务如遇忙呼叫前转、无条件呼叫前转、无应答呼叫前转、隐含呼叫前转、呼叫等待、三方呼叫、主叫号码识别显示、主叫号码识别限制、用户 PIN 接入、用户 PIN 拦截、会议电话、呼叫转移、免打扰业务、消息等待通知、取回语音信息、口令呼叫接受、优选语言、远端业务控制、选择呼叫接受。

在 GoTa 系统的交换子系统引入智能网设备后,系统还可支持的智能网业务为:预付费业务、无线虚拟专用网业务、被叫集中付费电话、广告业务。

GoTa 支持短消息业务:点对点短消息,支持 GoTa 网络内,GoTa 网络和其他 PLMN 网络之间互发短消息;中文短消息;全用户广播;小区广播;附加在短消息业务上的增值业务,如人工台、自动台、信息台、电子邮件、Web 等。

GoTa 提供双向 153.6kbps 的数据通道,利用这个数据通道可以开展多种数据业务,如 Internet 上网、FTP 下载、VOD 等。

单元 6.3 GoTa 技术应用

认识 GoTa 的关键技术指标,能够理解关键技术指标;能使用 GoTa 的终端,并能根据维护流程进行简单的设备维护。

在城市轨道交通中,GoTa 终端设备如何进行有效的信息沟通?

知识学习

6.3.1 技术指标

6.3.1.1 无线子系统技术指标

接收模块 RX 指标

频率范围：	806~821MHz
信道带宽：	1.23MHz
信号调制方式：	OQPSK
接收机灵敏度：	<−117dBm
噪声系数：	<8.0dB（AGC 增益最大及衰减最小）

输入信号功率：

最大工作功率：	−65dBm/1.23MHz
最大容许功率：	0dBm

输入驻波比：	<1.2
互调杂散响应衰减：	72dB

单音去敏

@ ±750kHz	50dB
@ ±900kHz	87dB

传导/辐射杂散发射

基站接收频段：	<−80dBm
基站发射频段：	<−60dBm
其他频段：	<−47dBm

接收模块 TX 的指标

频率范围：	851~866MHz
信道带宽：	1.23MHz
信号调制方式：	QPSK
TX 频率容限：	<±0.05ppm
输入 I、Q 幅度：	2V 峰值
功率控制电压：	0~5V
传导及辐射杂散发射抑制：	<−45dBc @ ±750kHz offset Center Freq（RBW 30kHz）
	<−60dBc @ ±1.98MHz offset Center Freq（RBW 30kHz）
	<−60dBc @ other out-band（RBW 30kHz）
驻波比：	<1.30

高功放（HPA）

工作频率范围：	851~866MHz
输出功率：	30W（44.7dBm）平均功率

IMD：　　　　　　　　　　<-45dBc
相邻通道功率抑制：　　　≤-45dBc @ f0±750kHz@ 30W
　　　　　　　　　　　　≤-60dBc @ f0±1.98MHz@ 30W
功率增益：　　　　　　　54dB
增益波动：　　　　　　　±0.5dB(Max)
增益随温度波动：　　　　±0.5dB(Max)
线性动态范围：　　　　　≥30dB
输入回损：　　　　　　　≥18dB
输出回损：　　　　　　　≥18dB
输出保护：　　　　　　　加隔离器
谐波抑制：　　　　　　　≤-45dBc 两次谐波
　　　　　　　　　　　　≤-60dBc 三次谐波
杂散抑制：　　　　　　　≤-60dBc(带外)
温度检测动态和精度：　　10~(70±5)℃
工作电压：　　　　　　　27±1V
工作电流：　　　　　　　≤14A
工作温度：　　　　　　　0~60℃

6.3.1.2　无线调度子系统技术指标

单个 PDS 指标
端口流量：　　　　　　　400Mbps
支持用户数：　　　　　　40000
支持群组数：　　　　　　1200(注:私密呼叫不占群组)
单个 PHR 指标
PTT 最大用户数：　　　　500000000
群组最大数目：　　　　　10000
永久群组最大成员数目：　50000
语音数据输入的流量：　　197.92Mbps
语音数据输出的流量：　　277Mbps

6.3.2　GoTa 终端

GoTa 终端包括车载式和手持式两种,手持式的终端又可分为直握式和折叠式两种。GoTa 终端的功能基本上是相同的。

GoTa 终端上的基本按键与普通手机(如 GSM 和 CDMA)相同,另外还有专门的 PTT 置于机身侧边,主要用于集群呼叫业务。PTT 一般都在较显著的位置,体积较大,方便用户用手指直接按压。GoTa 终端在进行 PTT 呼叫时,按下 PTT 时就能直接进行呼叫讲话,松开时就处于自动接收其他集群用户的呼叫讲话状态。声音从终端自带的扬声器内传出,不需要将终端置于耳边才能接听。

GoTa 终端目前可支持 800MHz 集群频段,远期经过频段改造可支持 450MHz 集群频段。

目前的 GoTa 终端是在原蜂窝移动通信终端的基础上直接开发出的,主要是增加了 PTT,以及支持各种集群呼叫和相应的各种增值业务。

现在能够提供两种类型的 GoTa 终端,一种是在传统终端上直接增加 PTT 业务功能。在现有商用终端上,通过下载软件实现终端的功能升级,PTT 由手机上现有的某一键定义而成。这种终端主要是针对试验网阶段的测试和今后商用初期一般 GoTa 集群业务用户的需要。

另一种是专门新开发 GoTa 商用集群终端,这种终端专门新增 PTT,终端尺寸、扬声器以及电池容量根据使用需要而有所加大。这种终端除提供集群业务外,还可提供普通电话通信和数据业务,如语音业务,一对一、一对多的集群业务,普通电话业务,并可根据用户优先级,使用强插强拆功能;消息类业务,提供"一对一"短消息;还提供其他特殊业务,如系统寻呼、群组寻呼、子群组寻呼、专用 PTT 业务等;用户的业务权限可具有多种设置等级,如紧急、一般等;用户可定义不同的级别,如超级用户、一般用户等。

中兴通讯的 GoTa 终端具有以下功能:集群呼叫、私密呼叫、来电显示、集群呼叫状态提示、64K 彩屏 128×160(大屏幕)、40 和弦铃音、录音、礼仪模式、情景模式、增强短信、呼叫转接、闹钟、两种益智游戏、计算器、日程管理、世界时间、预设呼叫。

6.3.3 调度子系统终端

GoTa 的调度子系统主要包括集群服务器(PTT Dispatch Server,PDS)和归属寄存器(PTT Home Register,PHR)两个部分,主要功能如下:

PDS 执行 PTT 呼叫处理,如鉴别 PTT 用户、建立 PTT 呼叫、判断 PTT 请求等;接收上行链路来的 PTT 语音包,并分发到下行链路。

PHR 提供 PTT 群组和群组成员的注册,提供 PTT 群组成员的本地信息,提供 PTT 成员的业务权限鉴别、执行统计和计费功能。

6.3.3.1 集群服务器

PDS 是 PTT 呼叫的集中控制点,主要承担以下功能:

(1)负责建立和维护 PTT 信令与数据的承载层——RP 会话和 PP 会话。

(2)负责建立和维护 PTT 呼叫,为 PTT 群组/用户建立和管理 CTML 和 STDL 链路。

(3)将反向链路送来的 PTT 语音包根据群组派发到对应各前向链路上。

(4)仲裁 PTT 请求,支持用户优先级。

(5)支持单呼、群呼、广播等 PTT 语音业务和短消息业务。

(6)支持本地群呼和广域群呼。

(7)支持永久组和临时组用户管理。

(8)监视和维护 PTT 群组状态信息,群组进入休眠状态的判定和发起点。

(9)支持用户的硬切换、休眠切换。

(10)通过 PHR 对用户进行鉴权、授权、计费以及位置更新。

(11)支持集群功能,支持负荷分担。

在系统处理中,按照功能将 ZTE PDS 软件从逻辑上划分为几个系统:微码子系统、支撑子系统、协议栈子系统、数据库子系统、网络管理和操作维护子系统、业务子系统,在每个系统内又可以进一步划分为若干模块。

各个系统的功能描述如下：

（1）微码子系统：提供通过网口发送和接收网络数据报文功能，为 PTT 终端用户提供数据的转发服务。

（2）支撑子系统：提供硬件配置、接口、系统等的初始化，提供整个系统的系统控制、版本下载等功能，另外还为系统提供内存管理、通信管理、进程调度及时钟管理功能。

（3）协议栈子系统：为高层的业务系统提供运行协议支撑，主要是 TCP/IP 协议支撑。

（4）数据库子系统：为 ZTE PDS 提供数据的存储和管理等功能。

（5）网络管理和操作维护子系统：提供系统必需的 Telnet 控制服务和 OMC 前台代理服务。

（6）业务子系统：业务子系统的作用主要是为 ZTE PDS 提供 PTT 用户接入所需要的上层信令控制信道，并负责维护和管理业务数据信道等。

6.3.3.2 归属寄存器

PHR 业务模块的功能包括两部分：扩展的 RADIUS 协议和 PTT 业务逻辑处理。其中 RADIUS 协议实现 PDS 和 PHR 之间的消息机制，鉴权、计费和群组管理请求在 IP 网络上的派发；PTT 业务逻辑处理负责和 PTT 业务相关的鉴权、计费与群组管理功能的实现。

受理台子模块是 PHR 子系统的一部分，主要服务于 GoTa 系统，负责管理和维护 PHR 的用户、群组以及 Profile，其操作对象主要为营业厅的操作人员。主界面如图 6-4 所示。

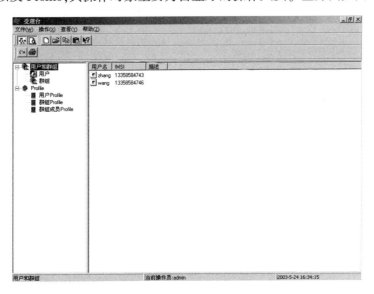

图 6-4　PHR 业务受理台主界面

PTT 用户管理：受理台子模块的用户管理主要包括用户开户、用户修改、用户删除、用户查询几个部分。

用户开户部分，用户使用 PTT 业务的鉴权包括两个部分：首先，用户必须在 HLR 放号，HLR 主要对用户使用空中资源进行鉴权；其次，用户必须在 PHR 开户，PHR 主要对用户使用 PTT 业务进行鉴权，并且根据使用情况计费。

PTT用户开户主要登记一些用户的基本信息,这些信息是运营商鉴权计费以及联系用户必需的。

6.3.3.3 操作维护

后台 OMM 与前台操作维护子系统相互协作,完成对 PDS 和 PHR 设备的统一管理。整个操作维护系统采用服务器/客户端结构,由前台程序、后台服务器、后台操作维护终端三部分构成。

操作维护网络结构如图 6-5 所示。

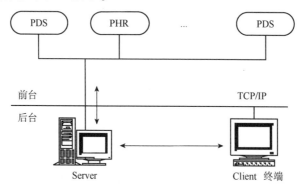

图 6-5 操作维护网络结构

OMM 的软件系统由以下几个子系统组成:

(1)权限管理子系统。权限管理子系统是用来管理操作员的操作权限的。它可以给不同的操作员设置不同的操作权限,使不同的操作员保留不同的权力,对设备进行相应的操作和维护。

(2)性能管理子系统。性能管理子系统通过对系统中的一些性能参数和话务数据进行测量统计来反映系统的性能指标,供运营商参考。

(3)告警管理子系统。告警管理子系统用来对 PDS 系统的运行状况进行集中监控,实时采集各设备各子系统的告警信息,便于操作员做出分析判断,进行维护和修复。

(4)配置管理子系统。配置管理子系统提供对系统和终端用户的各类参数进行查询、修改、删除和创建等维护功能,这些功能都可以通过界面上的控制部件来实现。

(5)业务观察子系统。业务观察子系统是系统调试、维护和观察的工具,提供准确可靠的维护手段,具有操作简单、提供信息准确可靠、内容丰富等特点。通过业务观察系统,用户可以在维护台提供的人机界面上实时地观察系统中各种业务发生信息,如前台数据区情况、业务失败原因、用户接入情况等。

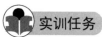 实训任务

本模块主要从以下几个方面对学生的学习进行评估:①学生能正确掌握 GoTa 的特点、结构、业务功能及技术标准;②学生可以区分 GoTa 与 TDMA、CDMA 的技术;③学生可以做出 GoTa 呼叫控制过程和操作步骤;④学生能正确根据维护标准对无线设备进行简单的日常维护。

相关工作任务单详见书后模块 6 实训工单。

思考与练习

1.填空题

(1) GoTa 的空中接口是第三代移动通信技术中的_____技术。

(2) GoTa 定义了两类群组：_____和_____。

(3) GoTa 的调度子系统主要包括_____和_____两个部分。

2.选择题

(1) PTT 呼叫是一种(　　)的通话方式,包含点对点和一对多两种基本调度业务。

　　A.半工　　　　　B.半双工　　　　C.双工　　　　　D.全双工

(2) 集群业务管理中,(　　)可以对通话群组统一管理,包括群组申请、群组成员管理、指定群组管理员、群组优先级等。

　　A.用户管理　　　B.组管理　　　　C.组成员管理　　D.管理方式

3.判断题

(1) GoTa 可以实现快速群组呼叫和私密呼叫的连接。　　　　　　　　　(　　)

(2) GoTa 均采用分发处理方式,节省用户的接入时间。　　　　　　　　(　　)

(3) 通用集群消息链路用于传送 PTT 呼叫所需的所有信令和呼叫控制信息。(　　)

(4) 共享集群数据链路在 GoTa 初始化时就建立。　　　　　　　　　　(　　)

4.简答题

(1) 简述 GoTa 可提供的业务包括哪些。

(2) 简述后台 OMM 的软件系统由几个子系统组成。

模块 7　GT800 及其应用

学习目标

知识目标:了解 GT800 的发展历程和意义,重点掌握 GT800 的技术创新,熟悉 GT800 的帧结构特点以及方式与 GoTa 帧结构的区别。掌握 GT800 的语音编码技术、快速呼叫方式等,熟悉 GT800 的网络结构。

能力目标:能通过查阅技术文档、说明书等,正确使用 GT800 的手持终端、车载终端等。

素质目标:了解城市轨道交通企业对数字集群通信设备的维护要求和标准,能按照维护规范进行日常的维护作业,为城市轨道交通的安全运营提供支持保障。

建议学时

模块总学时 10 学时=6 理论学时+2 实验学时+2 实训学时。

知识导航

本部分内容主要介绍了 GT800 的发展及优势,重点介绍了 GT800 的语音编码技术、快速呼叫方式及 GT800 的网络结构等。最后介绍了相关企业的维护作业标准和要求,为学生适应轨道行业的工作奠定基础。

单元 7.1　GT800 概述

学习任务

了解 GT800 的发展及应用优势。

问题引导

摩托罗拉等数字集群通信标准在使用中容易受到其他人为因素的制约,发展独立自主产权的标准及系统设备对行业发展、国家利益来说都迫在眉睫。对 GT800 来说,它的发展和应用目前是什么状态?

知识学习

7.1.1　GT800 发展与简介

7.1.1.1　GT800 发展历程

《基于 GSM 技术的数字集群系统总体技术要求》是我国自己提出的数字集群新技术,该

标准的发布标志着我国集群通信的发展进入了一个崭新的历史时期。GT800 是符合该标准的数字集群系统,在"2004 中国通信业百个成功解决方案"评选当中,获"移动通信网络解决方案"第二名,满足了我国国民经济各行业和应急通信领域对集群通信的需求,保证了信息的安全性。

GT800 采用成熟的 TDMA 技术,面向未来发展,适合城市应急联动、集群共网运营和各种专网应用。GT800 提供语音和数据业务相结合、高性能的集群调度业务。GT800 系统车载终端解决方案提供专业用户使用的车载台以及普通集群手机用户的车载套件方案。专业车载台具有功率大、附属功能多等特点,提供外部开发接口,可实现车内监控、定位、物流管理等多种功能。车载套件针对普通用户,提供诸如车内免提、PTT 等车载业务。

为了满足国内市场的需求,GT800 进行了大量的技术创新,形成了完善的集群业务体系,包括指挥调度业务和电话互联业务。其中,指挥调度业务包括组呼、私密呼叫、语音广播、增强优先级呼叫、动态编组、强拆强插、岗位号码寻址、基于位置的路由、开放信道呼叫、讲话方识别显示、迟后进入、呼叫报告、组内优先级、调度区域限制、呼叫提示、调度台核查呼叫、列表查询呼叫等,可为行业用户的指挥调度提供良好的支撑。电话互联业务包括双工一对一电信业务、承载业务和补充业务,满足行业用户中部分成员对电话业务的需求。GT800 从芯片级到应用层所有核心技术和安全机制全面自主,充分满足了国家对安全性的要求。GT800 技术开放,具有成熟广泛的产业链支撑,满足数字集群大发展的低成本要求,能够拉动国内数字集群的快速发展,引领我国乃至业界新一代数字集群的发展方向。

7.1.1.2 发展 GT800 的意义

1.保障国家通信安全

数字集群系统具有高度的安全性。我国政府、公共安全、交通等部门对集群通信的信息安全性、可靠性都有很高的要求,而国外集群系统在此方面则失去了先天优势。GT800 为用户量身定做,提供满足客户需求的解决方案,可有效地保证国家重要通信的安全。在和平时期,可应用于我国政府和国家安全等部门,保障通信安全自主,防止敌对势力包括恐怖分子的破坏。而在形势逆转时,只有自己的数字集群技术才能真正地保证通信的机密性,避免安全隐患。

2.促进国民经济发展

20 世纪末,我国国内移动通信设备制造商曾联合起来,进行数字集群标准的研究和产业化尝试,推动数字集群事业的发展。时至今日,国内各厂家已在集群通信技术、产品和应用方面积累了相当多的经验,并积极要求发展我国自己的数字集群技术体制,提升移动通信技术创新和设备制造水平。GT800 技术的开发和应用,可大大增强移动通信制造业的竞争能力,深入核心技术研发,提高移动通信的技术层次,并可拉动软、硬件开发及数据应用开发和集成等第三方配套的能力。

从另一角度来看,集群系统多应用于国民经济的重要部门,可大大地推动集群通信的发展,普及专业集群应用,提高生产率,促进国民经济的发展。

3.带动集群移动通信技术创新

GT800 是我国自主开发的数字集群新技术,打破了国外公司在数字集群领域的垄断,

GT800 的持续发展为技术创新提供了更广阔的天地,具有重要的创新意义。GT800 系统的发展不仅可带动集群领域的一系列创新,也可促进 TD-SCDMA 的实用化,带动我国数字集群技术推向国外,提升我国集群移动通信技术在国际上的地位。

我国集群通信的发展已进入了新阶段。符合我国标准的 GT800,在集群特性和业务实现、技术融合等方面进行了大量创新,所有技术在产业链内开放,现已形成完善的专用数字集群通信解决方案。GT800 把我国自主知识产权的集群新技术引入应用,已经形成我国数字集群领域新格局。

模拟集群系统相互干扰强,功能有限,单独建设一个集群调度专网系统成本高,维护费用高,频率利用率低。因此,集群系统的发展有两个明显趋势:由模拟向数字发展,由专网向共网发展。

7.1.1.3　GT800 的优势

数字集群通信对我国国民经济发展和社会稳定有重要意义,我国的专业数字集群通信急待进一步发展。GT800 面向专业移动需求,是优秀的专业数字集群通信解决方案,其主要有以下特点。

1. 业务宽带化

专业数字集群通信当前仍以语音通信业务为主,未来逐步向更高速数据业务发展。GT800 系统数字集群新技术兼顾现在及未来发展的需求,避开现有窄带系统数据业务发展瓶颈。实现 171.2kbit/s 的中速数据速率传输功能,提供无线传输通道、移动数据查询等移动无线数据应用。支持 384kbit/s 数据速率,并将进一步提供最高速率为 2Mbit/s 的数据业务,满足未来业务宽带化需求。

2. 组网灵活

未来专业移动通信有朝着全覆盖网络方向发展的趋势,并且在紧急或灾害事件发生时,可在局部区域快速、灵活布置,增加系统容量。GT800 具有突出的覆盖优势,满足全覆盖连续组建大规模网络,还提供一体化小基站,支持对特殊区域(如轨道交通、紧急事发地点等)快速灵活布置,局部增加容量。

3. 业务可用性好

GT800 充分考虑未来专业移动通信的需求,对网络实施全面的优先级管理,对终端接入网络、用户发起呼叫以及服务质量等方面进行控制。优先级管理的实施,使得 GT800 即使在网络资源紧张的情况下,也能保证专业用户对通信业务的需求得到满足。GT800 根据用户优先级的不同,为用户提供不同的服务质量,充分保证在网络无空闲资源等极端负荷的情况下,仍能提供重要的应急通信业务。另外,通过优先级管理,从技术上保证了重要用户的呼叫成功率。

4. 设备适用性佳

未来的无线应急通信技术要求技术开放,保证竞争性市场。GT800 技术开放,产业链成熟。在设备的使用性能方面,GT800 针对我国国内应急通信市场,围绕国内用户需求,提供客户化的解决方案。在终端、调度台以及系统 OAM(操作维护管理)的人机界面方面,GT800

提供全中文界面,符合国内用户习惯。

5.控制管理方便

未来的专业移动通信,其控制管理要求更加灵活、迅速,主要包括指挥中心的集中调度和对系统的动态配置。GT800将应急通信的业务管理与系统的操作管理分开实施。通过调度台实现接入控制、通话组配置、优先级管理、强插等;通过操作管理维护系统收集、监控网络的运行信息和状况,进行维护、性能、配置、故障和安全性管理,满足不同情况对应急通信的业务需求。

6.安全可靠

GT800数字集群网络采用主从同步机制,无须GPS同步,整网安全性高,满足政府、公共安全等特殊行业部门的安全性要求。GT800数字集群终端和系统设备芯片提供不受限制,系统安全、可靠,满足通信安全战略的要求。

7.多语音编码

GT800支持多语音编码方案,包括FR、EFR、HR与AMR,以确保语音质量。根据信道资源情况及无线链路质量,由系统动态指配,优先采用HR、AMR编码方式。当信道资源丰富时,为高优先级用户指配EFR编码方式,提高服务质量。

8.技术开放

GSM与TD-SCDMA是两种公开的移动通信技术,也是GT800数字集群新技术的基础。GT800技术在产业链内开放,有利于在数字集群领域引入充分竞争,引导GT800系统产业链的进一步发展壮大。现阶段已形成多厂家参与、共同促进GT800系统发展的局面。

9.建网成本低廉

GT800产业链构筑在主流移动通信产业的基础之上,技术开放、多厂家参与,在价格方面独具优势。GT800数字集群产业联盟的不断发展壮大,带动一批国内外著名通信企业形成了强大的数字集群产业群体。完善了GT800端到端解决方案,也很好地保证了GT800数字集群的低成本优势。

随着铁通、卫通等运营商的数字集群商用试验的发展,GT800数字集群技术日益显露出强大的性价比优势,GT800不仅具有业界领先的专业集群性能,也具有与GSM相当的设备价格。GT800数字集群技术体制获得了越来越多业内厂家的支持,西门子、康佳等相继加入GT800联盟,从系统设备到终端方面进一步增强了GT800系统产业化力量,形成了广泛的数字集群产业多厂商产业环境。

单元7.2　GT800技术体制

GT800是基于时分多址的专业集群通信新技术,利用已有GSM技术,在集群特性的实现与增强方面,进行大量创新,并融合TDMA和TD-SCDM技术,为专业用户提供高性能、大容量的集群业务和功能。其主要创新集中在以下方面。

1.群组业务提供

集群通信的突出特点是群组业务的提供。GT800通过信道共享实现群组业务。涉及数以千计用户的群组业务,只需通过一个业务信道实现,极大地提高了网络资源的利用率,满足专业集群大容量需求。

GT800单个通话组容量可成千上万,真正实现了一呼百应。

2.快速呼叫建立

集群通信的一个重要特征就是PTT:一按即通,要求快速建立呼叫。呼叫建立时间是衡量集群通信系统的一个重要指标。GT800根据快速呼叫建立的特定要求,创造性地进行呼叫流程设计、无线接口增强、网络层次优化等多个层面的创新,实现了一按即通功能,完全满足专业用户的快速呼叫建立要求。GT800的快速接续特性突出,初始呼叫接续速度小于600ms,PTT速度小于300ms。

3.可靠性增强

为保证集群系统的可靠性及业务可用性,GT800在可靠性增强方面进行了大量创新,主要涉及故障弱化和直通方式,集中体现在基站交换能力、基站配置、容错算法及终端直通功能方面。

4.安全性增强

GT800具有高度安全性。为满足公共安全及特殊行业需求,在核心芯片和关键算法方面,完全自主设计,端到端用户加密接口和流程采用国内自主技术。GT800支持多种终端加密模块的开发,并针对集群应用的特点和需求提供了整套完善的安全机制,用于系统和用户相互确认的双向身份鉴权机制、确保整个体系框架内传输信令不受到破坏的完整性机制、满足组呼需求的群组安全机制、端对端保密机制等。GT800根据不同行业对安全性的需求,提供不同级别的安全性保障,最大限度地保证集群通信的安全,是安全性值得信赖的数字集群解决方案。

5.集群调度类补充业务

集群调度类补充业务是集群通信的重要组成部分。GT800在接口定义、信道设计、呼叫控制、呼叫流程设计、接入管理、权限控制、地面电路、空口信令等方面进行了卓有成效的创新,实现了动态重组、环境监听、缜密监听等业务。

6.共网集群调度

传统的集群通信网络一般是一个集团或企业单独建设一个专门的集群网络,这样的集群系统组网能力有限。有些系统即便是实现了网络互联,也没有提供相应的功能以支撑不同的集团在同一个集群网下独立进行调度以及相应的操作维护,因此这些集群系统不具备共网运营集群通信的要求。

GT800提供先进的集群调度功能,满足多站覆盖、多点互联的网络覆盖需求;各网络实体之间的接口公开,满足集群共网的网络互联要求。在GT800网络下,各集团用户共享整个网络资源,在GT800网络覆盖范围内都可以享有系统提供的服务。

GT800通过GTAdapter服务器提供虚拟专用网功能,各集团虽然在同一个GT800网络中,但是通过虚拟专用网功能,各集团可以单独地进行本集团的集群调度,如进行本集团的用户管理,对本集团用户进行相应的编组,或启动一个开放信道进行集群通信等。集团与集团的这些集群调度互不影响。GTAdapter服务器对授权用户还提供可以进行跨集团的集群调度功能,该功能可应用在城市应急联动系统或其他需要跨部门协同工作的场合。

GT800通过其强大的组网和覆盖能力,以及强大的虚拟专用网能力,为集群通信共网运营开创了新的局面。

7.优化的共享信道技术

共享信道是集群系统必须具备的技术要求。只有共享信道技术,才能在集群调度组呼的情况下节省信道资源。

GT800通过信道共享实现群组业务,极大地提高了网络资源的利用率,又保证了其他集群特性可以很好地实现。涉及数以千计用户的GT800群组业务,只需通过共享一个业务信道即可实现,呼叫发起方共享上行信道,接听方共享下行信道。GT800优化的信道共享技术保证了集群业务的高质量。

单元 7.3 GT800 的解决方案

近年来,我国的数字集群技术取得了极大的发展。领导未来专业数字集群通信发展方向的 GT800 专业集群技术,在性能与功能等多个方面超越了已有数字集群技术的局限,成为新一代专业数字集群解决方案。

华为 GT800 以 GSM 和 TD-SCDMA 基本技术为基础,面向国内外专业集群市场需求,参考目前专业用户业务特性,经过多年的研究与开发,尤其在快速呼叫、群组业务优先级控制、安全保密故障弱化等方面进行了大量工作,提供更加丰富的集群调度业务。同时,为满足用户对高速数据业务的需求,GT800通过GPRS和EDGE实现更高速率的数据传输功能,第二阶段通过引入 TD-SCDMA 进一步提供最高速率为 2Mbit/s 的数据业务。GT800 具有如下优势。

1.技术成熟,标准开放

GT800 以公众移动通信产业链为支撑,基础技术成熟,产业链完整,标准开放,多厂家参与,有利于供应商之间的竞争,打破专利垄断和设备制造垄断,降低建网和运营成本。

2.良好的接续性能

GT800 快速呼叫建立时间小于 600ms,PTT 对讲接续时间小于 300ms,满足专业用户快速呼叫要求。

3.业务提供能力强,支持分组数据业务

GT800 基于华为公司强大的智能网平台,可提供各类特色业务,如动态编组、移动定位等。

GT800 通过 EDGE 支持宽带数据传输功能,最大传输速度可达 384kbit/s,并通过 TD-SCDMA 进一步实现速率达 2Mbit/s 的数据业务。

4.安全性好

GT800 无须 GPS 同步,芯片提供不受制约,业务开发灵活,系统安全、可靠。

GT800在硬件上采取单板的主备用、负荷分担、冗余配置等可靠性设计方法。

GT800支持空中接口加密和端到端加密,定义了端到端用户加密接口和流程,支持终端加密模块开发以及终端密钥管理机制。

GT800定义系统、终端之间的控制信令,实现遥开/遥毙功能,满足安全特殊行业需要。

单元7.4 GT800的接口与信令

GT800的接口与信令基于GSM/UMTS体制,信令过程根据集群系统提供的业务进行优化和扩展,主要接口包括A接口、Um接口、C、D、E接口、G_b、G_s、G_r等接口,如图7-1所示。

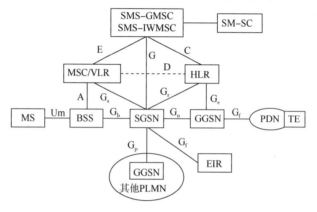

图7-1 GT800系统的接口与信令

接口信令扩充的主要目的是实现集群业务。GT800在GSM协议结构的基础上,对接口信令的调整主要集中在Um接口、A接口和D接口。

Um接口(空中接口)扩充Um接口信令,增加了优先级接入、快速组呼建立、单呼、故障弱化、动态重组、环境监听等相关Um接口消息和流程。

A接口(BSS与MSC之间的接口)扩充A接口信令,增加了系统对终端的控制命令,实现组呼、紧急呼叫、优先级管理、遥开/遥毙、动态重组以及环境监听功能。

D接口(MSC与HLR之间的接口)扩充D接口信令,支持安全性数据的传递,增加群组信息的管理过程。例如,在集群系统中非常重要的优先级抢占业务,要求终端能够根据新建业务的优先级保证优先参加高优先级呼叫,这样在寻呼消息中需要增加优先级信元来指示新业务的优先级,为终端提供足够多的信息进行抉择。对于组内的优先级抢占业务,同样需要对组呼过程中的信令进行扩充,为终端提供足够的信息进行正确的操作。

此外,集群系统中比较简单的组呼中讲话方识别业务,就是在GSM信令的基础上对八接口上行信道占用状态消息(UPLNK_FRREE和UPLNK_BUSY)进行扩充。在组呼中的用户接收到UPLNK_BUSY消息,解码出其中的讲者信息,在终端上显示。

单元7.5 GT800的帧结构特性

GT800基于GSM基本技术,使用与GSM相同的帧结构。GT800的帧结构分多个层次,如图7-2所示。

一个GT800时隙为0.577ms、156.25bit时长。按时隙的用途不同,分别以不同类别的物理突发形式传送,即普通突发、频率校正突发、同步突发和接入突发。

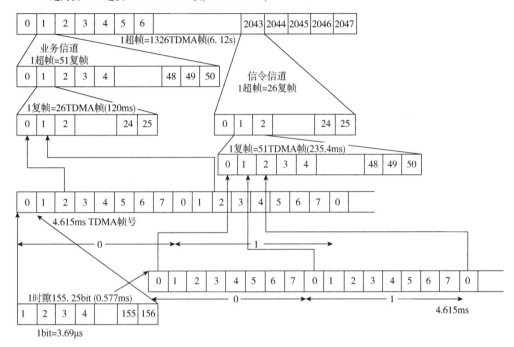

图7-2 GT800物理层帧结构

8个GT800时隙构成一个TDMA帧,时长为4.615ms。GT800复帧分两种,分别用于业务信道与信令信道。业务信道的复帧由26个TDMA帧构成,时长为120ms。信令信道的复帧由51个TDMA帧构成,时长为235.4ms。业务信道的51个复帧组成1个超帧,信令信道的26个复帧组成1个超帧,时长均为6.12s。2048个TDMA超帧构成一个TDMA超高帧,时长为11283.06s。

在GT800帧结构中,信令信道与业务信道的复帧和超帧具有不同的结构。全速率业务信道使用每个复帧的26个可用帧中的24个,即第0~11帧和第13~24帧用于传送业务,其他2个帧用于其他控制目的(第12帧用于发射SACCH,第25帧在全速率信道中空闲)。

上行的TDMA帧相对于下行的TDMA帧延后3个时隙(图7-3)。错开的TDMA帧,使相同的时隙号在上、下行均可以使用,不必要求移动台同时接收和发射。在发射和接收之间,移动台处于空闲模式,可以测量相邻小区的信号强度。

GT800的信令消息时延是由帧结构决定的,对于GT800,信令信道与业务信道的复帧结构有所不同。业务信道复帧中的26个TDMA帧,只有24个用于传送业务,第12帧与第25帧不发送业务,信令信道复帧中的51个TDMA帧全部用于信令信道。对于GT800信令消息,其延时情况如图7-4所示。

从图7-4可以看到,在不考虑信道编解码所需时间和系统处理时间最快的情况下,上行发送消息延后5个时隙,信令消息才能下发,延时为2.885ms。

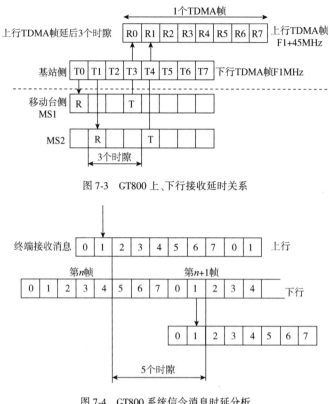

图 7-3 GT800 上、下行接收延时关系

图 7-4 GT800 系统信令消息时延分析

单元 7.6 信道共享技术

1. GT800 信道共享技术概要

1）GT800 物理信道与逻辑信道

（1）GT800 物理信道。

GT800 物理信道是频分和时分的组合,它由 BTS 和 MS 之间的缝隙流组成,即 GT800 的物理信道是指频率和时间域上的时隙,载波间隔为 200kHz,每个载波有 8 个基本的物理信道。

（2）GT800 逻辑信道。

GT800 逻辑信道采用时分复用的方式,不同的逻辑信道在基站和移动台间传送不同类型的信息。逻辑信道分为业务信道（TCH）和控制信道（CCH）两大类。

业务信道是用于传送用户的语音和数据业务的信道,按照交换方式可分为电路交换信道和分组交换信道,按照传输速率可分为全速率信道和半速率信道。

控制信道是用于传送信令信息和短的分组数据的信道。根据信道的功能不同,控制信道可分为公共控制信道（CCCH）、专用控制信道（DCCH）和广播信道（BCH）。

其中,NCH（通知信道）捆绑在 CCCH 上,用来广播集群组呼和集群广播呼叫业务的通知消息,而且,通知消息在 NCH 上周期性发送,这样可以保证从组呼区域外进入组呼区域的终端或者组呼发起后才开机的终端能够在呼叫过程中加入该次组呼(迟后进入)。

2) GT800 的前向业务信道共享和反向业务信道抢占

GT800 通过广播组号的方式寻呼群组内用户,从而实现前向业务信道共享。具体来说,当用户发起一个组呼,系统为该次组呼位于同一载波/扇区下的用户指配一对称为语音组呼信道(VGCH)的业务信道,同时通过 NCH 在该组呼签约的所有小区内广播该群组号来寻呼组内其他用户,并通过 NCH 将分配给本次组呼的 VGCH 信息通知组内用户,被通知用户终端根据通知信息选择监听的信道,即在指定载波的特定时间内对无线信号进行接收、解码。这样,讲话者的语音通过组内成员都收听该信道上的广播语音,实现了组呼的前向业务信道共享。除此之外,在 GT800 组呼中,无须再给组内用户分配其他业务信道。反向信道被组呼叫中的讲话者占用,且同时只能被一个组内成员占用,也就是在 GT800 中,组呼反向业务信道通过抢占的方式在同一时刻只能被组内一个成员占用。如果系统支持组内 PTT 优先级业务,当组内某个用户发出 PTT 优先抢占请求时,该消息通过快速随路信令信道(FACCH)传送给系统。一旦请求通过,则系统将被目前讲话的低优先级用户占用的 VGCH 的上行业务信道转而指配给当前发起抢占请求的高优先级用户。

2. GT800 信道共享技术分析

GT800 中的共享信道在物理链路上与普通业务信道完全相同,在物理上都表现为周期性出现的脉冲,持续时间为 577μs,频域宽度 200kHz,重复周期为 4.615ms。共享信道与普通业务信道不同的方面在于普通业务信道对应一个用户,共享信道对应多个用户。此外,在 GT800 组呼中,一个组使用公共控制信道作为控制信道,也就是说,其控制信道也是共享的。信道共享提高了资源利用率,同时使得 GT800 单组内的用户数量的多少与信道占用多少基本无关。因此,在 GT800 中,由于实现了上述信道共享技术,使得组呼中组内用户数量基本不受限制。

但是,这样的信道共享同时造成系统不能再对每个组内用户终端分别进行功率控制,因此,组呼中一些用户终端由于不能保证在满足通信需要的最小发射功率水平上发射而导致耗电量相对增大。同时,对组内接听用户的状态不能分别掌握,从而不便于查询单个用户的实时状态。

单元 7.7 语音编码技术

移动通信系统语音编码的原理是对人类音域进行数学建模,从而产生一种用于语音传输的有效压缩方法,以便在容量有限而且容易出错的空中接口上提供最高质量的语音传输。引入语音编解码算法的目的就在于在保证语音质量的前提下,降低物理信道上传输的数据速率,提高无线资源利用率。

1. GT800 的物理信道特性

GT800 频段在物理上被分成相隔 200kHz 的多个信道,每个信道又被分成 8 个时隙,每个时隙可以认为是一个独立的物理信道。在每个独立的物理信道上数据以猝发(Burst)的形式传播,包含以周期 577μs 发送的 114 位原始信息。由于语音流量信道传输的多帧结构,每 26 个猝发中最多有 24 个可包含语音数据(其余 2 次猝发用于空闲周期或传输信令信息),因此合计能提供 22.8kbit/s 的原始信道容量。半速率子信道的原始信道容量为 11.4kbit/s。

根据 GT800 的空中接口协议,一个独立的物理信道可以分成两个完全独立的半速率子信道,分配给不同的用户使用,能够使蜂窝单元的语音信道容量加倍。

考虑到无线传播环境的复杂性,需要增加冗余信息为数据增加保护。比如采用全速率语音编解码器的情况下,全速率信道上承载的有效语音数据速率为 13kbit/s。如果采用 AMR 语音编解码器,其中 6 种较低速率可承载在半速率子信道上,有效语音数据速率根据无线信道的传输质量可变为 4.75kbit/s、5.15kbit/s、5.9kbit/s、6.7kbit/s、7.4kbit/s、7.9kbit/s。

2. GT800 系统语音编码算法

在语音编解码算法,GT800 与 GSM 一样都支持 4 种语音编解码算法全速率、增强全速率、半速率和自适应多速率。这些算法复杂度各不相同,对编解码处理器能力需求不同。由于硬件发展水平限制,这些技术是在不同历史阶段逐渐引入 GSM 中的全速率语音编码(FR)。20 世纪 80 年代开始应用于 GSM,20 世纪 90 年代初出现了增强型全速率语音编码(EFR)和半速率语音编码(HR),自适应多速率语音编码(AMR)是在 20 世纪 90 年代末被提出。后两种语音编解码算法的推出是为了更加有效地利用有限的无线资源,并且最大限度地保证语音质量。

1) 全速率语音编解码算法

GT800 全速率语音业务采用 RPE-LPC 编解码技术,即规则脉冲激励长时预测编码,这是一种混合编码方式,属于脉冲激励线性预测编码家族。RPE-LPC 编码器采用主观加权最小均方误差准则逼近原始语音波形,具有明显波形编码特点,具有较好的自然度,并对噪声及多人讲话环境不敏感。RPE-LPC 最突出的特点是其稳定性,即在不同的移动噪声背景下和不够稳定的无线传输条件下(不同的误码模式下)具有相对稳定的语音质量。FR 语音压缩后的净速率为 13kbit/s,FR 参数在信道编码时采用了特殊的保护机制,FR 每 20ms 完成一帧编解码,每帧 76 参数,共 260bit 信息,分为 3 类——I_a、I_b、I_c,即重点比特、次重点比特、非重点比特。

重点比特纠错和检错、次重点比特纠错、非重点比特不保护。因此,FR 算法具有较好的抗误码性能。在不加任何纠错的情况下,当误比特率达 1/1000 时,语音质量基本不下降;加纠错保护后,在传输速率为 22.8kbit/s、误比特率达 1/10 时语音质量下降不多。

FR 采用逼近语音波形的规则脉冲激励线性预测技术,具有较好的自然度以及较好的抗误码性能,对噪声及多人讲话环境不敏感,是 GSM 网络使用最为普遍的语音编解码算法,语音质量已被用户普遍接受。

2) 增强型全速率编解码算法

增强型全速率语音编解码算法,即 EFR 算法,属于混合编码分类中的 CELP 家族,采用码本激励线性预测编码模型(CELP 模型),基本原理是在 CELP 模型中采用 10 阶短期合成滤波器进行线性预测分析。在编码器中,对于线性预测残差信号采用固定码本和自适应码本搜索具有最小误差的码本矢量。在解码器中,运用线性预测参数和码本矢量重建语音。EFR 语音编解码压缩后的码流速率为 12.2kbit/s。

EFR 语音编解码算法充分考虑了语音的频谱迁移特性,改善了语音信源编解码的算法,使语音质量更饱满清晰,大大地改善了语音质量。而且 EFR 算法在抗信道干扰的性能上做了优化,即在兼容 FR 信道速率的前提下,将编码参数增加一定的冗余度,增强了系统的综合信道抗干扰能力。无论在安静环境下还是在环境噪声较大的情况下,EFR 的语音质量均优于 FR。

3) 自适应多速率编解码算法

当全部参数均能正确解码时,全速率及 EFR 编解码器可实现良好的语音再现。由于传输信道的冗余(原始信道容量比数据载荷大 10kbit/s),即便有原始数据的声码器组。可以动态改变信道冗余量,使用该方式的语音传输质量也可能会由于降至更低的编码速率而稍微有所下降。这正是 AMR 编解码器组希望解决的问题,通过指定多个共享公共数学算法的声码组,可以动态改变信道冗余量。虽然使用该方式,语音传输质量可能会降至更低的编码速率而稍微有所下降,但覆盖编码参数的置信度得以提高。最终结果是在载波干扰增加的情况下,系统可获得更好的语音信号质量。如图 7-5 所示。

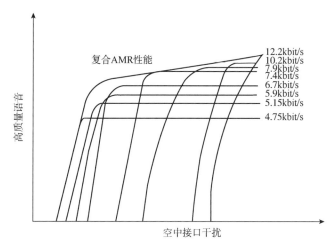

图 7-5 空中接口干扰与高质量语音的线性关系

AMR 编解码器组由速率从 12.2kbit/s 至 4.75kbit/s 的 ACELP 声码器组成,可提供 87%到 480%的冗余。在极端情况下,如全速率及 EFR 帧丢失很久后,4.75kbit/s 编解码器数据仍能恢复。

4) 半速率编解码算法

半速率语音编码并不是 GT800 的创新技术,之所以把它作为 GT800 的关键技术之一,是因为 GT800 通过采用半速率语音编码技术有效缓解了该体制面临的一个关键问题——频率资源需求。GT800 采用半速率语音编码技术,使得一个基本物理信道支持两个语音业务信道。另外,GT800 在传统向量和激励线性预测(Vector Sum Exited Linear Prediction,VSELP)技术的基础上引入了一些优化处理的手段来保证语音质量。

半速率语音编解码采用 VSELP 算法,属于码激励线性预测编码(CELP)算法大家族中的一种。

VSELP 将综合器引入编码器，通过码本激励产生合成语音，根据合成语音与原始语音的误差，动态调整计算参数。半速率算法每 20ms 进行一次编解码，每帧编码输出参数 18 个，每秒处理 50 帧，编码后的净速率为 5.6kbit/s。半速率算法中采用最小加权误差判决准则搜索激励码本，并在感觉加权滤波时充分考虑人耳的掩蔽效应提升压缩率。VSELP 声码器的输出帧包含用来指示帧声音内容的 2bit（无语音、轻微语音、中等语音、强度语音四种模式），在每种模式下稍微有不同，故可获得最佳的音频数据再现较好质量的语音。1 个 GSM 物理信道可提供 2 个 VSELP 语音业务信道。

VSELP 编解码特征是在保证一定语音质量的前提下，对语音进行较大幅度的压缩，可以显著提升移动通信系统的频带利用率。另外，GT800 在采用半速率语音编码的同时通过语音平滑处理、背景噪声抑制、背景噪声补偿和背景噪声优化来进一步改善和保证通信语音质量。

采用半速率语音编码技术，提高了系统的频带利用率。同时，由于采用了前面所述的一些手段保证语音质量，半速率算法是在基本不降低通信性能的前提下提高了频率资源利用率。但是半速率信道只对应于语音信道，对于控制信道和数据业务信道还是需要占用全速率信道，而且数据业务最多可占用的信道数量一旦设定，这些信道就不能在动态占用中被作为半速率信道占用，这使得半速率信道方案的实际效果打了一定的折扣。另外，采用半速率语音编码技术在背景噪声达到何种程度时会有一个较明显的劣化，需要进一步研究验证。

由于 AMR 声码器的几种较低速率适合半速率空中信道的可用容量，这样在高话务量区域采用带 AMR 的半速率信道成为首选方案，半速率语音编解码算法将被 AMR 语音编解码算法替代。

3. GT800 语音编解码算法的发展

在 GSM 系统中，FR、EFR、HR 三种语音编解码算法已在国内外运营商的网络上得到广泛使用。AM 是第四代 GSM 语音编解码标准，能够实时根据信道类型（全速率或半速率）选择多种码率中的一种，从而达到语音编码和信道编码的最优组合，以满足瞬时无线信道条件和本地容量需求。同时，AMR 凭借其优异性能成为 UMTS 和 ITU 第三代系统候选编码。

GT800 通过采用 AMR 语音编解码算法，在保证语音质量的前提下提高了无线资源利用率，由原来单载波 8 个语音信道提高为单载波 16 个语音信道。在 AMR 编解码算法中，最高速率的编解码算法与 EFR 相同，在无线信道误比特率比较高的情况下，采用单纯的 EFR 语音编解码算法会导致语音质量迅速下降。如果采用了 AMR 语音编解码算法，语音质量受无线信道质量情况的影响会显著减小。同样，当小区中话务量升高时，AMR 会自动调整语音编码速率，降低对信道资源的占用。

随着 DSP 技术的迅速发展，GT800 引入了 AMR 语音编解码算法在保证通话语音质量的情况下，大大提高了无线资源的利用率，能够有效应对集群调度系统中瞬间话务量冲击大的情况，更好地为专业用户提供指挥调度语音服务。

单元 7.8 GT800 快速呼叫方式

GT800 针对集群用户快速呼叫要求,从系统的角度出发,通过多个层面的创新,实现 PTT 时间小于 300ms,完全满足专业用户最严格的快速呼叫要求。GT800 主要通过对信令流程的简化和调整以及对系统处理流程的改进,实现集群呼叫的快速建立。图 7-6 为 GT800 系统普通双工点到点发起流程。

图 7-6 GT800 系统普通双工点到点发起流程

在 GT800 中,为了提高组呼和单呼的接续速度,对呼叫发起的信令进行了简化:一方面,将 CMSERVICE REQUEST 与 SETUP 信令合并为一条 IMMEDIATESETUP;另一方面,跳过了鉴权加密过程(204~207),同时保证系统从收到第一条信令开始就对呼叫进行处理。鉴权加密过程的跳过对系统的可靠性并不会产生影响,因为在用户开机、关机、位置更新时都会对用户进行鉴权,保证用户身份的合法性;另外,集群业务采用的加密方式与双工电话呼叫不同,增加了专门的密钥管理流程,使得在集群业务发起时节省了系统与终端之间的协商过程。

对于被叫流程,在组呼中,系统在 NCH 信道上发送组呼通知,不需要等待被叫手机的响应即可给主叫用户分配业务信道,减少信道分配时的信令交互。在单呼中,系统首先在本地 VLR 中查询被叫用户,如果查到则直接进行寻呼,节省了取 MSRN 的过程(这个过程一般需要 1~2s)。另外,在系统处理流程方面,MSC 与 BSC 并行处理,减少了系统处理时间。

通过上述方法,GT800 中同一 MSC 下的组呼建立时间达到 600ms 左右,两个用户之间的单呼建立时间达到 2s 以下。

从上述 GT800 对快速呼叫建立的实现过程可以看到,无论是 MSC 和 BSC 的并行处理,还是无须组内其他用户响应即直接为组呼发起用户分配业务信道,实际上是牺牲了一定的系统资源利用率来换取组呼建立速度的提高。另外,无须组内其他用户响应即为组呼发起者分配业务信道,从理论上初步分析不能保证其他组内成员用户也快速有效接入本组呼叫,但实际上接听成员用户的接入和组呼发起者相比,时延很小,只要不跨 MSC 基本可以认为同时接入。

单元 7.9　GT800 组成

GT800 由网络子系统(NSS)、基站子系统(BSS)、操作维护子系统(OSS)、调度控制子系统(DSS)和移动台(MS)等几个部分组成。其中,NSS 与 BSS 之间的接口为 A 接口,BSS 与 MS 之间的接口为 Um 接口。GT800 结构如图 7-7 所示。

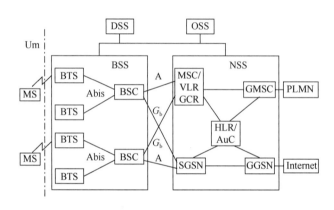

图 7-7　GT800 结构

(1)移动交换中心(MSC)。

MSC 对呼叫进行控制,是集群调度通信的控制中心,管理 MS 在本网络内以及与其他网络(如 PSTN/ISDN/PSPDN、其他移动网等)的通信业务,并提供计费信息。

(2)拜访位置寄存器(VLR)。

VLR 存储进入控制区域内已登记用户的相关信息,为移动用户提供呼叫接续所需的必要信息,可以看作一个动态数据库。

(3)组呼寄存器(GCR)。

GCR 用来存储语音组呼的相关数据,为在控制区域内进行 VGCS(语音组呼业务)、VBS(语音广播业务)等集群调度通信提供必要信息。

(4)归属位置寄存器(HLR)。

HLR 是 GT800 的中央数据库,存储着该 HLR 控制区内的所有移动用户的相关数据。

(5)Follow Me 功能节点(FN)。

FN 存储着功能号码与相关用户号码间的对应关系,并以此为根据,完成功能号码寻址过程中功能号码到真实用户号码的翻译。

(6)基站控制器(BSC)。

BSC 主要负责无线网络资源的管理、小区配置数据管理、功率控制、定位和切换等,实现强大的业务控制功能。

(7) 基站收发信台(BTS)。

BTS 是无线接口设备,它由 BSC 控制,主要负责无线接续,完成无线与有线信号的转换、无线分集、无线信道加密、跳频等功能。

(8) 移动用户终端(MS)。

MS 是移动用户设备部分,支持 VGCS、VBS、FN 等集群通信调度业务。

(9) GT Adapter 设备。

该设备是一台服务器,向各集团用户的远程调度维护操作中心提供集群调度通信服务。GT Adapter 连接 MSC、HLR、SCP,将远端操作终端的服务请求提交给相关设备,将服务的响应回送给远端操作维护终端。各集团通过该服务器,可以自行进行需要的集群调度功能,因此对集团用户来说,虽然在同一个集群共网下,但感觉像是自己建设了一个集群调度专网一样。

(10) 集团用户远端操作维护中心。

各集团用户的操作员通过该终端,接入 GT800 的 GT Adapter 服务器,进行集团用户的管理和调度维护的操作,如进行动态重组等。

(11) BAU 计费管理单元。

GT800 产生的话单,送到该单元暂存,该单元通过 FTP 或 FTAMP 和计费中心连接,进行话单的传送,保证话单信息的完整和不丢失。

(12) PBX 小交换机。

企业的小交换机 PBX 可以通过 PRA 信令接入 GT800 的 MSC,提供固定电话的调度员等功能。

实训任务

本模块主要从以下几个方面对学生的学习进行评估:①了解 GT800 的发展历程和意义,重点掌握 GT800 的技术创新;②熟悉 GT800 的帧结构特点与方式以及 GoTa 系统帧结构的区别;③掌握 GT800 的语音编码技术、快速呼叫方式等,熟悉 GT800 的网络结构;④能通过查阅技术文档、说明书等,正确使用 GT800 的手持终端、车载终端等。

相关工作任务单详见书后模块 7 实训工单。

思考与练习

1. 填空题

(1) GT800 的逻辑信道分为_____和_____两大类。

(2) GT800 的控制信道是用于传送_____和_____。

2. 选择题

(1) GT800 的业务信道的复帧由(　　)个 TDMA 帧构成。

  A. 24   B. 25

  C. 26   D. 27

(2)GT800 的信令信道的复帧由( )个 TDMA 帧构成。
   A. 50　　　　　　B. 51　　　　　　C. 52　　　　　　D. 53

(3)GT800 在不考虑信道编解码所需时间和系统处理时间的最快情况下,上行的 TDMA 帧相对于下行的 TDMA 帧延后( )个时隙。
   A. 2　　　　　　　B. 3　　　　　　　C. 4　　　　　　　D. 5

3.判断题

(1)8 个 GT800 时隙构成一个 TDMA 帧,时长为 4.615ms。　　　　　　　　　　( )

(2)GT800 的信令消息时延是由帧结构决定的。　　　　　　　　　　　　　　　( )

4.简答题

(1)简述 GT800 技术体制的创新体现在哪些方面。

(2)试画出 GT800 结构图。

模块 8　城市轨道交通信号系统的无线传输技术

学习目标

知识目标：了解城市轨道交通空间无线信号的基本覆盖设施，熟悉漏缆、天线、波导管等常用无线传输设备的结构、分类及特性；认识功分器、耦合器、基站、交换机以及调度台等相关无线传输设备，并且要掌握车-地通信系统的构建模型图，能够复述车-地通信系统的工作原理及工作过程。

能力目标：掌握漏缆的接续方法；能够画出车-地通信系统的模型，能够配置交换机，熟练使用调度台。

素质目标：锻炼学生对城市轨道交通信号系统设备的运用能力，提高学生对设备性能的重视程度，使学生养成对高精密仪器设备进行正确操作的行为规范，培养高度的责任心。

建议学时

模块总学时 12 学时＝8 理论学时+2 实验学时+2 实训学时。

知识导航

本模块以地铁为例主要介绍城市轨道交通信号系统。由于车辆沿着轨道线路运行的特殊性，大部分车-地无线通信目前采用的传输方式涉及漏缆和波导管。因此，在本模块中，将会对漏缆、波导管相关的无线传输技术进行介绍。使学生通过重点了解漏缆的接续操作方法，了解天线、功分器、耦合器、基站、交换机以及调度台等设备的功能和使用，加深对无线传输技术的理解。

单元 8.1　空间无线信号的覆盖设施

掌握漏缆及馈线的知识，熟练漏缆的接续方法；了解功分器和耦合器的结构与作用；掌握集群交换机和调度台的使用。

问题引导

大家知晓地铁列车驾驶室的表盘信息是如何来的吗？这些信号系统的设备的数据是如何传输的？

知识学习

8.1.1 漏缆及馈线的基础知识

无线通信的基本模型主要由发射器与接收器组成，发送器将语音、视频以及各种数据编码到正弦形式的电磁波上后发出，接收器接收并解码这些电磁波从而获得数据。发射器和接收器都需要使用天线。图 8-1 所示为无线通信的简单模型。天线就是把电场转换为电磁波的设备。

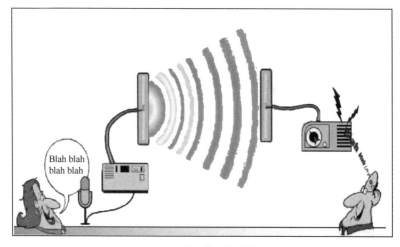

图 8-1　无线通信的简单模型

在地铁中，无线集群通信系统常用于专用调度通信系统，使多个用户（部门、群体）共用一组无线电信道，并动态地使用这些信道的专用移动通信系统。

无线集群通信系统作为地铁内部固定人员（如中心操作员、车站值班员等）与流动人员（如司机、运营人员、流动工作人员等）之间进行高效通信联络的唯一手段，除了满足运营本身所需的列车无线调度通信和车辆段无线通信外，根据地铁运营管理的实际情况，还可以满足管理所需的必要的调度通信。图 8-2 所示为地铁无线通信子系统结构框图。该系统为调度员、列车司机、车站值班员、车辆段和停车场内的无线用户提供话音通信和数据通信。无线集群通信系统由交换控制中心设备、网管设备、调度台、基站、漏泄电缆、用户台、接口设备、光纤直放站等主要设备组成。

无线集群通信系统组网包括主站、基站、调度台、移动台、天馈系统。

（1）主站：包括系统控制器和系统管理终端。

系统控制器主要由集群控制管理模块、转发器接口电路、电话互联、交换单元及电源等组成。

系统管理终端主要由计算机及系统管理软件组成，并与控制器连接，值机员可通过该终端对系统进行管理控制，包括输入修改运行方式、无等级修改信道状态报告、用户入网控制、设备状态控制、告警及信息打印输出。

（2）基站：主要由若干个转发器、控制器、发信及合路器、接收机分路器、馈线、发信天线和接收天线等组成。

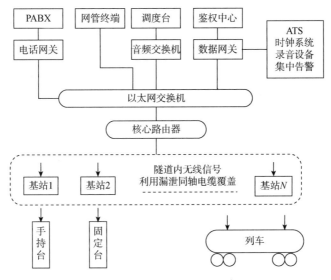

图8-2 地铁无线集群通信系统结构框图

(3)调度台:分为有线调度台和无线调度台。

有线调度台可接到控制器上的电机,也可与操作台连接。

无线调度台则由收发信机、控制单元、天线、电源和操作台组成。

(4)移动台:主要是车载台和手持台。移动台由收发信机、天线、电源(电池)和控制单元组成。

(5)天馈系统:包括天线、泄漏电缆、双工器、合路器、分路器、耦合器及射频连接电缆。

1.漏缆

漏缆全称是漏泄同轴电缆(Leaky Coaxial Cable),通常又简称为泄漏电缆。其结构与普通的同轴电缆基本一致,由内导体、绝缘介质、开有周期性槽孔的外导体以及最外层的电缆护套四部分组成。电磁波在漏缆中纵向传输的同时通过槽孔向外界辐射电磁波;外界的电磁场也可通过槽孔感应到漏缆内部并传送到接收端。如图8-3所示。

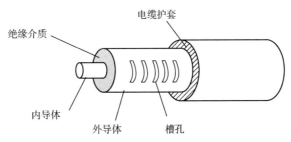

图8-3 漏缆结构示意图

目前,漏缆的频段覆盖在450MHz~2GHz,适应现有的各种无线通信体制,应用场合包括无线传播受限的地铁、铁路隧道和公路隧道等。在国外,漏缆也用于室内覆盖。

与传统的天线系统相比,漏缆天线系统具有以下优点:

(1)信号覆盖均匀,尤其适合隧道等狭小空间。

(2)漏缆本质上适用于宽频带系统,某些型号的漏缆可同时用于CDMA800、GSM900、

GSM1800、WCDMA、WLAN 等系统。

（3）漏缆价格虽然较高，但当多系统同时引入隧道时可大大降低总体造价。

（4）漏缆绝缘采用高物理发泡的均匀细密封闭的微泡结构，不仅较传统的空气绝缘结构在特性阻抗、驻波系数、衰减等传输参数更加均匀稳定，而且可抵御在潮湿环境中潮气对电缆的侵入可能造成的传输性能的下降或丧失，免除了充气维护的烦恼，大大提高了产品的使用寿命和稳定可靠性。

（5）使用频率宽，场强辐射均匀稳定，高抗压，高抗张强度。

2.馈线

馈线又称电缆线，在有线电视系统中起传输信号的作用，通过它将天线接收的信号传给前端系统，前端输出的信号也是由电缆线传输到各用户的电视机。因此，馈线的质量和型号是直接影响有线电视系统接收效果和信号传输质量的重要因素。

1）简介

馈线是早期电视机与室外天线连接的信号线，外形扁平一般为双线，线体为绝缘塑料，外部没有屏蔽层，抗干扰能力极差，室外使用时其性能还会受阴雨天气的影响。如图8-4所示。现在由于有线电视的普及，电视信号线完全由同轴电缆取代。

图8-4　馈线结构示意图

馈线包括天线的下引线和系统的干线、支干线、支线、用户线等。有线电视系统中采用的馈线主要有扁馈线、同轴电缆和光缆三种，应用最多的是同轴电缆。

它的主要任务是有效地传输信号能量，将发射机发出的信号功率以最小的损耗传送到发射天线的输入端，或者将天线接收到的信号以最小的损耗传送到接收机输入端，同时本身不产生杂散干扰信号，这就要求传输线必须屏蔽。当馈线的物理长度等于或大于所传送信号的波长时，传输线又叫作长线。

2）馈线的种类

（1）扁馈线。

扁馈线又称平行馈线，它由两根平行导线组成，两根导线之间用聚氯乙烯或聚乙烯等绝缘材料固定，我国生产的馈线主要有 SBVD 和 SBYD 两种，前者质地较硬，后者质地较软，但前者比后者损耗小。由于平行馈线的两根导线对地电容相等，故又称平衡式或对称式馈线。

平行馈线的导线直径在 1 毫米至几毫米之间，两根导线间距不超过被传输信号波长的 1/10，一般为 13mm 左右。平行馈线的特性阻抗为 300Ω，抗干扰能力差，但价格较低。平行馈线对传输信号的损耗较大，所以在有线电视系统中，部件与部件之间的连接线段和部分用户线采用扁馈线。

（2）同轴电缆。

同轴电缆损耗小，抗干扰性强，常用同轴电缆的特性阻抗为 75Ω 和 50Ω，在城市有线电视中,同轴电缆直接与信号源和电视机相连,是较理想的电视信号传输线。常用的同轴电缆由内导体、绝缘层、屏蔽层和外保护层等组成。内导体在电缆中主要起信号传导的作用,常采用实心铜导线。大直径电缆为了增大机械强度,也有采用铜包钢作为内导体的。

屏蔽层由铜丝编织而成,起导电和屏蔽的双重作用,使用时金属屏蔽端应接地。

绝缘体处于内导体与金属屏蔽层之间,要求采用高频损耗小的绝缘介质,制成类似莲藕心的结构。由于绝缘体的支撑作用使导体与屏蔽层同心,故称为同轴电缆。

外保护层是由橡胶、聚乙烯等材料制成的,包裹在屏蔽层之外,有机械保护和密封防潮、防腐等功能。

3)馈线的技术参数

(1)特性阻抗。

在有线电视系统中,凡用电缆线连接的各个部件都要达到阻抗匹配。因此,同轴电缆的特性阻抗是系统设计和安装时要考虑的重要技术参数。同轴电缆的特性阻抗与内导体的直径 d、金属屏蔽层的内径 D 和绝缘材料的介电常数 ε 有关,可用下式计算特性阻抗 Z_0:

$$Z_0 = \frac{138}{\sqrt{\varepsilon}} \lg \frac{D}{d}$$

从公式可知:同轴电缆的特性阻抗由导体的直径尺寸和导体间介质决定,与电缆的长度无关。

(2)衰减特性。

衰减特性是指同轴电缆传送电视信号时的损耗大小。有线电视系统的传输线通常采用阻抗为 75Ω 的同轴电缆,电视信号在电缆中传输要产生衰减,衰减的大小与电缆导体的直径、电缆长度、介质材料和传输信号的频率有关。电缆导体的直径越大、传送信号的频率越低,则衰减越小,反之,衰减越大。所以电视信号在电缆中传输会产生以下两种情况,即同频率信号在同型号、同长度的电缆中传输,即使电缆长度相等,信号电平的衰减量也不相同;不同频率的信号在同型号、同长度的电缆中传输,衰减量也不相同。

(3)温度特性。

电缆的衰减量会随温度的升高而增大,这种现象称为电缆的温度特性。一般电缆的温度系数为 0.2%dB/℃,即当温度升高 1℃ 时,电缆的衰减量在原来的衰减量上增大 0.2%。信号长距离传输时,必须进行温度补偿。

(4)回波损耗。

回波损耗是由于电缆特性阻抗不均匀而导致反射波及衰减量的增加,对图像的清晰度影响较大。产生回波损耗的原因有电缆本身的质量问题,也与使用、维护不当有关,主要有:①生产过程中电缆的结构尺寸产生偏差或材料变形;②安装时,电缆线在拐角处被弯曲成直角或被压扁,引起结构变形;③电缆因受潮及高温等因素引起材料变质,引起特性阻抗变化。

4)天线馈线的匹配

有线电视系统中,部件与部件、部件与馈线的连接都必须实现阻抗匹配,否则就会使高频信号在馈线中传输时产生反射,一方面增大了信号在传输过程中的能量损耗,另一方面这种反射波会影响信号的传输质量,造成用户收看时的图像重影。所以阻抗匹配是有线电视系统设计、安装、使用过程中的一个重要问题。

通常所说的天线与馈线实现了匹配连接,是指两者的连接具备以下三个条件:

(1)天线的阻抗呈纯电阻性(电抗为0),使天线的下引线从天线中获得尽可能大的能量,信号的传输效率得以提高。

(2)天线馈电端的阻抗应等于馈线的特性阻抗。在两者不相同的情况下,可通过阻抗变换器或其他办法来实现不同阻抗的变换。

(3)天线馈电端是平衡式输出,如果采用平行馈线做天线的下引线,且两者阻抗相同,在这种情况下就可以直接连接。如果采用阻抗为 75Ω 的同轴电缆做下引线,则还需进行平衡——不平衡转换。

5)系统维护

对天馈线系统的维护,重点应放在春检和秋检上。要认真全面地检查主馈管、变阻器、分馈电缆、馈电头及跳接片各部位的连接、密封情况。日常维护可以观察电视发射机输出功率表头上指示的驻波比(正常为 $S<1.1$),塔上的检修维护工作,可从主馈及分馈电缆的固定入手,固定跳接片要使用铜螺钉,并使跳接片与馈电头接触良好。对变阻器,要认真检查各连接部位及分馈电缆头的密封,每到夏季都要检查,防止进水,发现问题应及时查找原因,并进行处理。

8.1.2 天线

天线是无线电通信系统设备非常重要的组成部分,承担着发射和接收携带有通信信息的电磁波的任务。没有了天线,无线通信功能将是不可能实现的。天线具有以下两个方面的功能:一是把从导线上传下来的电信号作为无线电波发射到空间,二是收集无线电波并产生电信号。

1.天线的原理

天线把电场转换为磁场,从而形成电磁波来传送信号,反向则把磁场转换为电场然后通过线路传送给设备,从而形成无线信号的发射与接收。

2.天线的作用

天线是一种辐射和接收电磁波的金属导体系统,在通信链路中起能量转换作用(能量转换器)。发射机输出的高频电能信号通过传输线耦合到发射天线,转换为电磁能量,以波的形式向空中辐射;接收天线将空中的电磁能量转换为电能由传输线送到接收机的输入端。可见,天线是发射和接收电磁波的一个重要的无线电设备,没有天线也就没有无线电通信。

3.天线的分类和主要类型

天线品种繁多,以供不同频率、不同用途、不同场合、不同要求等不同情况使用。对于众多品种的天线,进行适当的分类是必要的。

天线的种类主要有以下几种分类方法。

(1)按频段分:单频天线、多频天线、宽频天线。

(2)按辐射方向分:全向天线、定向天线。如图 8-5 所示。

定向电线

全向电线

图 8-5 定向天线和全向天线

顾名思义,定向天线是指将信号向某一个特定的方向传输,而全向天线是将信号向四周传输。一般情况下,如果是点对点的传输,使用的是定向天线;如果是点对多点的传输,则使用全向天线。

(3)按极化方式分:水平(单)极化天线、垂直(单)极化天线、双极化天线。如图8-6所示。

单极化天线仅是水平或者垂直,多采用垂直线极化,适用于开阔的山区和平原农村;双极化天线多采用±45°双线极化,适用于城区。

一根双极化天线是由极化彼此正交的两根天线封装在同一天线罩中组成的,采用双线极化天线,可以大大减少天线数目,简化天线工程安装,减少了天线占地空间,降低成本。同时,用±45°双极化天线可以减小极化损失,准确接收电磁波。

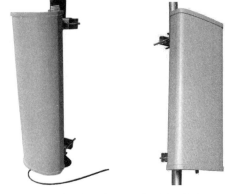

图 8-6 单极化天线和双极化天线示意图

(4)按下倾方式分:机械下倾天线、电调下倾天线(也称电下倾天线)。如图8-7所示。

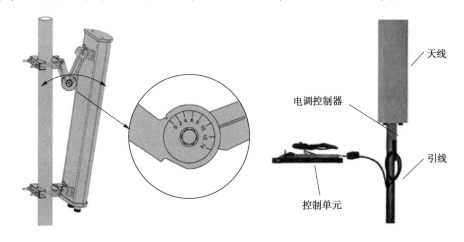

图 8-7 机械下倾天线和电调下倾天线

机械下倾天线只是在架设时倾斜天线,价格也较便宜,多用于下倾角度小于10°的下倾;电调下倾天线虽价格稍高,但它下倾角度范围较大(可大于10°),下倾角度较大时天线方向无明显畸变,天线后瓣也将同时下倾。适用于城区密集区或者无线环境较复杂的地区。

(5)按外观分:吸顶天线、板状天线、八木天线、泄漏电缆。如图8-8所示。

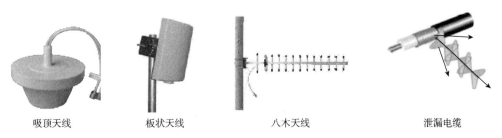

图 8-8 吸顶天线、板状天线、八木天线和泄漏电缆

吸顶天线是一种全向天线,增益小,外形美观,主要安装在房间、大厅、走廊等场所的天花板上。吸顶天线的增益一般都为2~5dBi,天线的水平波瓣宽度为360°,垂直波瓣宽度65°左右,吸顶天线主要用于室内分布常规区域的覆盖,要避免安装在窗户、大门等信号较容易泄漏到室外的开口旁边。

板状天线是一种定向天线,增益较大,外形美观,用在一些比较狭长的室内空间,天线安装时前方较近区域不能有物体遮挡,且不要正对窗户、大门等信号比较容易泄漏到室外的开口,主要安装在房间、大厅、走廊等场所的墙壁上。壁挂天线的增益比吸顶天线要高,一般为6~10dBi。

八木天线是一种增益较高的定向天线,在室内覆盖系统中,主要用于电梯以及长廊的覆盖,波束集中,前后比高,增益高(一般为7dBi左右);有时用于控制信号室外泄漏。八木天线的增益一般为9~14dBi,增益更高,缺点是频段较窄。

泄漏电缆也可以看成一种天线,通过在电缆外导体上的一系列开口把信号沿电缆纵向均匀地发射出去和接收回来,适用于隧道、地铁等地方。

4.天线的发展历程

天线,是我们生活中很常见的一种通信设备。但是,大部分人其实对它并不了解,可能只知道它是收发信号的。图8-9所示为城市中随处可见的天线。

1894年俄国科学家波波夫成功发明无线电天线(图8-10)。100多年来,在这漫长的历史长河之中,无线电天线对人类社会发展和进步做出了卓绝的贡献。第二次世界大战中屡立奇功的英国雷达天线,如图8-11所示。

如今,无线网络无处不在,天线也遍布各个角落,如图8-12所示。

图8-9 城市中随处可见的天线

图8-10 波波夫和他的无线电天线

模块8　城市轨道交通信号系统的无线传输技术

图 8-11　第二次世界大战中屡立奇功的英国雷达天线

图 8-12　天线的安装无处不在

其实,天线之所以重要,就是因为电磁波重要。电磁波重要的一个主要原因就是,它是唯一能够不依赖任何介质进行传播的"神秘力量"。即使在真空中,它也能来去自如,而且转瞬即至,如图 8-13 所示。

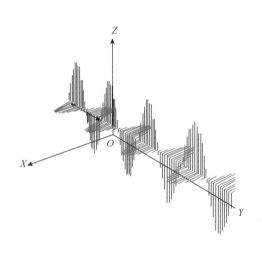

电磁波传播　　　　　图 8-13　电磁波传播示意图

如果想要充分利用这股"神秘力量",就需要天线。在无线电设备中,天线就是用来辐射和接收无线电波的装置。

天线的英文名为 Antenna,也有触须、直觉之意。再通俗来讲,天线就是一个"转换器",把传输线上传播的导行波变换成在自由空间中传播的电磁波,或者进行相反的变换,如图 8-14 所示。天线转换过程如图 8-15 所示。

图 8-14　天线转换

我们还需要了解另一个与天线相关的定义——导行波。简单来说,导行波是一种电线上的电磁波。天线是怎么实现导行波和空间波之间转换的呢? 中学物理学过,两根平行导线有交变电流时,就会形成电磁波辐射。两根导线很近时,辐射很微弱(导线电流方向相反,产生的感应电动势几乎抵消),如图 8-16 所示。

167

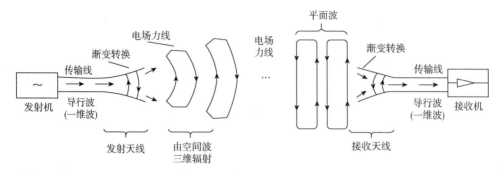

图 8-15　天线转换过程示意图

两根导线张开,辐射就会增强(导线电流方向相同,产生的感应电动势方向相同)。如图 8-17 所示。

当导线的长度增大到波长的 1/4 时,就能形成较为理想的辐射效果,如图 8-18 所示。

有了电场,就有了磁场,有了磁场,就有了电场,如此循环,就有了电磁场和电磁波。关于电生磁、磁生电的产生过程如图 8-19 所示。

图 8-16　平行导线交变电流产生电磁波

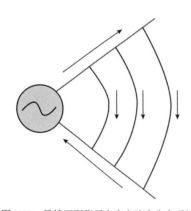

图 8-17　导线逐渐张开交变电流产生电磁波

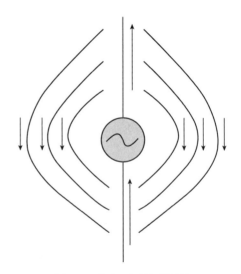

图 8-18　较为理想的辐射效果

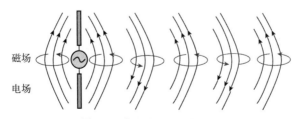

图 8-19　电生磁、磁生电的过程

电生磁、磁生电

无线电波在空间传播时,其电场方向是按一定的规律而变化的,这种现象称为无线电波的极化。如图 8-20 所示。

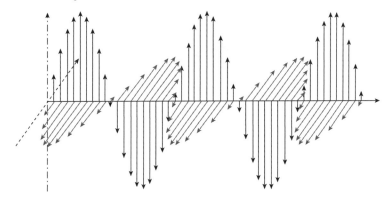

图 8-20　无线电波的极化(水平方向极化和垂直方向极化)

如果电波的电场方向垂直于地面,我们称它为垂直极化波。同理,平行于地面,就是水平极化波。此外,还有±45°极化。如图 8-21 所示。

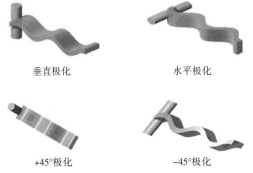

图 8-21　不同角度无线电波的极化

除了以上无线电波极化外,电场的方向还可以是螺旋旋转的,叫作椭圆极化波。如图 8-22所示。

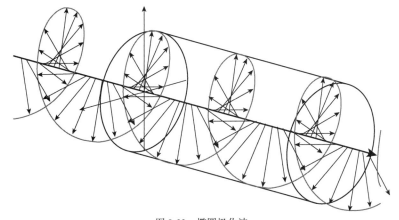

图 8-22　椭圆极化波

椭圆极化波

那么双极化,就是 2 个天线振子在一个单元内,形成两个独立波。如图 8-23 所示。

169

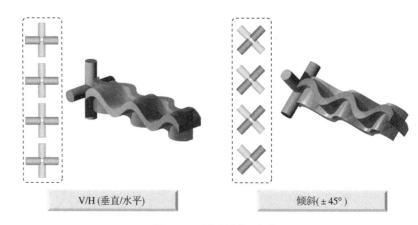

无线电波的极化

图 8-23　无线电波的双极化

8.1.3　功分器

1.功分器定义

功分器全称功率分配器,英文名 Power divider,是一种将一路输入信号能量分成两路或多路,输出相等或不相等能量的器件,也可反过来将多路信号能量合成一路输出,此时也称为合路器。一个功分器的输出端口之间应保证一定的隔离度。功分器按输出通常分为一分二(一个输入两个输出)、一分三(一个输入三个输出)等。功分器的主要技术参数有功率损耗(包括插入损耗、分配损耗和反射损耗)、各端口的电压驻波比,功率分配端口间的隔离度、幅度平衡度,相位平衡度,功率容量和频带宽度等。

2.功分器原理

举一个农村浇水的例子。老张有两块面积一样的白菜地,分别在水井的南北两侧。轮到他浇水的时候,他把水流一分为二,让其分别流向南北两侧的菜地,然后自己坐在树荫下乘凉。

功分器是实现无线信号等功率分配的射频器件。二功分器一般有一个输入口和两个输出口。三功分器则有一个输入口和三个输出口。当然还有四功分器。插入损耗是功分器的重要指标。无线信号经二功分后能量损失 $10\log2 = 3dB$,再加上无源器件本身的介质损耗 0.5dB,二功分的插入损耗一般为 3.5dB,如图 8-24 所示;同理,三功分的插入损耗一般为 5.3dB,四功分的插入损耗一般为 6.5dB。

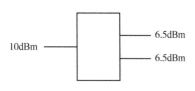

图 8-24　二功分器原理图

3.功分器系列产品频段

(1)400MHz~500MHz 频率段二、三功分器,应用于一般无线电通信、铁路通信以及 450MHz 无线本地环路系统。

(2)800MHz~2500MHz 频率段二、三、四微带系列功分器,应用于 GSM/CDMA/PHS/WLAN 室内覆盖工程。

(3)800MHz~2500MHz 频率段二、三、四腔体系列功分器,应用于 GSM/CDMA/PHS/WLAN 室内覆盖工程。

(4) 1700MHz~2500MHz 频率段二、三、四腔体系列功分器,应用于 PHS/WLAN 室内覆盖工程。

(5) 800MHz~1200MHz/1600MHz~2000MHz 频率段小体积设备内使用的微带二、三功分器。

4. 功分器的分类

功分器从结构上分为无源功分器和有源功分器两大类。

(1) 无源功分器的主要特点是:工作稳定,结构简单,基本上无噪声;而它的主要缺点是接入损耗太大。

(2) 有源功分器由放大器组成,它的主要特点是:功分器输出的端口有二功分、三功分、四功分、六功分、八功分和十二功分。

下面对几种常见的微带功分器进行分析与对比。

1) 微带分支线定向耦合器

微带分支线定向耦合器的结构如图 8-25 所示,它由两根平行导带组成,通过两条分支导带实现耦合,分支导带的长度及其间隔均为四分之一线上波长。理想情况下端口 1 输入无反射,输入的功率由 2、3 端口输出,端口 4 无输出,即 1、4 端口相互隔离。由微波理论中的奇偶模分析法可以计算出,对于功率平分的情况,分支导带的特性阻抗与输入输出线相同,而平行导带的特性阻抗为输入输出线的 $1/\sqrt{2}$,S12 与 S13 有 $\pi/2$ 的相位差。微带分支线电桥主要用作微带平衡混频器,由于端口 1 和 4 相互隔离,故本振和信号互不影响,同时由微带线的平面特性,混频晶体很容易连接在端口上,电路结构既简单又紧凑。

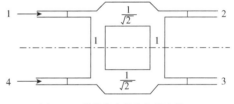

图 8-25 微带分支线定向耦合器

2) Wilkinson 功分器

Wilkinson 功分器的结构如图 8-26 所示,其输入线和输出线的特性阻抗都是 Z_0。对于功率平分的情况,输入和输出口间的分支线特性阻抗相等,线长为四分之一线上波长,在分支线末端跨接一个电阻 R,其值为 2。由微波理论可以证明,这种功分器当 2、3 口接匹配负载时,1 口的输入无反射,反过来对 2、3 口也是如此。由端口 1 输入的功率被平分到端口 2 和 3,且 2、3 端口相互隔离。

3) 双线二分器

双线二分器的结构如图 8-27 所示,它的结构很简单,而且能够根据给定的输入阻抗灵活地调整分支线的特性阻抗,以达到良好的匹配,因此在天线的馈电网络设计中得到了广泛应用,但它的缺点在于输出端之间没有很好的隔离。

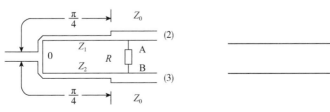

图 8-26 Wilkinson 功分器的结构　　图 8-27 双线二分器示意图

对上述几种功分器的性能做对比,见表8-1。

几种功分器性能对比表　　　　表8-1

功分器类型性能	频带	输出隔离	同相输出	输出损耗	结构
分支线定向耦合器	窄	有	否	大(路径长)	简单
Wilkinson功分器	宽	有	是	小	简单,有集总参数元件
双线二分器	宽	没有	是	—	简单

5.技术指标

功分器的技术指标包括频率范围、承受功率、主路到支路的分配损耗、输入输出间的插入损耗、支路端口间的隔离度、每个端口的电压驻波比等。

1)频率范围

这是各种射频/微波电路的工作前提,功分器的设计结构与工作频率密切相关。必须首先明确分配器的工作频率,才能进行下面的设计。

2)承受功率

在大功分器/合成器中,电路元件所能承受的最大功率是核心指标,它决定了采用什么形式的传输线才能实现设计任务。一般地,传输线承受功率由小到大的次序是微带线、带状线、同轴线、空气带状线、空气同轴线,要根据设计任务来选择用何种线。

3)分配损耗

分配损耗指的是信号功率经过理想功率分配后和原输入信号相比所减小的量。此值是理论值,如二功分是3dB,三功分是4.8dB,四功分是6dB(因功分器输出端阻抗不同,应使用端口阻抗匹配的网络分析仪能够测得与理论值接近的分配损耗)。

4)插入损耗

插入损耗指的是信号功率通过实际功分器后输出的功率和原输入信号相比所减小的量再减去分配损耗的实际值(也有的地方指的是信号功率通过实际功分器后输出的功率和原输入信号相比所减小的量)。插入损耗的取值范围一般腔体是:0.1dB以下;微带功分器则根据二、三、四功分器不同而不同,为 $0.4\sim0.2$dB、$0.5\sim0.3$dB、$0.7\sim0.4$dB。

插损的计算方法:通过网络分析仪可以测出输入端A到输出端B、C、D的损耗,假设3功分是5.3dB,那么,插损=实际损耗-理论分配损耗=5.3dB-4.8dB=0.5dB。

微带功分器的插损略大于腔体功分器,一般为0.5dB左右,腔体的一般为0.1dB左右。由于插损不能使用网络分析仪直接测出,所以一般都以整个路径上的损耗来表示(分配损耗+插损);用3.5dB、5.5dB、6.5dB等来表示二、三、四功分器的插损。

5)功分器技术规格(室内分布)

功分器技术规格见表8-2。

6)隔离度

隔离度指的是功分器输出各端口之间的隔离,通常也会根据二、三、四功分器不同而不同,为18~22dB、19~23dB、20~25dB。

隔离度可通过网络分析仪,直接测出各个输出端口之间的损耗。

支路端口间的隔离度是功分器的另一个重要指标。如果从每个支路端口输入功率,只能从主路端口输出,而不应该从其他支路端口输出,这就要求支路之间有足够的隔离度。

功分器技术规格　　　　　　　表8-2

项　目	规　格		
	1：2	1：3	1：4
插入损耗	≤3.5dB	≤5.5dB	≤6.5dB
阻抗	50Ω		
驻波比(VSWR)	≤1.5		
最大输入功率	15W		
连接器(接口)类型	N-female		
尺寸(mm)	90×70×20	118×73×21	118×73×21
重量(kg)	0.2	0.32	0.34

7)输入/输出驻波比

输入/输出驻波比指的是输入/输出端口的匹配情况，由于腔体功分器的输出端口不是50Ω，所以对于腔体功分器没有输出端口的驻波要求，输入端口要求则一般为1.3～1.4，甚至有1.15的；微带功分器则每个端口都有要求，一般范围为输入1.2～1.3，输出1.3～1.4。

8)功率容限

功率容限指的是可以在此功分器上长期(不损坏的)通过的最大工作功率容限，一般微带功分器为30～70W平均功率，腔体的则为100～500W平均功率。

9)频率范围

一般标称都是写800MHz～2200MHz，实际上要求的频段是824MHz～960MHz加上1710MHz～2200MHz，中间频段不可用。有些功分器还存在800MHz～2000MHz和800MHz～2500MHz频段。

10)带内平坦度

带内平坦度指的是在整个可用频段内插损含分配损耗的最大值和最小值之间的差值，一般为0.2～0.5dB。

8.1.4　耦合器

1.耦合器简述

在微波系统中，往往需将一路微波功率按比例分成几路，这就是功率分配问题。实现这一功能的元件称为功率分配元器件，即耦合器，主要包括定向耦合器、功率分配器以及各种微波分支器件。

光电耦合器是以光为媒介传输电信号的一种电-光-电转换器件，由发光源和受光器两部分组成。把发光源和受光器组装在同一密闭的壳体内，彼此间用透明绝缘体隔离。发光源的引脚为输入端，受光器的引脚为输出端。常见的发光源为发光二极管，受光器为光敏二极管、光敏三极管等。光电耦合器的种类较多，常见的有光电二极管型、光电三极管型、光敏电阻型、光控晶闸管型、光电达林顿型、集成电路型等。如图8-28所示(外形有金属圆壳封装、塑封双列直插等)。

2.耦合器工作原理

原理类比:老张的南北两侧的白菜地各分了 3 份,老张希望通过一次性水道改动,每份地从主干水道上获得一小部分水流,水流速度和其他的地尽量相同,如图 8-29 所示。这样老张就可以在树荫下歇一段时间,不用再做任何水道改动,而所有的地能同时浇完。

图 8-28　耦合器实物

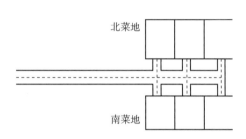

图 8-29　水流均分图示意图

同理,在通信行业中,我们关注的是通信上使用的基站耦合器。基站耦合器是从无线信号主干通道中提取出一小部分信号的射频器件,如图 8-30 所示。与功分器一样都属于功率分配器件,不同的是耦合器是不等功率的分配器件。耦合器与功分器搭配使用,主要是为了达到一个目标——使信号源的发射功率能够尽量平均分配到室内分布系统的各个天线口,使每个天线口的发射功率基本相同。

理想耦合器的输入端口功率等于耦合端口功率与输出端口功率之和,以瓦特(W)为单位,即

$$P_{in} = P_c + P_{out}, 即\ 1 = \frac{P_c}{P_{in}} + \frac{P_{out}}{P_{in}}$$

工作原理如图 8-31 所示。

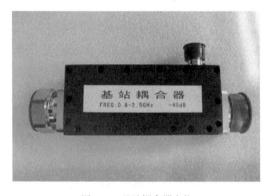

图 8-30　基站耦合器实物

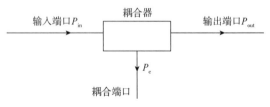

图 8-31　耦合器原理

耦合器的重要指标是耦合度和插损。耦合度是耦合端口与输入端口的功率之比,以 dB 表示,一般是负值。耦合度的绝对值越大,相当于拿走的东西越少,耦合器的损耗也就越小。插损是输出端口与输入端口的功率之比。耦合度的绝对值越大,插损的绝对值越小。以 dB

表示的话,有下列关系:

$$耦合度(dB) = 耦合端口功率(dBm) - 输入端口功率(dBm) = 10\lg\left(\frac{P_c}{P_{in}}\right)$$

$$插损(dB) = 输出端口功率(dBm) - 输入端口功率(dBm) = 10\lg\left(\frac{P_{out}}{P_{in}}\right)$$

那么,耦合器的插损(dB)和耦合度(dB)的关系可以表示为

$$10^{\frac{耦合度}{10}} + 10^{\frac{插损}{10}} = 1$$

实例:一个耦合度为-10dB 的耦合器,它的插损为-0.5dB。取绝对值,再考虑到介质损耗,一般插损会更大一些,不同厂家耦合器的插损不同,一般插损可取 0.7dB 左右。假若输入端口功率为 15dBm,那么这个耦合器的耦合端口的功率就是 15dBm-10dBm=5dBm,输出端口的功率就是 15dBm-0.7dBm=14.3dBm。

可能有些人会问:5dBm+14.3dBm>15dBm,能量不守恒,为什么?原因很简单,以 dBm 为单位的数量不能相加。

在光电耦合器输入端加电信号使发光源发光,光的强度取决于激励电流的大小,此光照射到封装在一起的受光器上后,因光电效应而产生了光电流,由受光器输出端引出,这样就实现了电-光-电的转换。

(1)工作特性(以光敏三极管为例)。

光电耦合器内部共模抑制比很高,因为发光管和受光器之间的耦合电容很小(2pF 以内),共模输入电压通过极间耦合电容对输出电流的影响很小,因而共模抑制比很高。

(2)输出特性。

光电耦合器的输出特性是指在一定的发光电流 I_F 下,光敏管所加偏置电压 V_{CE} 与输出电流 I_C 之间的关系,当 $I_F=0$ 时,发光二极管不发光,此时的光敏晶体管集电极输出电流称为暗电流,一般很小。当 $I_F>0$ 时,在一定的 I_F 作用下,所对应的 I_C 基本上与 V_{CE} 无关。I_C 与 I_F 之间的变化呈线性关系,用半导体管特性图示仪测出的光电耦合器的输出特性与普通晶体三极管输出特性相似。

(3)光电耦合器可作为线性耦合器使用。

在发光二极管上提供一个偏置电流,再把信号电压通过电阻耦合到发光二极管上,这样光电晶体管接收到的是在偏置电流上增减变化的光信号,其输出电流将随输入的信号电压做线性变化。光电耦合器也可工作于开关状态,传输脉冲信号。在传输脉冲信号时,输入信号和输出信号之间存在一定的延迟时间,不同结构的光电耦合器输入、输出延迟时间相差很大。

3.耦合器的分类

耦合器型号较多,如 5dB、10dB、15dB、20dB、25dB、30dB 等。

耦合器从结构上一般分为微带和腔体两种。腔体耦合器内部是两条金属杆组成的一级耦合;微带耦合器内部是两条微带线,组成的一个类似于多级耦合的网络。

4.耦合器的技术指标

(1)频率范围:与双工器一样,频率范围一般标称都是 800~2200MHz,实际上要求的频段是 824~960MHz 加上 1710~2204MHz,中间频段不可用。

(2)耦合度。

耦合度:信号功率经过耦合器,从耦合端口输出的功率和输入信号功率直接的差值(一般都是理论值,如6dB、10dB、30dB等)。

(3)插入损耗:是指信号功率经过耦合器至输出端出来的信号功率减小的值再减去分配损耗的值所得的数值。一般插损对于微带耦合器则根据耦合度不同而不同,一般10dB以下的为0.35~0.5dB,10dB以上的为0.2~−0.5dB。

(4)隔离度:是指输出端口和耦合端口之间的隔离,一般此指标仅用于衡量微带耦合器。根据耦合度的不同而不同,如5~10dB为18~23dB,15dB为20~25dB,20dB(含以上)为25~30dB;腔体耦合器的隔离度非常好,因此没有此指标要求。

(5)方向性:是指输出端口和耦合端口之间的隔离度的值再减去耦合度的值所得的值,由于微带的方向性随着耦合度的增加逐渐减小,最后30dB以上基本没有方向性,因此微带耦合器没有此指标要求,腔体耦合器的方向性,一般1700~2200MHz时为17~19dB,824~960MHz时为18~22dB。

计算方法:方向性=隔离度−耦合度。

(6)输入/输出驻波比:是指输入/输出端口的匹配情况,各端口要求一般为1.2~1.4。

(7)功率容限:是指可以在此耦合器上长期(不损坏的)通过的最大工作功率容限,一般微带耦合器为30~70W平均功率,腔体耦合器则为100~200W平均功率。

(8)带内平坦度:是指在整个可用频段耦合度的最大值和最小值之间的差值,微带耦合器一般为0.5~0.2dB。腔体耦合器由于耦合度是一条曲线,没有此要求。

8.1.5 漏缆及馈线的接续

1.漏缆的定义

漏缆的外形形状如图8-32所示。漏缆的定义及结构见8.1.1。

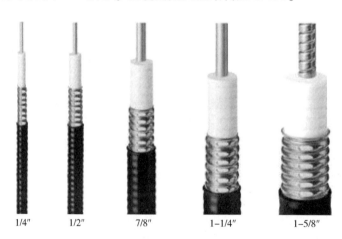

图8-32 漏缆外形形状

目前,漏缆的频段覆盖在450MHz~2GHz以上,适应现有的各种无线通信体制,应用场合包括无线传播受限的地铁、铁路隧道和公路隧道等。在国外,漏缆也用于室内覆盖。

2. 漏缆的优点

见 8.1.1。

3. 漏缆连接头的制作

1）连接准备

根据漏缆敷设记录找到接续点，将需要连接端的漏缆从卡具上卸下 3~5m，垂下的漏缆弯曲半径应符合要求。进行场地平整，并设工作台。

2）漏缆端头制作

（1）将需要装接头的漏缆理直 500mm，置于工作台上。

（2）用锯把破损、污染及封头粘连部分的漏缆锯断，锯时应保持抛弃的那段在下方，并保证切面平整。

（3）用锉刀或斜口钳将内导体铜管做好倒角，然后用毛刷或钢丝刷将内导体铜管内的铜屑清理干净，最后用毛刷将切面处的铜屑清除干净。如图 8-33 所示。

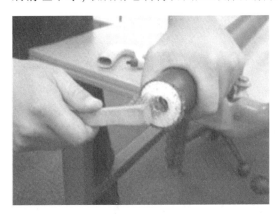

图 8-33 漏缆切面清洁

（4）用尺量出接头说明书规定尺寸的外护套，然后环切并将外护套剥离。如图 8-34 所示。剥外护套时不能伤到外导体，如果发现已伤及外导体，务必重新锯断并将外导体表面打磨平整。

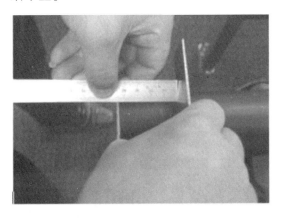

图 8-34 切除漏缆外护套

（5）切除包裹线及塑料薄膜，如图 8-35 所示。

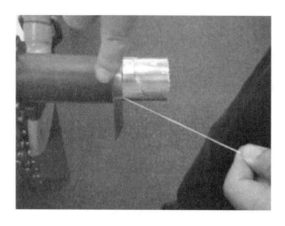

图 8-35　切除漏缆包裹线及塑料薄膜

（6）用安全刀为漏缆内导体清除毛刺，用锉刀为漏缆外导体清除毛刺。如图 8-36 所示。

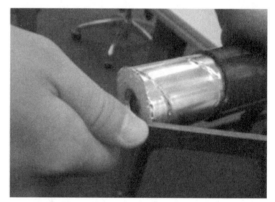

图 8-36　漏缆内、外导体清理

图 8-37　装入接头后体

3）分体式接头安装

（1）装入接头后体，如图 8-37 所示。

（2）将后体推到底部并装入压紧环，如图 8-38 所示。

（3）旋入顶针并用扳手将其紧固，如图 8-39 所示。

（4）旋入接头前体，使前体与顶针紧配，如图 8-40 所示。

（5）接头前体与顶针旋紧后，将后体旋入前体，如图 8-41 所示。

（6）用扳手固定前体，同时旋紧后体，如图 8-42 所示。接头制作完成如图 8-43 所示。

模块8　城市轨道交通信号系统的无线传输技术

图8-38　装入压紧环

图8-39　旋入顶针并紧固

图8-40　旋入接头前体

图8-41　后体旋入前体

图8-42　前、后体紧固

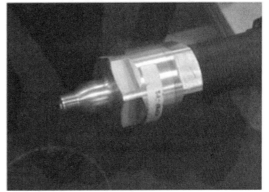

图8-43　接头制作完成

4) 一体式接头安装

(1) 套上压紧铜环,如图8-44所示。

(2) 用尼龙锤轻轻向里敲击,如图8-45所示。

(3) 压紧铜环,应使其与漏缆切面平齐,如图8-46所示。

图 8-44 套上压紧铜环

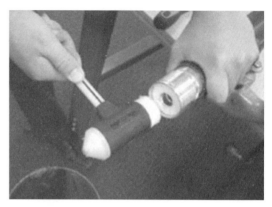
图 8-45 用尼龙锤敲击

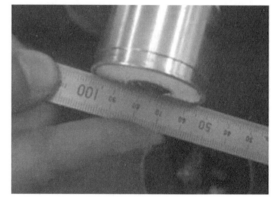

图 8-46 压紧铜环并使其与漏缆切面齐平

（4）旋松接头并推入漏缆顶紧，如图 8-47 所示。

（5）顶住前体不动并旋紧后体，如图 8-48 所示。

图 8-47 旋转接头并推入漏缆顶紧　　　　　　图 8-48 顶住前体不动并旋紧后体

（6）用扳手固定前体，同时旋紧后体，如图 8-49 所示。一体式接头安装完成后如图 8-50 所示。

图 8-49 前、后体紧固　　　　　　　　图 8-50 接头制作完成

4.漏泄同轴电缆避雷器安装

(1)漏泄同轴电缆从隧道内接引至隧道外或基站、直放站时应安装避雷器。

(2)避雷器地线采用 50mm² 塑料铜线。

(3)避雷线采用钢管防护,用卡子固定,如图 8-51 所示。

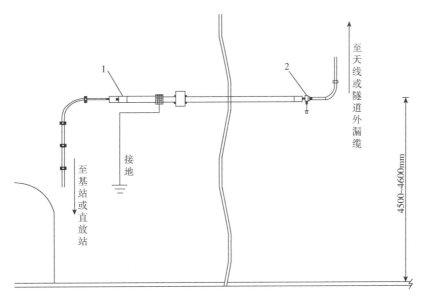

图 8-51　避雷器安装示意图
1-包裹绝缘层;2-避雷器

5.漏泄同轴电缆连接器安装

连接器安装应包括固定连接器、阻抗转换连接器、DC 模块、功率分配器及终端匹配负载。

(1)漏泄同轴电缆连接器安装工艺要求:

①固定接头应保持原电缆结构开槽间距不变。

②接头应保证电特性指标,对于驻波比过大、阻值过大、绝缘不良、衰耗偏大的接头应锯断重接。

(2)连接器装配完毕应进行质量检查:用万用表检查内、外导体装接情况,并轻敲连接器,看万用表有否变化,判断装配接触质量。用绝缘电阻测试仪测量绝缘电阻,判断装接质量。检查各零部件螺栓是否旋紧。

(3)连接器装配后接头外部应进行防护。

(4)连接器应可靠地固定在隧道、承力索或H形钢柱上。

(5)每段漏缆之间跳线应绕圈,跳线长度为1m。如图8-52所示。

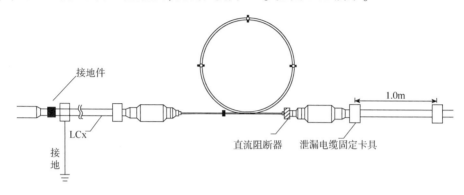

图8-52 隧道内漏缆连接器安装示意图

6.漏泄同轴电缆接地安装

(1)剥离漏缆护皮57mm,剥离部分两端各预留约2cm。

(2)将剥离区域的外导体用接地夹夹紧。

(3)用橡胶带将接地引线与馈线护皮缠紧。

(4)用橡胶带将馈线由底端向顶端缠绕,形成卵石状效果。

(5)用宽胶带由底端至顶端以半宽度交叠缠绕,再以相反方向缠绕,来回三或五次(保证最后一次为由下至上缠绕),每次两端延长约25mm。

(6)漏泄同轴电缆接地使用安德鲁专用产品,漏泄同轴电缆接地的位置按以下原则布置安装:

①隧道内外漏缆接头处在隧道侧设置;

②漏缆接入基站或直放站时在漏缆侧设置;

③接地线接地连接到下端共用接地端子,如图8-53所示。

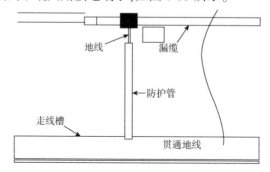

图8-53 漏缆接地线防护示意图

7. 馈线的基本简介

请参见 8.1.1 中馈线内容。

8. 馈线的命名含义

X/Y 是馈线的外金属屏蔽的直径,单位为英寸,和内芯的同轴无关。例如,1/2 指馈线的外金属屏蔽的直径是 1.27cm,7/8 就是指馈线的外金属屏蔽的直径是 2.22cm,外绝缘皮是不算在内的。

例如,1/2 馈线、7/8 馈线、8D 馈线和 10D 馈线,通常馈线直径越大,信号衰减越小。

9. 馈线的制作步骤与方法

(1) 选取适合的长度和位置(15cm)制作接头,将多余的馈线用细齿小手锯锯掉。

(2) 确定制作接头段的馈线不能有弯曲的情况,必须是直的,对不直的部分需校直,校直段馈线的长度不小于 15cm。

(3) 剥削馈线外皮:选择在将要制作接头馈线断口 5cm 处的一圈馈线波纹的波谷中央位置,用馈线安全刀在该处的馈线外皮进行环切,以刚好切进馈线内导体为宜。切割时用力应轻微,恰好能切断馈线皮为佳,应尽量避免切伤馈线内导体。

(4) 使用馈线安全刀从环切处开始向外将这一小段馈线皮剥掉。剥削时,馈线安全刀的刀刃应微微向上,避免划伤内导体的表面。

(5) 按照馈线切割刀上的指示方向,将馈线刀套到刚去掉馈线皮的这一小段馈线上,馈线刀上的槽位刚好能卡住环切处的馈线皮和已去掉馈线皮的馈线内导体,轻微前后旋转馈线切割刀,确保馈线和馈线切割刀的槽位准确无误。

(6) 用手轻压馈线切割刀,按馈线切割刀切割旋转的方向进行旋转,旋转过程中稍微加力,在快切断第一层外导体时须注意不要再加力,应继续顺势旋转馈线切割刀切进馈线的绝缘泡沫层,当馈线切割刀到达内导体表面时再稍微加力,继续按照先前的方式旋转馈线切割刀,2~3 圈后就能很轻松地完成馈线接头安装位置的加工。

(7) 用小金属刷将刚切割好的馈线端进行清洁,如有毛刺则用锉刀锉平,将金属导体内和表面的碎屑清理干净,然后再取一小块防水胶,对切割口进行粘贴,吸附更细小的金属碎屑,一般粘贴 2 次就能彻底将切割口的碎屑清理干净。

(8) 用馈线安全刀小心地将清理后的馈线端的绝缘层边缘与馈线的外导体呈 45°角向内导体方向环绕一圈压开。

(9) 使用专用的接头扩孔器,顺时针旋转 2~3 圈对馈线口做最后的扩孔和定型。

(10) 将接头后端(内套件)先装进已完成扩孔和定型的馈线端,如有其他接头配件(如 O 形卡簧圈、油脂、紧固螺母),也应一并安装到位。

(11) 先用手将接头的外套件和内套件拧紧。需要注意的是,拧紧的过程中外套件须固定不动,只旋转套在馈线端的内导体,待手拧紧后,再用扳手将接头拧紧。拧紧的方法仍然是旋转内套件,外套件用扳手夹紧固定,直到将接头两边紧密连接到位。

(12) 接头后端(内套件)安装后再将接头前端(外套件)安装到位。

(13) 先用手将接头的前端(外套件)和后端(内套件)拧紧,需要注意的是,拧紧的过程中外套件须固定不动,只旋转套在馈线端的内导体,待手拧紧后,再用扳手将接头拧紧。拧紧的方法仍然是旋转内套件,外套件用扳手夹紧固定,直到将接头两边紧密连接到位。

(14)用扳手拧紧接头(需固定前端,拧动后端)。

8.1.6 基站

1. 基站的定义

1) 广义的基站

广义的基站是基站子系统的简称。以 GSM 网络为例,包括基站收发信机(BTS)和基站控制器(BSC)。一个基站控制器可以控制十几至数十个基站收发信机。而在 WCDMA 等系统中,类似的概念称为 NodeB 和 RNC。

2) 狭义的基站

狭义的基站即公用移动通信基站,是无线电台站的一种形式,是指在一定的无线电覆盖区中,通过移动通信交换中心,与移动电话终端之间进行信息传递的无线电收发信电台。基站由移动通信经营者申请设置。

2. 基站的组成

一个基站的选择,需从性能、配套、兼容性及使用要求等各方面综合考虑,其中特别注意的是基站设备必须与移动交换中心相兼容或配套,这样才能取得较好的通信效果。基站子系统主要包括两类设备:基站收发台(BTS)和基站控制器(BSC)。

1) 基站收发台

一个完整的基站收发台包括无线发射/接收设备、天线和所有无线接口特有的信号处理部分。基站收发台可看作一个无线调制解调器,负责移动信号的接收、发送处理。一般情况下,在某个区域内,多个子基站和收发台相互组成一个蜂窝状的网络,通过控制收发台与收发台之间的信号相互传送和接收来达到移动通信信号的传送,这个范围内的地区也就是我们常说的网络覆盖面。如果没有了收发台,那就不可能完成手机信号的发送和接收。基站收发台不能覆盖的地区也就是手机信号的盲区。所以基站收发台发射和接收信号的范围直接关系到网络信号的好坏以及手机是否能在这个区域内正常使用。

基站收发台在基站控制器的控制下,完成基站的控制与无线信道之间的转换,实现手机通信信号的收发与移动平台之间通过空中无线传输及相关的控制功能。收发台可对每个用户的无线信号进行解码和发送。

基站使用的天线分为发射天线和接收天线,且有全向和定向之分,一般可有下列三种配置方式:发全向、收全向方式,发全向、收定向方式,发定向、收定向方式。从字面上我们就可以理解每种方式的不同,发全向主要负责全方位的信号发送,收全向自然就是各方位的接收信号;定向的意思即只朝一个固定的角度进行发送和接收。一般情况下,频道数较少的基站(如位于郊区)常采用发全向、收全向方式,而频道数较多的基站采用发全向、收定向的方式,且基站的建立也比郊区更为密集。

由于信号传输到基站时可能比较弱,并且有一定的信号干扰,所以要经预选器。

基站模块滤波和放大,进行双重变频、放大和鉴频处理。输入的高频信号经放大后送入第一变频器,由变频器提供的第一本机振荡信号频率为 766.9125MHz~791.8875MHz,下变频后,产生 123.1MHz 的第一中频信号。第一中频信号经放大、滤波、混频后,产生第二中频信号(21.3875MHz),第二中频信号经过放大、滤波后送到中频集成块。由中频集成块(包含第二中频信号放大器、限幅器和鉴频器)产生的音频输出信号和接收信号强度指示信号(RSSI)送到音频/控制板,在音频信号控制板内,由分集开关不断地比较奇数和偶数信号,并选择其中的较强信号,通过音频电路传送到移动控制中心去。

基站发射机的工作原理是:把由频率合成器提供的频率为 766.9125MHz~791.8875MHz 的载频信号与 168.1MHz 的已调信号,分别经滤波进入双平衡变频器,并获得频率为 935.0125MHz~959.9875MHz 的射频信号,此射频信号再经滤波和放大后进入驱动级,驱动级的输出功率约 2.4W,然后加到功率放大器模块。功率控制电路采用负反馈技术自动调整前置驱动级或推动级的输出功率,以使驱动级的输出功率保持在额定值上。也就是把接收到的信号加以稳定,再发送出去,这样可有效地减少或避免通信信号在无线传输中的损失,保证用户的通信质量。功率放大器模块的作用是把信号放大到 10W,不过这也依据实际情况而定,如果小区发射信号半径较大,也可采用 25W 或 40W 的功放模块,以增强信号的发送半径。

2) 基站控制器

基站控制器包括无线收发信机、天线和有关的信号处理电路等,是基站子系统的控制部分,主要包括四个部件:小区控制器(CSC)、话音信道控制器(VCC)、信令信道控制器(SCC)和用于扩充的多路端接口(EMPI)。一个基站控制器通常控制几个基站收发台,通过收发台和移动台的远端命令,基站控制器负责所有的移动通信接口管理,主要是无线信道的分配、释放和管理。当你使用移动电话时,它负责为你打开一个信号通道,通话结束时它又把这个信道关闭,留给其他人使用。除此之外,还对本控制区内移动台的越区切换进行控制。如你在使用手机时跨入另一个基站的信号收发范围时,控制器又负责在另一个基站之间相互切换,并保持始终与移动交换中心的连接。

基站 GSM 系统越区时采用切换方式,即当用户到达小区边界时,手机会先与原来的基站切断联系,然后再与新的服务小区的基站建立联系,当新的服务小区繁忙时,不能提供通话信道,这时就会发生掉线现象。因此,用户应尽量避免在四角盲区使用手机通话,以减少通话掉线的概率。

控制器的核心是交换网络和公共处理器(CPR)。公共处理器对控制器内部各模块进行控制管理,并通过 X.25 通信协议与操作维护中心(OMC)相连接。交换网络将完成接口和接口之间的 64kbit/s 数据/话音业务信道的内部交换。控制器通过接口设备数字中继器(DTC)与移动交换中心相连,通过接口设备终端控制器(TCU)与收发台相连,构成一个简单的通信网络。

在整个蜂窝移动通信系统中,基站子系统是移动台与移动中心连接的桥梁,其地位极其重要。整个覆盖区中基站的数量、基站在蜂窝小区中的位置,基站子系统中相关组件的工作性能等因素决定了整个蜂窝系统的通信质量。基站的选型与建设,已成为组建现代移动通信网络的重要一环。

3. 基站的工作原理

基站的主要功能就是提供无线覆盖,即实现有线通信网络与无线终端之间的无线信号传输,所以基站在通信网络中的位置如图 8-54 所示。

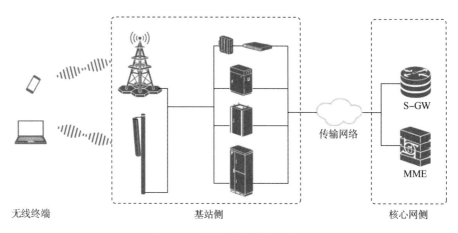

图 8-54 基站在通信网络中的位置

前向信号传输流程如下：

(1)核心网侧的控制信令、语音呼叫或数据业务信息通过传输网络发送到基站(在 2G、3G 网络中,信号先传送到基站控制器,再传送到基站)。

(2)信号在基站侧经过基带和射频处理,然后通过射频馈线送到天线上进行发射。

(3)终端通过无线信道接收天线所发射的无线电波,解调出属于自己的信号。

反向信号传输流程与前向信号传输流程方向相反,但原理相似。

每个基站根据所连接的天线情况,可以包含有一个或多个扇区。基站扇区的覆盖范围可以达到几百到几十千米。不过在用户密集的地区,通常会对覆盖范围进行控制,避免对相邻的基站造成干扰。

基站的基带和射频处理能力决定了基站的物理结构由基带模块和射频模块两大部分组成。基带模块主要是完成基带的调制与解调、无线资源的分配、呼叫处理、功率控制与软切换等功能。射频模块主要是完成空中射频信道和基带数字信道之间的转换,以及射频信道的放大、收发等功能。

4.基站的由来与发展

自 20 世纪 70 年代末移动通信网络诞生以来,移动基站已经陪伴人类 40 年了,为人类社会带来了空前的变革。

1)1G:基站的由来

移动通信网络部署始于 20 世纪 70 年代末,我们称为 1G 时代,当时基站的英文全称为 Base Station,简称 BS,直译过来就是"基站",这一叫法一直延续到今天。如图 8-55 所示。

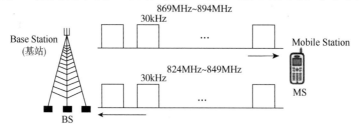

图 8-55 1G 基站架构网络

1G 时代多种标准林立,但主要有两大主流制式:AMPS 和 TACS。

1987 年,我国在河北秦皇岛和广东建立了第一代模拟移动通信系统,拉开了中国移动通信行业的序幕。当时的 1G 基站采用的就是爱立信的 TACS 系统。

1G 是模拟系统,不但容量低、通话质量差,而且保密性极差。

2)2G:一体化的 BTS

2G 时代的基站并不叫"Base Station",而是叫 BTS,全称为 Base Transceiver Station,即基站收发信机。2G 的基站网络架构如图 8-56 所示。

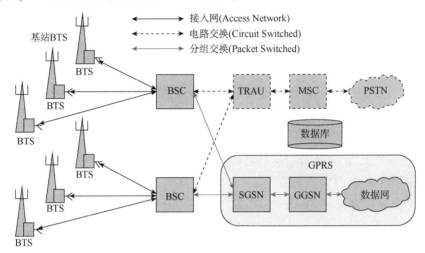

图 8-56　2G 时代基站网络构架

相较于 1G 基站叫 Base Station,BTS 在 Base Station 的中间加了一个"Transceiver",这一命名更加精准。因为,Transceiver 即收发单元,是基站的重要组成部分。

爱立信 RBS2206 系列基站主要包括公共单元、收发单元、合分路单元。其中,公共单元包括供电单元、传输接口单元、时钟分配单元等。

收发单元,全称 Transmission Receiver Unit,简称 TRX 或 TRU,指收信器和发信器的合称,我们通信人通常称它"载频"。

最早期,基站收发单元的功能包含无线信号的收发、放大、调制/解调、编解码和 DSP 数字处理等,这其实就是将基带单元(BBU)和射频单元(RRU)集于一体。

收发单元是 2G 基站的关键组成部分,这也正是 2G 基站被称为 Base Transceiver Station 的原因。

2G 基站是一体化的基站,基带处理、射频处理、供电单元等全部放在一个机柜里,看起来像个大冰箱,建设和扩容成本高,运维也很麻烦。

3)3G:BBU 和 RRU 分离

为了区别于 2G,3G 时代的基站不再称 BTS,而是称 Node B,其中的"B"有可能正是源于 BTS 中的"B"。3G 时代基站网络架构如图 8-57 所示。

相较于 2G 时代,3G 时代基站最大的变化是实现了 BBU 和 RRU 分离。为什么要分离 BBU 和 RRU?如前所述,2G 基站的 BBU 和 RRU 合为一体,不但又大又重,且扩容非常麻烦。

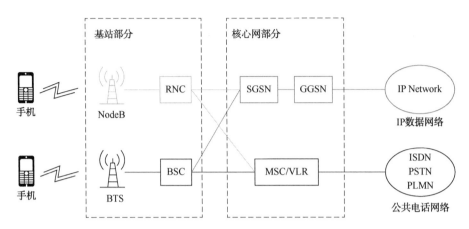

图 8-57 3G 时代基站网络构架

进入 3G 数据时代,面向未来,基带部分要引入自适应调制和编码、MIMO 多天线等技术来支持不断攀升的数据速率需求,如果基带与射频仍然不分离,就意味着每次扩容都要单独增加一条从基带处理、DAC 转换、RF 功放到馈线的通道,无疑会大大增加建设成本。这有点类似于我们今天的传统时分遭遇的 MIMO 技术,无法适应未来升级。传统 2G 基站又大又笨重,现在又要在机房中新建 3G 基站,机房空间是有限的,这需要进一步简化机房内的 3G 设备。

时下流行的软件定义无线电为基站打开了一扇窗。此方法利用软件定义无线电技术,将基带信号的生成、调制/解调、编解码等功能集成于一个"中央基站集线器",并通过一条统一的接口将调制后的信号传输到远程的 RF 单元,便有了 BBU 和 RRU 分离的构架。BBU 和 RRU 之间通过通用公共无线电接口(CPRI)和开放式基站标准计划(OBSAI)连接,一个 BBU 可以为多个 RRU 提供基带资源池。如图 8-58 所示。

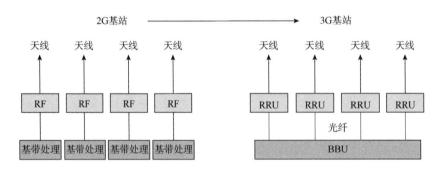

图 8-58 2G 到 3G 基站的网络架构变化示意图

这一模块式的基站构架不仅降低了建网成本,提升了网络扩容升级的灵活性,BBU 和 RRU 之间通过光纤连接,还避免了传统馈线远距离传输带来的高损耗。

4)4G:传奇 Single RAN

4G LTE 强调演进,所以,4G 基站的名称就在 NodeB 前面加了一个 evolved(演进),即 eNodeB(演进型 NodeB)。如图 8-59 所示。

进入 4G 时代,软件无线电不只为基站打开了一扇窗,还打开了一扇门。

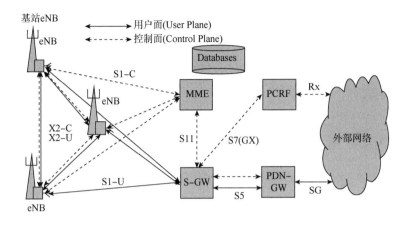

图 8-59 4G 网络基本构架示意图

MME-Mobility Management Entity,移动管理实体;S-GW-serving Gateway,服务网关;PDN-GW-Packet Data Network Gateway,分组数据网网关;PCRF-Policy and Charging Rules Function,策略与计费规则功能单元;eNB-E-UTRAN Node B,增强型陆地无线接入网节点 B

4G 时代的基站,最大的特点是 Single RAN,即一套设备融合了 2G、3G、4G 多种标准。Single RAN 同样应用了软件定义无线电技术,是继 BBU 和 RRU 分离后,移动基站的又一次重大变革,它进一步降低了基站的复杂性和建设成本。

5）5G:基站重构

如今进入 5G 时代,5G 支持超高速率、超低时延和超多连接,业务面向多样化,对基站提出新的要求:

（1）5G 基站前传带宽高达数百 G 至 Tbps,传统 BBU 与 RRU 间的 CPRI 光线接口压力太大,需将部分功能分离,以减少前传带宽。

（2）5G 面向多业务,低时延应用需更加靠近用户,超大规模物联网应用需要高效的处理能力,5G 基站应具备灵活的扩展功能。

与 4G 基站的 BBU+RRU 构架不同,5G 基站被重构为三部分:CU（中央单元）、DU（分布式单元）和 AAU/RRU（远端射频单元）。如图 8-60 所示。

RRU/AAU 与 DU 之间的网络称为前传,CU 和 DU 之间的网络称为中传,而 CU 到核心网之间称为回传。

这样的构架设计可以更好地促进 RAN 虚拟化,还可减少前传带宽,同时满足低时延需求。

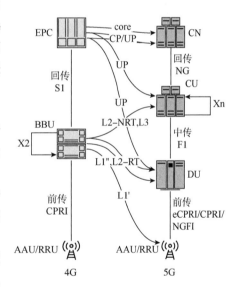

图 8-60 5G 基站重构

EPC-Evolved Packet Core,演进分组核心网;BBU-Base bandg unit,基带单元;CPRI-Common Public Radio Interface,通用公共无线接口;AAU/RRU-Active Antenna Unit/Radio Remote Unit,有源天线单元/远端射频单元;CP/UP-控制面/用户面;CN-Core Network,核心网;NG-Next Generation,下一代网络;CU-Center Unit,中央单元;DU-Distributed Unit,分布式单元;FI-Fronthaul Interface,前传接口;NGFI-Next Generation Fronthaul Interface,下一代前传网络接口

8.1.7 集群交换机

1.定义

交换机集群是两台或两台以上的交换机通过一定的方式相互连接。

2.交换机集群简介

对于交换机之间的连接,比较熟悉的应该有两种:一是堆叠,二是级联。级联的方式比较容易造成交换机之间的瓶颈,而堆叠技术可以增加背板速率,能够消除交换机之间连接的瓶颈问题,但是受到距离等的限制很大,而且对交换机数量的限制也比较严格。Cisco 公司推出的交换机集群技术,可以看成堆叠和级联技术的综合。这种技术可以将分布在不同地理范围内的交换机逻辑地组合到一起,进行统一管理。具体的实现方式就是在集群中选出一个 Commander(指挥官),而其他的交换机处于从属地位,由 Commander 统一管理。对于新的 Catalyst 3500 XL 系列中的 Catalyst 3512XL、Catalyst 3524XL 和 Catalyst 3508G XL 三个型号均可以成为 Commander,而对于被管理者,2900 系列和 1900 系列均可以加入交换机集群,使用 Cisco 公司最新的交换机集群技术将传统的堆叠技术提高到新的水平。

3.级联、堆叠与集群的区别

1)级联

级联可以定义为两台或两台以上的交换机通过一定的方式相互连接。根据需要,多台交换机可以以多种方式进行级联。在较大的局域网,如园区网(校园网)中,多台交换机按照性能和用途,一般形成总线型、树型或星型的级联结构。

城域网是交换机级联的极好例子。目前各地电信部门已经建成了许多市地级的宽带 IP 城域网。这些宽带城域网自上向下一般分为 3 个层次:核心层、汇聚层、接入层。核心层一般采用千兆以太网技术,汇聚层采用 1000M/100M 以太网技术,接入层采用 100M/10M 以太网技术,正所谓"千兆到大楼,百兆到楼层,十兆到桌面"。

这种结构的宽带城域网实际上就是由各层次的许多台交换机级联而成的。核心交换机(或路由器)下连若干台汇聚交换机,汇聚交换机下联若干台小区中心交换机,小区中心交换机下连若干台楼宇交换机,楼宇交换机下连若干台楼层(或单元)交换机(或集线器)。

交换机间一般是通过普通用户端口进行级联,有些交换机则提供了专门的级联端口(Uplink Port)。这两种端口的区别仅仅在于普通端口符合 MDI 标准,而级联端口(或称上行口)符合 MDIX 标准。由此导致了两种方式下接线方式的不同:当两台交换机都通过普通端口级联时,端口间电缆采用直通电缆(Straight Through Cable);当且仅当其中一台交换机通过级联端口级联时,端口间电缆采用交叉电缆(Crossover Cable)。

为了方便进行级联,某些交换机上提供一个两用端口,可以通过开关或管理软件将其设置为 MDI 或 MDIX 方式。更进一步,某些交换机上全部或部分端口具有 MDI/MDIX 自校准功能,可以自动区分网线类型,进行级联时更加方便。

用交换机进行级联时要注意以下几个问题:原则上任何厂家、任何型号的以太网交换机均可进行级联,但也不排除一些特殊情况下两台交换机无法进行级联。交换机间级联的层数是有一定限度的。成功实现级联的最根本原则就是任意两站点之间的距离不能超过媒体段的最大跨度。多台交换机级联时,应保证它们都支持生成树(Spanning-Tree)协议,既要防止网内出现环路,又要允许冗余链路存在。

进行级联时,应该尽力保证交换机间中继链路具有足够的带宽,为此可采用全双工技术和链路汇聚技术。交换机端口采用全双工技术后,不但相应端口的吞吐量加倍,而且交换机间中继距离大大增加,使得异地分布、距离较远的多台交换机级联成为可能。链路汇聚也称端口汇聚、端口捆绑、链路扩容组合,由 IEEE802.3ad 标准定义。即两台设备之间通过两个以上的同种类型的端口并进行连接,同时传输数据,以便提供更高的带宽、更好的冗余度以及实现负载均衡。链路汇聚技术不但可以提供交换机间的高速连接,还可以为交换机和服务器之间的连接提供高速通道。需要注意的是,并非所有类型的交换机都支持这两种技术。

2) 堆叠

堆叠(有的书上叫叠堆,含义完全相同)是指将一台以上的交换机组合起来共同工作,以便在有限的空间内提供尽可能多的端口。多台交换机经过堆叠形成一个堆叠单元。可堆叠的交换机性能指标中有一个"最大可堆叠数"的参数,它是指一个堆叠单元中所能堆叠的最大交换机数,代表一个堆叠单元中所能提供的最大端口密度。

堆叠与级联这两个概念既有区别又有联系。堆叠可以看作级联的一种特殊形式。它们的不同之处在于:级联的交换机之间可以相距很远(在媒体许可范围内),而一个堆叠单元内的多台交换机之间的距离非常近,一般不超过几米;级联一般采用普通端口,而堆叠一般采用专用的堆叠模块和堆叠电缆。一般来说,不同厂家、不同型号的交换机可以互相级联,堆叠则不同,它必须在可堆叠的同类型交换机(至少应该是同一厂家的交换机)之间进行;级联仅仅是交换机之间的简单连接,堆叠则是将整个堆叠单元作为一台交换机来使用,这不但意味着端口密度的增加,而且意味着系统带宽的加宽。

目前,市场上的主流交换机可以细分为可堆叠型和非可堆叠型两大类,而号称可以堆叠的交换机中,又有虚拟堆叠和真正堆叠之分。所谓的虚拟堆叠,实际上就是交换机之间的级联。交换机并不是通过专用堆叠模块和堆叠电缆,而是通过 Fast Ethernet 端口或 Giga Ethernet 端口进行堆叠,实际上这是一种变相的级联。即便如此,虚拟堆叠的多台交换机在网络中已经可以作为一个逻辑设备进行管理,从而使网络管理变得简单起来。

真正意义上的堆叠应该满足:采用专用堆叠模块和堆叠总线进行堆叠,不占用网络端口;多台交换机堆叠后,具有足够的系统带宽,从而保证堆叠后每个端口仍能达到线速交换;多台交换机堆叠后,VLAN 等功能不受影响。

3) 集群

所谓集群,就是将多台互相连接(级联或堆叠)的交换机作为一台逻辑设备进行管理。集群中,一般只有一台起管理作用的交换机,称为命令交换机,它可以管理若干台其他交换机。在网络中,这些交换机只需要占用一个 IP 地址(仅命令交换机需要),节约了宝贵的 IP 地址。在命令交换机的统一管理下,集群中多台交换机协同工作,大大降低了管理强度。例如,管理员只需要通过命令交换机就可以对集群中所有交换机进行版本升级。

集群技术给网络管理工作带来的好处是毋庸置疑的,但要使用这项技术,还应当注意到,不同厂家对集群有不同的实现方案,一般厂家都是采用专有协议实现集群的。这就决定了集群技术有其局限性。不同厂家的交换机可以级联,但不能集群。即使同一厂家的交换机,也只有指定的型号才能实现集群。例如,CISCO 3500XL 系列就只能与 1900、2800 、2900XL 系列实现集群。

交换机的级联、堆叠、集群这三种技术既有区别又有联系。级联和堆叠是实现集群的前提,集群是级联和堆叠的目的;级联和堆叠是基于硬件实现的;集群是基于软件实现的;级联和堆叠有时很相似(尤其是级联和虚拟堆叠),有时则差别很大(级联和真正的堆叠)。随着局域网和城域网的发展,上述三种技术必将得到越来越广泛的应用。

8.1.8 调度台的使用

1.调度台的基本概念

调度台为电力调度系统专用的调度电话进行交换的语音前台设备。

调度台是调度交换机的前台设备,主要进行电力调度语音通信。

2.调度台的组成及功能

调度台是交换机系统的一个有机组成部分。

调度台通话部分(电话机)和操作键盘,均采用模块化结构,便于叠加和扩充。

调度台上所有的键都可以通过编程设置,或指定一种功能(功能键),或指向网络中一个调度目标(调度分机)地址(调度键)。如图 8-61 所示。

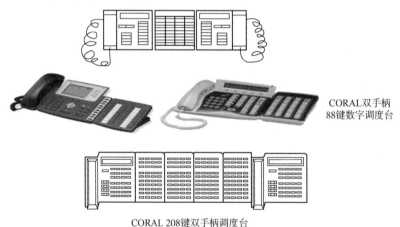

CORAL双手柄 88键数字调度台

CORAL 208键双手柄调度台

图 8-61　调度台图示

调度台的主要功能见表 8-3。

表 8-3　**调度台的主要功能**

序号	功能名称	功能描述
1	调度台接口	采用 IP 接口,可选
2	模块化结构	调度台通话部分(电话机)和操作键盘,均采用模块化结构,便于叠加和扩充
3	键编程功能	调度台上所有的键都可以通过编程设置,或指定一种功能(功能键),或指向网络一个调度目标(调度分机)地址(调度键)
4	调度台主屏显示功能	调度台主屏(液晶)实时显示:调度台名称、号码、日期、时间、调度台操作状态、占用中继、通话对方的号码和名称、来话去话呼叫记录、语音留言、系统告警索引等信息

续上表

序号	功能名称	功能描述
5	一键到位寻址功能	调度员点击一个调度键(不再点击其他功能键),即可完成对该调度分机的呼叫连续
6	调度键对位显示功能	每个调度键都可对位显示(通过键灯或液晶键面)所指向的调度分机的状态(静态、振铃、通话、保持、闭塞等)
7	允许多路呼入功能	调度台在通话过程中不示忙,允许第三个、第四个…调度分机呼入
8	呼叫保持功能	调度台在接收到两个以上呼叫时,可以通过堆栈或排队方式进行呼叫保持。调度员可在保持的呼叫中,任意选择通话对象和通话顺序
9	双手柄通话功能	调度台双手柄可设置成一主一副或对等方式。双手柄公用键盘,可同时实现与两个不同的调度分机通话,也可与同一个调度分机进行三方通话
10	手柄之间的通话转换	对于双手柄调度台,调度员用手柄A与一个调度分机通话,对应调度键灯长亮。 此时,如果另一个调度员拿起手柄B,点击点亮的通话键,即构成双手柄与调度分机的三方通话。挂上手柄A,即实现了调度台手柄之间的通话转换
11	免提通话功能	调度台有内置扩音器和麦克风,具备免提通话功能。免提通话的音量可调
12	手柄送话、扩音受话的组合通话功能	调度台可实现手柄送话,免提扩音器受话的组合通话功能。用于多人在调度台侧会同处理一个重要调度业务或事故的特殊场景
13	自动应答功能	调度员激活此功能,接听来话无须任何操作。通话完毕,对方挂机,调度台自动恢复静态。 此功能可确保调度员在腾不出手来接听电话时,仍能正常完成调度通话。 此功能的激活与关闭,通过调度台上一个编程设置的功能键来完成
14	头戴式耳麦	调度台可外接头戴式耳麦,实现手柄的通话功能。此时,叉簧的摘挂机控制,由一个定义的键来完成
15	一键组合功能	调度台可将调度分机划分成一个个小组,在各分机调度键之外,再增设组呼键。 调度员点击组呼键,即可向该组的所有用户发起呼叫(振铃)。该组调度分机摘机应答。调度员即与这组成员构成多方通话。 拆线操作:调度台再次点击该组呼键,或者该组所有调度分机挂机。 本功能不影响调度员对单个调度分机一键到位的单呼操作
16	单呼叠加功能	调度员在与一个(或多个)调度分机的通话过程中,可再次点击其他调度键,向其他调度分机发起呼叫。 被呼叫的调度分机摘机,加入调度台建立的多方通话之中。实现了调度台的呼叫叠加功能。 调度员连续点击多个调度分机键,即可召集起一组临时调度电话会议

续上表

序号	功能名称	功能描述
17	组呼叠加功能	与单呼叠加同样的操作,调度员点击组呼键,即可实现组呼叠加功能。调度员连续点击多个组呼键,即可以召集起一组临时调度电话会议
18	电话会议功能	点击调度台上会议功能键,召开一组固定成员参加的调度会议。调度台作为会议召集方,具备发言控制、会议结束控制等功能
19	裁减通话成员	调度台在与多个调度分机通话的过程中,有权实时裁减通话中的任何一个成员。调度员只需点击该调度分机键,该分机立即退出通话(听忙音),键灯熄灭。其他成员与调度台之间的通话仍然保持
20	网络强插功能	中心调度台可设置成最高级别,有权在整个网络(多级网络,结构不限),对正在与第三方通话中的目标分机进行强制插入接续,加入正在进行的通话
21	网络强拆功能	中心调度台可设置成最高级别,有权在整个网络(多级网络,结构不限),强制拆断低级别分机与第三方的通话(中继忙拆中继,分机忙拆分机),强制接通目标分机
22	调度台组群功能	多调度台可设置成调度台群。调度台群的模式有: (1)对等功能群。群众所有调度台功能对等,无主、副之分。 (2)主副座席群。对于呼入来电,调度台按指定的主副顺序响铃、接听。主、副座席具备同等的呼出功能。 (3)寻线群(HUNT)。群中所有调度台功能对等。对于呼入来电,调度台按指定的顺序循环响铃,摘机应答。 (4)夜间警铃群(BELL)。夜间发生对调度台的呼叫,机房警铃响。调度台群中任意调度台皆可摘机应答这个呼叫。 (5)允许调度台其他群设置模式
23	调度台呼叫代答功能	一个调度台振铃时,其他调度台均可点击一个设置好的代答键,进行应答、通话
24	电话语音广播功能(单向)	调度员点击语音广播功能键,用话机手柄即可向指向定的多台调度分机(由编程设定)发起语音呼叫。处于接听端的调度分机(数字话机)无须摘机应答,通过话机喇叭即可以收听广播
25	呼叫转接功能	调度员可将正在进行的通话,转给其他调度台或调度分机
26	呼叫转移功能	调度员激活此功能,可将呼叫转移到指定的其他调度台或分机。 调度员关闭此功能,调度台回复正常呼叫。 呼叫转移条件:遇忙、久叫不应、呼叫前转、无条件转移等
27	追查恶意呼叫功能	调度台激活此功能,可以锁定恶意呼叫的主叫信息,供管理维护人员查找
28	区别振铃功能	调度台可用不同的铃声来区别来话端用户的属性,如上级调度台、主管部门、调度分机等
29	静默监听功能	激活此功能,调度台可对指定的下级调度分机的通话全过程进行静默监听

续上表

序号	功能名称	功能描述
30	调度台移动手机功能	调度台具备移动手机(DECT 微蜂窝手机或 Wi-Fi IP 手机),用来代替一个手柄,完成调度台呼出、呼入接续。满足调度员离开座位,靠近仪表、屏幕等显示系统实现调度通话
31	常规电话功能	调度台具备普通电话分机的常规调度功能,如定时、闹钟、呼叫等待、日期时间设置、遇忙回叫、呼出限制、截接服务、免打扰等

3.调度台的作用

调度台作为现代化管理建设不可或缺的设备之一,已成为每个城市和企业不可或缺并且不断去提升的重要因素。控制中心、监控中心、指挥调度中心等都是现代管理建设的重要组成部分。一个现代化管理的控制中心、监控中心、指挥调度中心内部配置了各种设备,可以更方便地监控和管理;达到统一指挥、管理、高效响应的主要目的。控制台是控制中心最具代表性的配备之一,是一种专为监控室、控制中心、指挥调度中心内摆放设备及清理线路的机壳设备。

单元 8.2 其他无线设备的认知

学习任务

了解无线传输的定义和无线传输的通信原理;掌握无线传输通信比有线传输通信的优势;理解微波通信与卫星通信的相关概念和技术;掌握无线集群移动通信系统的发展概况,熟悉目前主流的数字集群移动通信系统,并了解各系统的特点;掌握地铁中各子系统之间的相互通信。

问题引导

各行各业的大系统是如何工作的?地铁在当今可以实现无人驾驶,车-地通信与人-车通信是怎样联系起来的?无线通信的技术又将如何发展?

知识学习

8.2.1 车-地通信系统

随着我国城市轨道交通规模的快速发展,支撑列车安全运营的生产业务需求也在不断增加。为了保证列车正线高效安全运营,目前列车都有配置列车网络控制监控系统。该系统作为列车的"大脑",能够实现对列车运行状态车载实时监控与控制功能,对于司机安全驾驶起到关键作用。

列车网络控制监控系统通过工业现场通信总线获取列车各系统主要运行状态数据,实现对列车车载实时监控,但是由于监控数据无法远程实时传输到地面,地面运营维护人员无法远程实时获取列车运行状态,当在线运行列车出现牵引等关键系统故障时,目前依靠的技术手段主要是司机现场对故障的应急判断与处理,有可能出现司机误判列车故障等级,采取清线下客等不当故障处理方式的情况,对列车正常运营影响较大。

车-地无线传输系统将轨道交通车辆(动车、地铁、有轨电车等)的运行状态信息和故障信息实时传递到运营监控中心,并对信息进行实时分析处理,实现对车辆运行状况的全程跟踪及故障报警预警。通过数据的积累,逐步建立起完整的车辆运营、检修、故障履历数据中心,通过统计分析和数据挖掘,提供车辆维修与快捷服务的决策支持,有效实现车辆维护信息化、现代化。实物连接示意图如图 8-62 所示。系统结构示意图如图 8-63 所示。

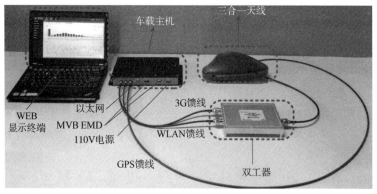

图 8-62　车-地通信实物连接示意图

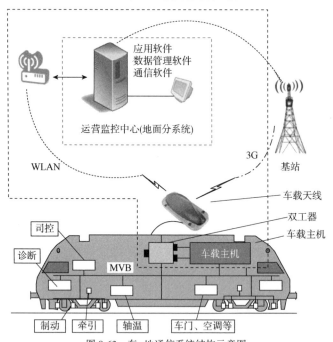

图 8-63　车-地通信系统结构示意图

车-地通信系统(Train-Ground Communication System,TGCS)分成两大部分:地面分系统和车载分系统。

1.地面分系统简介

1)基于 B/S 架构

通过 Web 方式访问应用软件,无须安装客户端,有权限的用户都可以通过任意电脑上的浏览器登录系统。紧急情况下,多地专家对故障会诊,每个人获得的信息通过后台保证是一致的,避免信息的错误传递。

2)友好的用户体验

应用软件操作简单,支持多种可视化视图、实时图形化显示,支持多种统计分析功能,并以图表等形式直观展现。

3)强大的后台处理能力

可接收多台车载终端高并发数据传输,并及时分发处理;基于 Hadoop 的大数据存储、分析平台,无缝扩容、自动备份,多台计算机节点并行运算。

2.车载分系统

1)总线监听

(1)具有车辆总线 MVB EMD 接口,实现对车辆 MVB 总线数据的实时监听。

(2)具有以太网接口,实现对车辆以太网总线数据的实时监听。

2)无线传输

(1)车载设备同时支持 3G 和 WLAN 两种无线传输方式。

(2)3G 网络用于运行中实时发送监测数据。

(3)WLAN 网络用于将本机存储的数据发送至服务器。

3)车辆定位

具备 GPS 定位功能。

4)数据本地存储

车载设备具有本机存储功能,可根据用户需要定制不同存储容量。

5)灵活的安装方式

一体化结构设计,体积小,方便安装在车辆内部紧张的空间内。

6)符合国际标准

(1)EN50155。

(2)EN61373。

(3)EN50121。

(4)IEC60571。

车载分系统的实物连接示意图如图 8-64 所示。

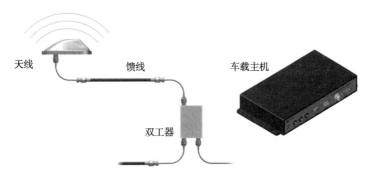

图 8-64 车载分系统的实物连接示意图

3.车-地通信系统实现的技术方案及特征

车-地无线通信系统,包括车上数据系统、地面数据系统和车地通信系统。车上数据系统包括车载视频数据记录系统、列车运行数据记录系统,车-地通信系统包括移动网络通信系统、无线通信系统。车载视频数据记录系统通过移动网络通信系统与地面数据系统通信,列车运行数据记录系统可通过移动网络通信系统或无线通信系统与地面数据系统通信。

(1)车载视频数据记录系统包括驾驶室视频记录装置、行车记录仪视频记录装置以及用于视频数据缓存的视频服务器,所述驾驶室视频记录装置、行车记录仪视频记录装置均与视频服务器进行数据通信。

(2)移动网络通信系统为 4G 通信系统。

(3)无线通信系统包括设置在车上的车载 AP 天线,以及沿车辆段库内设置的库内轨旁 AP 天线。

(4)车上数据系统进一步包括车载数据记录发送仪,车载数据记录发送仪与列车控制及管理系统 MVB 总线及 PIS 以太网总线通信,以获取车载视频数据记录系统和列车运行数据记录系统的数据;车载数据记录发送仪进一步与移动网络通信系统、无线通信系统通信,以向地面发送车上数据系统记录的数据。

(5)车载数据记录发送仪经 4G 路由器与 4G 通信系统通信。

其中,车载数据记录发送仪经车载以太网与车载 AP 网关通信,并经车载 AP 网关与 AP 天线通信。

(6)车载 AP 天线设置在头车或尾车。

(7)库内轨旁 AP 天线之间通过光纤进行通信。

(8)地面数据系统包括数据交换机、地面服务器;所述地面交换机与移动通信系统及无线通信系统通信,以获取车载视频数据及列车运行数据。

与现有技术相比,本技术方案的优点和积极效果在于:

(1)采用多功能车辆总线(MVB 总线)通信技术实现数据记录与发送仪对列车关键系统所有信号数据监听记录功能。MVB 通信总线作为列车车辆可靠数据通信总线,通过 MVB 总线实现机车内部各节点之间的数据交换,保证机车安全高效的数据通信机制。

(2)采用 4G 公网无线数据传输技术,实现列车实时状态数据及故障数据的无线上传功能。借助运营商数据传输通道,技术成熟度高,网络覆盖好,具有使用灵活方便的特点。

(3)采用 WLAN 无线局域网数据传输技术,实现列车非实时运行状态数据文件无线上传功能。WLAN 无线局域网具有数据传输速率高的优点,非常适合列车回库后,大批量记录文件,实现短时间内快速下载功能。

(4)系统采用 B/S 模式架构实现地面监控系统平台对列车运行状态实时监控及数据分析功能。

城轨地铁车-地无线传输系统设计弥补了网络控制监控系统车载数据信息无法远程传输监控的不足,实现列车运行状态数据、故障数据、列车视频监控数据 4G 正线无线上传及非实时运行数据文件 WLAN 库内无线下载功能,通过收集多种类型列车数据,实现地面对列车运行状态远程综合监控分析功能,从而为列车运行提供远程专家技术支持和远程诊断。

8.2.2 轨旁AP

随着无线通信技术的发展,基于自由空间传输的无线传输技术在CBTC(基于通信的列车控制)系统中得到了应用,无线的频点一般采用共用的2.4GHz或5.8GHz频段,采用接入点(AP)天线作为和列车进行通信的手段。AP的设置需保证区间的无线重叠覆盖。自由空间传输的无线具有自由空间转播,对车载通信设备的安装位置限制少;传输速率高;实现空间的重叠覆盖,单个接入设备故障不影响系统的正常工作;轨旁设备少,安装与钢轨无关,方便安装及维护的特点。

轨旁AP由电源模块、调制解调器、防雷模块、外壳箱体等组成。根据车-地传输媒介的不同,AP点布置间距不同,相对用定向天线传输的AP点布置较密,直线区段250m左右安装1个轨旁AP,但在曲线地段,需要测试调整,以满足无线的重叠覆盖,以保证当1个AP发生故障时,不影响信息的传输。

如果采用漏缆或波导管的传输方式,AP点的布置主要限制于漏缆和波导管的传输衰耗,但安装漏缆和波导管工作量较大,且后期维护费用较高。

在各车站管辖范围内,AP设备的光缆连接至交换机不存在距离传输的限制,AP设备的电源电缆连接到信号设备室内的分线盘处,但电源电缆由于距离的原因存在压降。

8.2.3 波导管

1.波导管的概念

波导管用来传送超高频电磁波,通过它,脉冲信号可以以极小的损耗被传送到目的地,是一种空心的、内壁十分光洁的金属导管或内敷金属的管子;波导管内径的大小因所传输信号的波长而异;多用于厘米波及毫米波的无线电通信、雷达、导航等无线电领域。漏隙波导管是一种车-地双向数据传输的无线信号传输媒介,具有传输频带宽、传输损耗小、可靠性高、抗干扰能力强等特点。漏隙波导管为中空铝质矩形管,顶部朝车辆天线方向等间隔开有窄缝,使得无线载频信息沿波导管裂缝向外均匀辐射;在波导管附近适当位置的无线接收器,可以接收波导管裂缝辐射的信号,并通过处理得到有用的数据。

2.波导管的工作原理

与国家高速铁路信号系统车地无线信号双向传输采用GSM-R模式不同,在地铁信号中,多采用定向天线、漏泄电缆和裂缝波导管模式。在上述三种模式中,裂缝波导管模式因其传输频带宽、传输损耗小、可靠性高、抗干扰能力强得到较广泛应用。比如2012年底初步开通运行的上海地铁16号线信号系统车-地无线信号双向传输即采用此模式。波导管可分为普通波导管和裂缝波导管两种。普通波导管是一种空心的、内壁十分光洁的金属导管或内敷金属的管子,波导管用来传送超高频电磁波,常见横截面形状有矩形和圆形,通过它的脉冲信号可以以极小的损耗被传送到目的地。波导管内径的大小因所传输信号的波长而异。波导管在电路中呈现高通滤波器的特性:允许截止频率以上的信号通过,而截止频率以下的信号则被阻止或衰减。

3.地铁信号系统中的波导管

(1)地铁信号系统中使用的波导管构件有三种,可用长度分别为11.767m、3.044m、

1.031m;最短的长度仅用于调节波导管区段,最长的长度为常用尺寸。波导管的横截面的长和宽分别为 10.2cm 和 5cm,对角线长度为 11.36cm,在其上部每隔 6cm 有一个 3cm×2cm 的长方形孔洞,这种构造既有利于向车载天线发射信息,又有利于从车载天线接收信息。用它可以构成几米到最长 600m 的波导管区。

(2)波导管与其他设备的连接:与波导管连接的上一级设备是耦合单元(CU),与 CU 连接的设备是轨旁无线设备(TRE)。TRE 是应用于车-地之间进行信号数据传输的轨旁无线设备。TRE 由 4 个功能模块组成,分别为一个红网线路可替换单元(LRU,用于通过耦合单元 CU 连接波导管),一个蓝网线路可替换单元(LRU,用于通过耦合单元 CU 连接波导管),一个供电模块和一个熔纤盒(用于将从信号设备室过来的光纤进行熔接)。每一个 LRU 都是由一个无线调制解调器、一个光电转换器和一个电源转换器组成的。耦合单元 CU 是一个由无源滤波器和耦合器组成的无源设备,有两种类型的耦合单元,分别为一端口入一端口出和一端口入两端口出。耦合单元及波导管中的信息传输是双向的,既能将无线调制解调器产生的 2.4GHz 信号发射出去,也能将车载天线发给波导管的信息通过数据传输系统(DCS)传回控制中心。波导管、耦合单元和 TRE 的连接方式如图 8-65 所示。

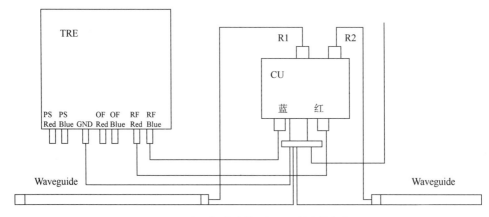

图 8-65 波导管、耦合单元与 TRE 的连接方式

4.波导管的安装

波导管可以安装在隧道顶部或者地面上,根据安装原则,实际工程中结合现场情况灵活确定。漏隙波导管的安装应保证漏隙波导管和列车无线天线的距离保持不变。为保证波导传播,漏隙波导管与车载天线的距离应该保持在 30~40cm。实际安装时,可根据车顶部天线距离轨面的高度以轨面为基础计算。安装过程中,需要用激光测距仪和激光角度尺不断进行复测和修正,以满足技术需求。

1)隧道顶部的安装

波导管如安装在隧道顶部,应采取膨胀螺栓固定支架波导管悬挂的方式。根据隧道顶部距离轨面的高度不同,可以选取不同长度的支架,确保波导管与轨面的距离符合技术要求。

安装原则:每段波导管从靠近 AP 点的一侧安装固定支架,滑动支架每隔 4m 一个。每个支架与连接法兰盘的距离需要大于 200mm。每段波导管之间需要有 50~80cm 的间距。在岔区或站台,波导管末端附近应分别安装适用于岔区或站台的天线,并用同轴电缆连接。

在隔断门处中断波导管连接,在波导管末端的 TGC 上安装小型全向天线。

2) 地面的安装

波导管如安装于隧道地面,应采取膨胀螺栓固定支架支撑波导管的方式。根据线路条件,安装时采用可调高度的支架,以确保波导管与轨面的距离符合技术要求。

安装原则:每段波导管从靠近 AP 点的一侧开始安装固定支架,滑动支架每隔 3m 一个。每个支架与连接法兰盘的距离需要大于 200mm。每段波导管间距需要有 50~80cm。在岔区,根据岔区线路布置,利用同轴电缆穿管过轨,分别连接安装在轨道左侧或右侧的波导管,确保岔区无线传输的不间断;在站台,波导管贯穿安装。隔断门处中断波导管连接,在不到管末端的 TGC 上安装小型全向天线。

5. 波导管设备调试

安装后要进行波导管的传输性能测试,测试不合格的区段要及时进行故障排查,保证传输通道稳定可靠。测试的仪器采用高频信号发生器、微波测试仪、故障定位仪、10MHz~18GHz 传感器和功率计等。

1) 回声测试

回声测试可以了解波导管内是否有异物、金属屑或者碎片,保证被检查的波导管内没有阻抗破坏。测试时必须使用微波测试仪和故障定位仪,其原理是传输一个已知参数的高频信号到波导管中,然后测量返回的信号。如果另一端配备了高频负载的波导管,将不会有返回信号。图 8-66 为由 18m(6 个 3m)波导管组成的区段与其远端高频终端负载(TGC)失配的情况。

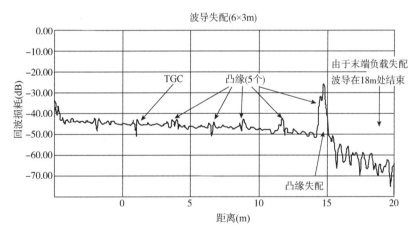

图 8-66　波导管组成区段与其远端高频终端负载失配示意图

根据波导失配情况,可以测出从测量起始点到回波的距离。这样通过检查最后一个返回信号的位置,就可以知道出现故障的地点,同时,也能验证整个波导管区段的长度。

如果波导管上没有组装 TGCC(波导管没有引出分支),回声测试始于第 1 个 TGC,到终端负载(或 TGC+全向天线)结束。如果波导管分段上安装了 TGCC(表明波导管分成 2 个分支),则每个分支都必须进行测试。断开 TGCC 的 1 个分支,在不测试的分支上加载 50Ω 的匹配负载,然后重新连接第 2 个分支到 TGC,同时在第 1 个分支上加载 50Ω 的匹配负载,就可以进行第 2 个分支的测试(注意:在对每个波导管分支进行测试时,需要在 TGCC 上给另一个分支接线端安装 50Ω 的匹配负载)。由图 8-66 可见,第 1 个 TGC 失配,造成随后 5 个凸缘失配,最后终端负载严重失配。凸缘、过渡件之间的失配不应大于 -20dB。可通过图形显示的回波信号读数进行检查。

微波回声测量比较难,环境不同结果也会不同。例如,回声测试中遇到的干扰可能是由于墙壁或测试者的位置高于波导管,或者波导管周围有其他器件干扰。

通过这些测量,可以确定出现主要故障的准确位置:波导管安装不正确或安装不合格;波导管损坏、破裂;波导管中存在异物;波导管内部某一位置有水;没有安装终端负载,或者终端负载损坏,或者功能异常等。

2) 传输测试

传输测试将验证被测波导衰减量。传输测量的原理是介入一个已知频率和强度的连续信号至波导管,然后在波导管终端测量接收信号的强度。在传输测试中需要对波导管的每个区段进行测试。接入和接收的信号强度差即本段波导管的传输衰减,波导管区段的末端衰耗应符合设计要求。

3) 车-地传输测试

完成地面设备的传输性能测试之后,需要进行列车车载设备利用波导管传输通道和地面设备的传输性能测试。

实训任务

本模块主要从以下几个方面对学生的学习进行评估:①学生能够对线缆和馈线的接续熟练掌握;②学生能够掌握调度台的功能和操作使用;③学生能够理解车-地通信系统的工作原理;④学生可以对无线 AP 和波导管的相关测试有正确的判断。

相关工作任务单详见书后模块 8 实训工单。

思考与练习

1. 填空题

(1) 无线集群通信系统是专用调度通信系统,使多个用户(部门、群体)共用一组无线电信道,并动态地使用这些信道的专用移动通信系统,其主要用于_____。

(2) 无线集群通信系统组网包括主站、基站、_____、移动台、_____。

(3) 按极化方式分类,天线可以分为水平(单)极化天线、_____、双极化天线。

(4) 光电耦合器是以_____为媒介传输电信号的一种电-光-电转换器件。

(5) 耦合器的重要指标是耦合度和插损。耦合度是耦合端口与输入端口的_____之比,插损是输出端口与输入端口的_____之比。

(6) _____是指在一定的无线电覆盖区中,通过移动通信交换中心,与移动电话终端进行信息传递的无线电收发信电台。

(7) 车-地无线通信系统,包括车上数据系统、地面数据系统和_____。

(8) 车-地无线通信系统将轨道交通车辆(动车、地铁、有轨电车等)的_____信息和_____信息实时传递到运营监控中心,并对信息进行实时分析处理,实现对车辆运行状况的_____及_____预警。

(9)轨旁 AP 由_____、_____、防雷模块、外壳箱体等组成。

2.判断题

(1)在无线通信系统中,天线是一种辐射和接收电磁波的金属导体系统,在通信链路中起能量转换作用(能量转换器)。（　　）

(2)按下倾方式分类,天线可以分为机械下倾天线和电调下倾天线。（　　）

(3)全向天线的定向辐射上旁瓣的角度较高,影响距离较近,很容易造成越区干扰。（　　）

(4)光电耦合器由发光源和受光器两部分组成,二者组装于同一密闭壳体内,彼此间绝缘隔离。（　　）

(5)馈线主要任务是有效地传输信号能量。（　　）

(6)基站天线有三种配置方式:发全向、收全向方式,发全向、收定向方式,发定向、收定向方式。（　　）

(7)车-地无线通信系统包括车上装置系统、地面装置系统和车地通信系统。（　　）

(8)波导管用来传送超高频电磁波。（　　）

3.画图题

画出地铁无线集群通信系统结构框图。

模块 9　城市轨道交通无线通信系统维检修与典型故障

知识目标:针对城市轨道交通系统,了解巡检工作中不同地点的不同验证方式,了解无线通信系统设备日常巡视的内容。了解无线系统测试的相关内容。掌握无线通信系统的常见故障方法,理解无线通信系统的典型故障处理思路,掌握无线通信系统的典型故障案例。

能力目标:针对城市轨道交通系统,通过巡检工作的内容,能够判断无线通信系统的常见故障,并根据常见故障的分析判断,找出典型故障处理思路,解决无线通信系统的故障问题。

素质目标:针对城市轨道交通系统,培养学生在工作中解决无线通信系统的故障能力,特别需要提高学生在遇到故障时,要具有冷静、逻辑归纳、分析问题、解决问题的能力。

模块总学时 14 学时＝6 理论学时＋2 实验学时＋6 实训学时。

本模块针对城市轨道交通无线通信系统,使学生主要了解巡检工作中的内容和方法,根据无线通信系统常见的故障、处理思路,能针对常见的无线通信系统的典型故障进行处理。

单元 9.1　无线通信系统设备概述

掌握无线通信系统结构框图,掌握无线通信系统的工作方式,了解 TETRA 的功能。

TETRA 如何在城市轨道交通中进行应用?

9.1.1　无线通信系统结构概述

城市轨道交通无线通信系统采用摩托罗拉公司研发的符合 TETRA 标准的数字集群通信系统——Dimetra IP 系统,它分别覆盖全部地铁线路、沿线各车站的站台和站厅、车辆段、停车场以及控制中心大楼,保证列车运行全程没有通信盲区,为调度员、列车司机、车站值班员、车辆段和停车场内的无线用户提供话音通信和数据通信。无线通信系统由交换控制中心设备、网管设备、调度台、基站、漏泄电缆、用户台、接口设备、光纤直放站等主要设备组成。

无线通信系统采用星形网络结构,数字集群交换控制设备都安装在控制中心设备机房内,基站通过传输系统提供的通道接入交换控制中心。

为了系统的高效运行,控制中心同时设置集群网络设备及网络管理设备,以完成系统参数和用户参数的设置管理及系统设备故障告警、事件存档记录的功能。网管系统除了完成标准的网管功能外,还具备告警信息输出接口,向集中监测告警系统提供无线通信系统的告警信息。为了完成无线用户与固定电话用户的通信,交换中心配备了电话互连接口。同时该系统还通过标准接口和地铁信号专业系统(ATS)、时钟系统、综合监控系统互联,使TETRA与地铁其他系统构成一个综合系统。

某城市轨道交通无线系统结构框图如图9-1所示。

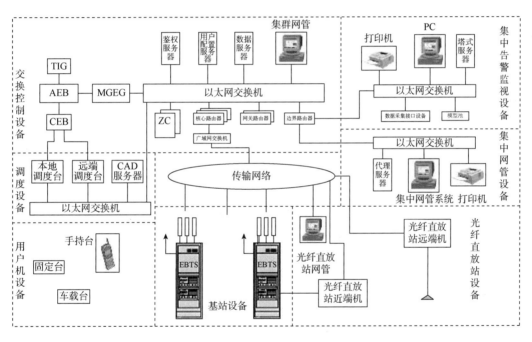

图9-1　某城市轨道交通无线系统结构框图

9.1.2　TETRA 功能

1.定义

TETRA 的含义是陆上集群无线电通信,是支持无线数字集群的开放标准,是一种基于数字时分复用无线系统技术标准及一系列已定义的开放接口、呼叫服务和协议的系统。

2.TETRA 所提供的基本模式

(1)电路模式,可用于发送话音和数据(V+D)。

(2)分组(包)交换数据优化模式,其有效数据传输率最高可达 36kbit/s。

(3)直通模式(DMO),是一种可以直接进行端对端通信的中继脱网模式。

3.TETRA 的特点

（1）能为应用提供必要的带宽，无须通过用户接口即可同时发送或接收话音和数据。

（2）在收发数据时，TETRA 允许最多可使用 4 个时隙，可支持慢速扫描视频和数字图形、图像传输、电子邮件、高分辨率传真、数字和文件发送等多种数据应用，最终实现与互联网的互联。

（3）可以动态地分配带宽，它允许一个链路最多容纳 4 个时隙。

（4）在 TETRA 中，每个基本时隙的通信能力为 7.2kbit/s，总体通信传输能力最高可达 28.8kbit/s。

（5）TETRA 在一个物理信道机内可以容纳 4 个时分信道，可以在不同的时隙内接收和发送数据，从而大大提高了无线电频谱的利用率。

（6）TETRA 还具有话音和数据加密功能，并支持开放式信令。

（7）TETRA 可以在同一技术平台上提供指挥调度、数据传输及电话服务。同时，TETRA 是执行一种数字标准，所以支持广域通信覆盖，传送的话音清晰。

4.TETRA 接口

TETRA 标准中确定了 9 种接口。

（1）系统空中接口。系统空中接口是一条数字无线路径，它具有以下功能：

①具有组（群）呼、私密呼叫、电话呼叫和无呼叫性能的标准化设备。

②能传输高达 256 字节用户数据的短数据业务。

③具有电路交换和分组数据交换业务，其范围包括从 2.4kbit/s 高保护度到 28.8kbit/s 无保护度的效率或吞吐量。

④登记功能系统始终知道移动台所在区域。

⑤安全性和鉴权功能。

（2）直通模式的空中接口。直通模式的空中接口也是一条数字无线电路径，能使用户之间无须经过基础设施就能直接进行相互通信。

（3）人-机接口。为了更方便地使用不同制造厂商的移动台，人-机接口能提供一系列标准键盘的用户操作功能。

（4）终端设备接口。终端设备接口是移动台和外围数据业务设备（如打印机、计算机或摄像机等）之间的一种接口。

（5）网关接口。网关接口能提供与 PABX 网络的连接。网关接口也可连接到诸如分组交换公共数据网（PSPDN）、互联网和团体内部网那样的数据网上。

（6）系统间接口。系统间接口是 TETRA 间的一种接口，能使不同制造商生产的设备成功地进行连接。

（7）网络管理单元接口。若多个 TETRA 经系统间接口连接在一起，则网络管理单元接口将只能限定在 ETSI 范围内。

（8）本地线路连接的终端接口和远端线路连接的接口。

本地线路连接的终端接口和远端线路连接的接口是系统和本地调度台或远端调度台之间的接口。TETRA 标准接口示意图如图 9-2 所示。

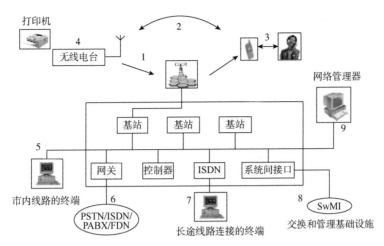

图 9-2　TETRA 标准接口示意图

1-系统空中接口；2-直通模式接口；3-人–机接口；4-终端设备接口；5-市内线路连接的终端；6-网关接口；7-长途线路连接的接口；8-系统间接口；9-网络管理单元接口

5.TETRA 多址方式

TETRA 采用时分多址复用方式。在 TETRA 中，每一个无线电载波，无论是上行链路还是下行链路都在时间上分为 4 个时隙。每一时隙都被用作一个物理信道，可用于话音和数据业务、信令或两者混合进行传输。上行链路和下行链路的时隙是相等的，上下行成对时隙在时间上错开相当于两个时隙的时间差。

6.TETRA 物理信道

TETRA 标准中，"物理信道"是指上、下行无线电载波上分配的时隙对。物理信道可以分为三种类型。

（1）控制物理信道。

控制物理信道（CP）仅能传输控制信道信息，在一个小区内控制物理信道只能占用某些特定分配的时隙。每一小区必须有一个载波被确定为主载波。主载波上的时隙 1 中的空置物理信道称为主控制信道。如果另外还有空置物理信道被分配在这个载波上，这些信道称为次控制信道。

（2）业务物理信道。

当时隙被分配给一个或多个移动台用作业务信道时，这个时隙就是业务物理信道（TP）。

（3）未分配物理信道。

当时隙未被分配给任何移动台时，这个时隙就是未分配物理信道。

7.TETRA 移动台和基站的发射功率等级

TETRA 设备的额定功率是指经过扰码处理后猝发比特串调制的射频发射信号的平均功率，不是指发射机长时间的平均功率。

1）TETRA 移动台的发射功率等级

TETRA 移动台发射功率有四个额定功率等级，见表 9-1。

表 9-1 TETRA 移动台发射功率与额定功率对应表

额定发射功率等级	额 定 功 率	额定发射功率等级	额 定 功 率
1	45dBm(30W)	3	35dBm(3W)
2	40dBm(10W)	4	30dBm(1W)

2) TETRA 移动台发射机自动功率控制等级

TETRA 移动台发射机自动功率控制等级,见表 9-2。

表 9-2 TETRA 移动台功率控制等级与指标对应表

移动台功率控制等级	移动台功率控制等级指标	移动台功率控制等级	移动台功率控制等级指标
1	45dBm(30W)	5	25dBm(0.3W)
2	40dBm(10W)	6	20dBm(0.1W)
3	35dBm(3W)	7	15dBm(30mW)
4	30dBm(1W)		

TETRA 标准为移动台设定了 7 个自动功率控制级别,只有等级 1 的移动台才可能在所有功率级别上工作。

3) TETRA 基站的发射功率电平

TETRA 基站的发射功率等级与每载波的额定功率对应表,见表 9-3。

表 9-3 TETRA 基站的发射功率等级与每载波的额定功率对应表

功 率 等 级	每载波的额定功率	功 率 等 级	每载波的额定功率
1	46dBm(40W)	6	36dBm(4.0W)
2	44dBm(25W)	7	34dBm(2.5W)
3	42dBm(15W)	8	32dBm(1.6W)
4	40dBm(10W)	9	30dBm(1.0W)
5	38dBm(6.3W)	10	28dBm(0.6W)

该功率是指天线接口处的功率,不代表发射机本身的输出功率。

8. TETRA 频率范围

目前,我国所用 TETRA 频率范围是 806MHz~866MHz,上行链路与下行链路分配如图 9-3 所示。

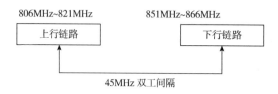

图 9-3 TETRA 上行链路与下行链路使用频率示意图

上行链路即移动台发射频段为 806MHz～821MHz。下行链路即基地台发射频段为 815MHz～866MHz。上行链路与下行链路双工频率间隔为 45MHz。城市轨道交通无线通信系统组成连接示意图如图 9-4 所示。

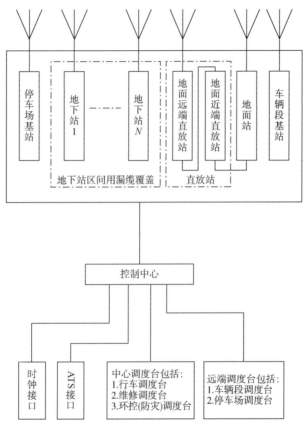

图 9-4 城市轨道交通无线通信系统组成连接示意图

9.1.3 典型城市轨道交通线路的无线通信系统原理及结构功能

1.北京地铁 1、2 号线无线通信系统构成及功能

移动交换中心是由以下系统组成(图 9-5)：①呼叫处理子系统；②网络管理子系统；③传输网络子系统；④调度子系统；⑤电话互连子系统；⑥数据库子系统。

各组成部分功能如下：

(1)呼叫处理子系统。

呼叫处理子系统由 MZC 3000 区域控制器构成，如图 9-6 所示，包含本区网络设备数据库及归属位置寄存器和访问位置寄存器，提供区域控制信号，负责处理呼叫并向移动台和调度台提供服务。

呼叫处理子系统主要功能有：提供全区集群控制；管理本区资源，托管 HLR/VLR 数据库，作为冗余区域控制平台，向 ATR 提供呼叫处理原始信息，智能切换。

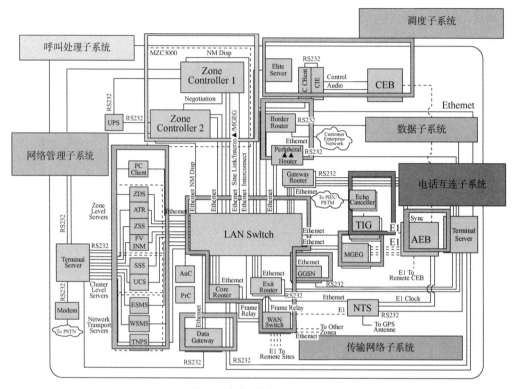

图 9-5 移动交换中心系统框图

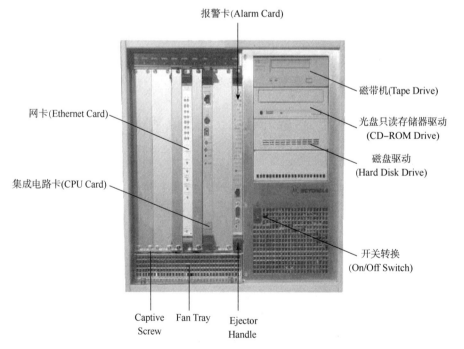

图 9-6 区域控制器构成

（2）网络管理子系统。

网络管理子系统如图 9-7 所示。其主要功能有：存储配置和统计数据；系统级+区级数据库和服务器；运行各种系统程序，支持系统运行系统数据管理。

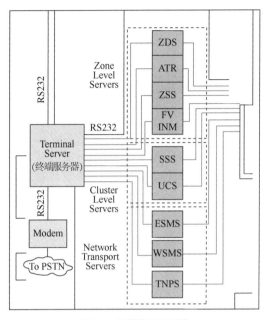

图 9-7 网络管理子系统

Zone Level Servers-区域级服务器；Cluster Level Servers-集群级服务器；Network Transport Servers-网络传输服务器；ZDS-Zone Database Server，区域数据库服务器；ATR-语音业务路由器；ZSS-Zone Statistics Server，区域统计服务器；FV INM-FullVision Integrated Network Monitoring，全视野综合网监视；SSS-System Statistics Server，系统统计服务器；UCS-User Configuration Manager，用户配置服务器；WSMS-Web Site Management System，网站管理系统；TNPS-Transmit Network Protocol Server，传输网络协议服务器；ESMS-Enhanced Systems Management Server，系统管理服务器

系统数据库：用户配置服务器数据库，区域统计服务器数据库，区级数据库，区级本地数据库，Full Vision 数据库，Elite 数据库（别名/调度席），鉴权数据库，预配置中心数据库。

系统数据库管理主要功能包括：

①用户接入控制设置：在用户配置管理器（UCM）中定义移动台和调度台的配置及接入权限；

②网络设备设置：在区域配置管理器（ZCM）和软件下载管理器（SWDL）中定义网络设备的配置和设置；

③别名设置：设置移动台和通话组的别名，该别名具有特定含义，供移动台和调度台使用；

④统计设置：设置统计系统占用和组件运行情况，用于动态报表、历史报表和计费等；

⑤加入设置：设置单个用户和通话组的加入显示；

⑥故障设置：设置设备和链路的状态与报警；

⑦安全设置：设置密钥和鉴权算法。

系统级服务器的组成：系统级服务器的组成如图 9-8 所示，包括用户配置服务器（UCS）；系统统计服务器（SSS）；区级数据库服务器（ZDS）；Full Vision 服务器；语音业务路由

器(ATR);区域统计服务器(ZSS);Elite 服务器(ADM/CDM);鉴权中心(AuC)(可选);预配置中心(PrC)(可选)。

用户配置服务器:作为 UCM 数据库的主机,将主区域图(home mapping)传送至区级数据库服务器,管理应用程序许可,SSS 的安装服务器。

系统统计服务器:可搜集每个区域的统数据,为系统历史报告提供数据。

系统级服务器:鉴权中心。存储和分配鉴权信息与密钥,包括冗余备用服务器,作为鉴权中心(AUC)客户端应用程序的主机,加密卡确保存储安全。

系统级服务器:预配置中心为系统级服务器,为移动台生成鉴权密钥,为移动台和 AUC 预配置静态密钥,将鉴权和密钥信息存储在磁盘中,与网络隔离。

图 9-8 系统级服务器的组成

区域级服务器的组成:区域器服务器的组成如图 9-9 所示,包括域数据库服务器(ZDS),Full Vision 服务器,话音业务路由器(ATR),域统计服务器(ZSS),Elite 服务器(ADM/CDM)。

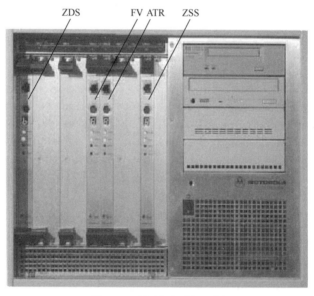

图 9-9 区域及服务器的组成

区级数据库服务器:托管调度中心数据库,管理应用程序许可和用户接入,对用户应用提供后端支持,作为备份时间服务器。

区域统计服务器:收集区域的统计信息,为调度中心的历史报表提供数据,在调度中心安装服务器。

Full Vision 服务器:定期轮巡设备状态,完成故障管理任务,托管 Full Vision 和路由器管理器。

话音业务路由器:为加入显示、RCM、区域视图(Zone Watch)和动态报表传送数据,为 ZSS 提供统计数据,传送 ATIA 数据。

Elite 服务器:作为调度台数据库管理器(CDM)和别名数据库管理器(ADM)应用的主机,调度台数据库管理器(CDM)为语音交换机(AEB)和中央电子柜(CEB)提供配置信息,数据库管理器(ADM)从 ZDS 下载别名信息。Elite Admin 服务器用于设置调度台配置文件的分配问题。

(3)传输网络子系统。

传输网络子系统包括局域网交换机、广域网交换机、核心路由器、网关路由器、退出路由器。如图 9-10 所示。

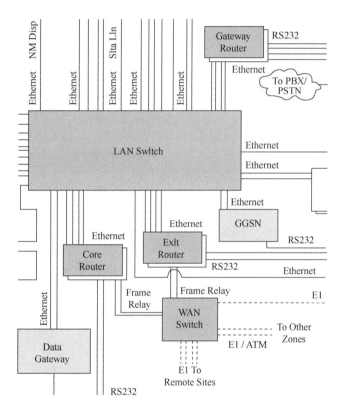

图 9-10 传输网络子系统架构图

LAN Switch-局域网交换机;Core Router-核心路由器;Exit Router-出口路由;Frame Relay-帧中继;Gateway Router-路由网关;WAN Switch-广域网交换机;E1 to Remote Sites-E1 口至远程站点;To Other Zones-至其他小区;其他英文参见附录 2

局域网交换机:提供面向服务器、客户机和主站路由器的接口,能够执行自测诊断,所有模块均支持热插拔,所有端口均自动启用,自动获取交换机的 16000 地址转发表中的网络地址,所有端口均实现全双工运行。如图 9-11 所示。

广域网交换机:面向核心路由器和退出路由器的高速串行接口,连接至其他区域的 E1 链路,连接至 EBTS/MBTS 站点的 E1 链路或 X.21 链路。如图 9-12 所示。

核心路由器(汇集点<RP>):核心路由器(汇集点<RP>)如图 9-13 所示。在移动交换中心和远程站点之间传送业务,每个路由器可支持 250 个信道;处理多播;为远程站点提供 E1 链路;由路由器管理器管理;移动交换局安装 2、4、6 台核心路由器。

图 9-11　局域网交换机实物

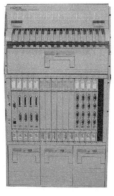

图 9-12　广域网交换机实物

图 9-13　核心路由器实物

出口路由器：出口路由器如图 9-14 所示。在多个域之间进行路由、管理汇集点，可通过 Router Manager 进行管理，每个 MSO 中安装两台。

网关路由器：网关路由器如图 9-15 所示。负责为下列设备的路由业务：区域控制器、摩托罗拉 Gold Elite 网关、电话互连网关、语音交换机（AEB）、数据网关。

网关路由器的主要功能为：在单独的 TLAN 上成对配置网关路由器（冗余），它们将多播业务与其所服务的各种主机隔离开来，由路由管理器负责管理。

图 9-14　出口路由器实物

图 9-15　网关路由器实物

网络时间服务器：网络时间服务器（NTS）如图 9-16 所示。其主要功能为：通过局域网传送网络时间协议包（NTP），提供 WAN 交换机和 AEB 之间 E1 时钟信息，ZDS 可作为辅助时钟服务器。

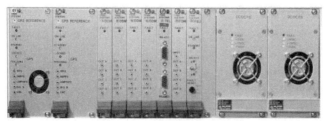

图 9-16　网络时间服务器实物

(4) 调度子系统。

调度子系统的结构连接示意图如图 9-17 所示,包括摩托罗拉 Gold Elite 网关(MGEG)、语音交换机(AEB)、中央电子柜(CEB)、调度台接口单元(CIE)。

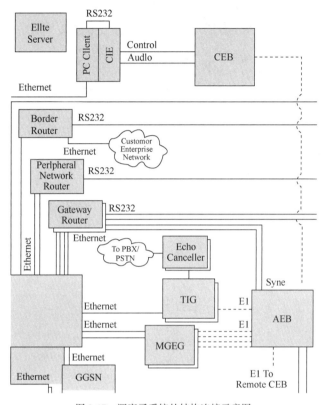

图 9-17 调度子系统的结构连接示意图

AEB-Audio Exchange Board 音频交换机;CEB-Central Electronics Bank,中央电子柜;MGEG-摩托罗拉 Gold Elite 网关;Elite server-站点服务器;PC client-个人计算机客户端(其他英文见附录2)

摩托罗拉 Gold Elite 网关(MGEG):位于 IP 网络与电路交换网络之间,负责局域网交换机和 AEB 网关间的语音业务路由、ACELP 和 PCM 编码转换,由区域控制器控制。如图 9-18 所示。

中央电子柜(CEB):包括 AEB 和调度席之间的接口,执行模数转换其可以安装在移动交换局,也可以安装在控制站点。如图 9-19 所示。

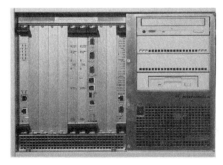

图 9-18 摩托罗拉 Gold Elite 网关(MGEG)实物

图 9-19 中央电子柜实物

调度台接口单元(CIE):为调度员提供语音接口,内置两个扬声器和PTT,连接CEB以传送语音信息,连接运行Elite调度程序的PC客户机。如图9-20所示。

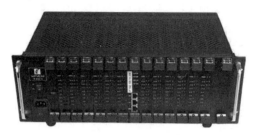

图9-20 调度台接口单元实物

EBTS基站:由TETRA站点控制器、信道机、射频分配系统、环境报警系统组成。如图9-21所示。

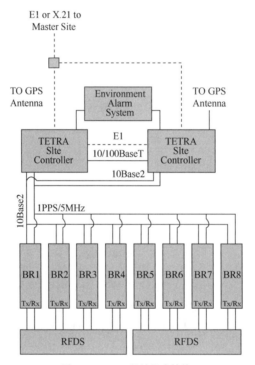

图9-21 EBTS基站组成结构

E1 or X.21 to master site-E1 或 X.21 至主站点;To GPS antenna-至 GPS 天线;Environment Alarm System-环境报警系统;TETRA site controller-TETRA 站点控制器

①TETRA站点控制器(TSC):管理站点业务,按照区域控制器的指令分配信道,根据需要完成本站集群操作;X.21及E1链路。如图9-22所示。

图9-22 TETRA基站控制器实物

②信道机:信道机的频率间隔为25kHz;支持收/发频率,提供4条TDMA信道,可选空中接口加密,接收器分集延长回传距离,由软件下载管理器上载软件。如图9-23所示。

图9-23　收发信机实物

③射频传输系统(RFDS):处理呼入/呼出射频信号,将呼出信号集中到一个天线,将传入信号传送至信道机。

④环境报警系统(EAS):收集站点环境报警、收集传自配电盘和RFDS的报警、监控站点电源和其他报警设备。

(5)电话互连子系统。

电话互连子系统组成:电话互连网关(TIG)、回波消除器(PBX)。如图9-24所示。

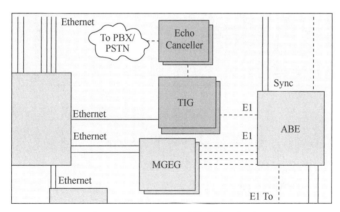

图9-24　电话互连子系统连接示意图

电话互连网关:为系统提供面向公网(PSTN)的接口;根据区域控制器的指示工作;为PBX提供Q-SIG控制信令;生成所要求的任何提示音;最高可支持30个同发呼叫;每个系统支持1套TIG,可扩展为2套TIG。如图9-25所示。

回波消除器:抑制来自PSTN的回波,为TIG和PBX之间的接口。如图9-26所示。

图9-25　电话互连网关实物　　　　　　图9-26　回波消除器实物

(6)数据子系统。

数据子系统组成:数据网关、GGSN、边缘路由器、外围网络路由器。如图9-27所示。

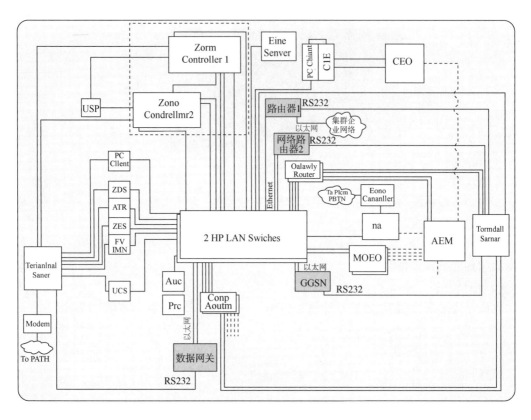

图9-27 数字子系统连接示意图

数据网关:支持分组数据和短数据业务,在EBTS/MBRS站点和GGSN节点接入企业网络(CEN);根据ISSI在移动台或外设之间传送短数据。

GPRS网关支持节点(MNR GGSN):建立面向客户企业网络的IP通道;实物图分别如图9-28和图9-29所示。

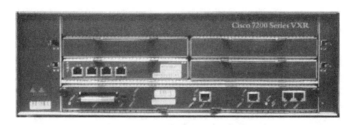

图9-28 网关支持节点接口实物图

图9-29 GPRS网关支持节点摩托罗拉GGSN-MNR S6000型号实物图

(7)网络管理组件。

专用网络传输管理(PRNM)应用程序包含:应用程序启动器、用户配置管理器(UCM)、区域配置管理器(ZCM)、软件下载管理器(SWDL)、区域视图(ZoneWatch)、对讲机控制管理器(RCM)、对讲机控制管理器报表、Fullvision、历史报表(Histrical Report)、动态报表(Dynamic Report)、加入显示(Affiliation Display)、ATIA事件记录浏览器(ATIA Log Viewer)、系统信息(System Profile)、区域信息(Zone Profile)、路由器管理器(Router manager)。

组织结构规划:包括对讲机用户、通话组、多组和调度台在内的系统的组织结构规划。

①进行组织结构规划时应考虑以下因素:对讲机的职能编组,对讲机用户、通话组、多组和调度台的号码与别名,控制信道分配,资源占用情况和指定信道的最大负荷,在现有通话组中增加用户的可能性,所需调度席的数量和增加调度席的可能性。

②制订用户管理计划利用组织结构规划的目的是:考虑每个用户,了解他们的需求,提供适当的通信功能;分析每个用户群和每个用户的要求;深入了解系统用户的业务流程;制订覆盖整个系统寿命周期的升级扩容计划。

③制订用户管理计划。

应确保以下网络实体之间的信息一致性:Ⅰ用户配置服务器(UCS)数据库;Ⅱ调度台;Ⅲ移动台。

用户管理涉及:

Ⅰ集群用户编程软件(CPS);

Ⅱ用户配置管理器(UCM);

Ⅲ别名数据库管理器(ADM)、调度台数据库管理器(CDM)。

用户类型:

Ⅰ对讲机用户;

Ⅱ调度人员;

Ⅲ网管员。

应用程序启动器:通过"开始"菜单或 Windows 浏览器启动;启动 PRNM 应用。如图9-30所示。

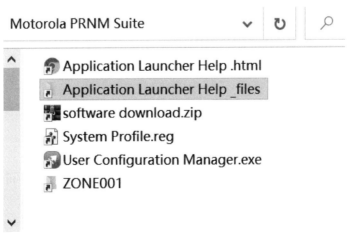

图9-30 应用程序组

用户配置管理器系统配置应用：系统参数、对讲机用户、通话组、网管员、CADI 用户、区域视图（Zone Watch）设置。如图 9-31 所示。

①用户信息（Subscriber Information）：个人用户和通话组在 UCM 中配置，各种信息表（Profile）可用于设置一般参数。

②用户配置管理器（ZCM）：ZCM 用于配置集群系统设备，如图 9-32 所示。

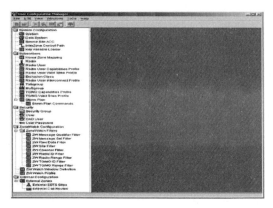 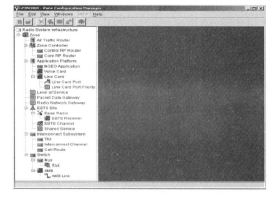

图 9-31　UCM 管理视图　　　　　　　　图 9-32　ZCM 管理视图

③软件下载管理器：传送并在 EBTS/MBTS 站点安装软件，能够将软件远程上载至 EBTS/MBTS 中的信道机和站点控制器，EBTS/MBTS 软件存放在光盘中，如图 9-33 所示。

④区域视图（Zone Watch）显示区域活动的视图窗口，如图 9-34 所示：单一站点/多个站点、信道、呼叫排队情况、原始信息显示、实时监控业务。

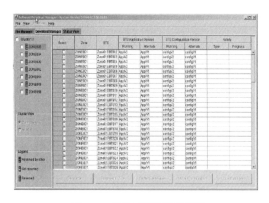 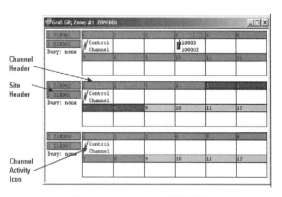

图 9-33　软件下载管理器视图　　　　　图 9-34　Zone Watch 软件视图

⑤对讲机控制管理器：监控对讲机活动、向对讲机发布命令、检测对讲机状态。如图 9-35 所示。

⑥对讲机控制管理器报表。

根据 RCM 提供的信息生成统计报表：目前登录情况、紧急报警、对讲机命令。数据可被导入 HTML 或带格式文本文件。如图 9-36 所示。

⑦Full Vision：是主要的故障管理工具、网络拓扑图、报警浏览器、Web 接口。如图 9-37 所示。

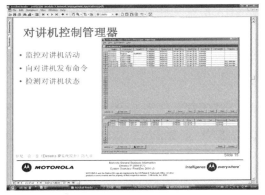

图 9-35 对讲机控制管理视图

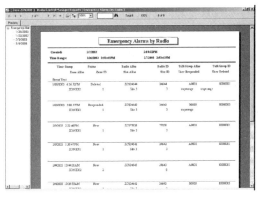

图 9-36 报表统计示意图

⑧历史报表：其功能有生成历史报表，在屏幕上显示报表或打印输出，统计报表可被导入 HTML 或带格式文本文件，利用报表调度程序可设置自动报表生成。如图 9-38 所示。

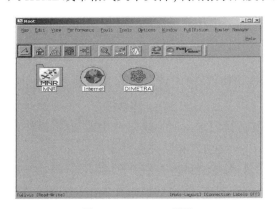

图 9-37 Full Vision 视图

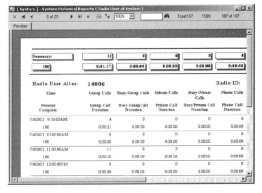

图 9-38 历史报表视图

⑨动态报表：其功能有以准实时方式显示活动情况，用户可定义报表类型（如站点占线次数），根据用户自定义的间隔刷新图形。如图 9-39 所示。

⑩加入显示：其功能有显示移动台和通话组所在的站点，显示从属于某通话组的移动台，图形化显示。如图 9-40 所示。

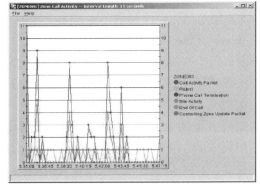

图 9-39 动态报表视图

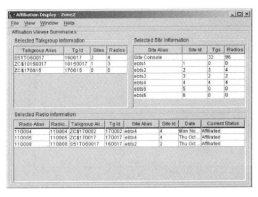

图 9-40 移动台管理查询视图

⑪ATIA 事件记录浏览器:其功能有显示原始 ATIA 消息文件,ATIA 登录必须在 ATR 中启用。如图 9-41 所示。

⑫系统信息:其功能有显示系统级应用程序调用情况,显示应用程序许可数量。如图 9-42所示。

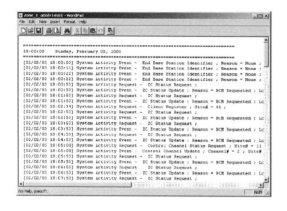

图 9-41　ATIA 日志视图

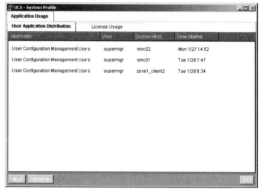

图 9-42　用户信息视图

⑬区域信息:其功能有显示区级应用程序的调用情况,显示区域内各种服务器的状况,显示服务器上安装的各种软件。

⑭路由器管理器:其功能有显示路由器状态和运行记录,备份/恢复路由器文件,操作系统和配置文件下载至路由器,重启路由器,管理 GGSN 路由器和网关路由器。

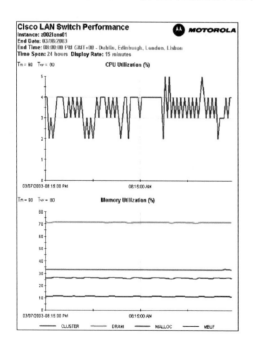

⑮传输网络性能应用程序 Infovista:其功能有生成报表和图表,监视局域网交换机、广域网交换机和路由器,显示日报表、周报表、月报表或年报表,包含 VistaPortal 网络应用程序。如图 9-43 所示。

⑯其他系统应用程序系统中各种不同的平台上运行的其他应用程序包括:Centracom Elite 调度程序,调度台数据库管理器,别名数据库管理器,文数式文本消息服务调度台程序。

Centracom Elite 调度程序,如图 9-44 所示。

调度员用于在屏幕上选择一个通话组、发起呼叫,将通话组派接到一起、将通话组添加至多选呼叫。在 Elite 调度台 PC 上运行。

调度台数据库管理器(CDM):用于配置语音交换机(AEB)、中央电子柜(CEB)和其他集群系统设备,在 Elite 服务器上运行。如图 9-45 所示。

图 9-43　网络性能显示视图

模块9　城市轨道交通无线通信系统维检修与典型故障

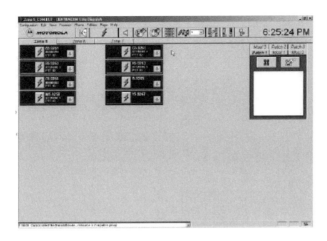

图 9-44　调度台界面视图

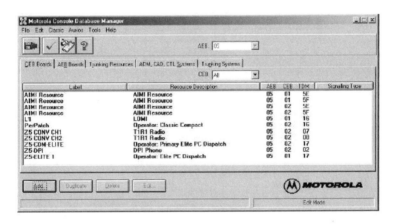

图 9-45　调度台数据库管理器(CDM)界面视图

别名数据库管理器(ADM)：从区级数据库服务器收集别名信息，并按照要求将收集到的别名信息发送至调度台；在 Elite 服务器上运行。如图 9-46 所示。

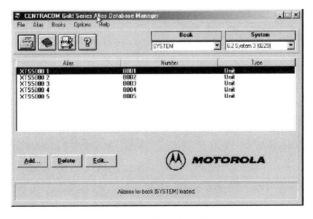

图 9-46　别名数据库管理器视图

文数式文本消息服务(ATS)调度台程序:其功能有支持调度员,向移动台发送和接收短数据消息,发送自定义文本消息或预定义。

2. 北京地铁 13 号线与八通线无线通信系统

(1)无线覆盖构成。

13 号线、八通线无线集群系统的无线覆盖采用基站加直放站的方式;13 号线、八通线全线采用铁塔天线方式辐射电磁波。

八通线:基站 2 个,直放站近端机 1 个、直放站远端机 3 个、电直放站 2 个。

13 号线:基站 3 个,直放站近端机 3 个、直放站远端机 5 个。

(2)系统组成。

北京地铁八通线无线通信系统如图 9-47 所示。

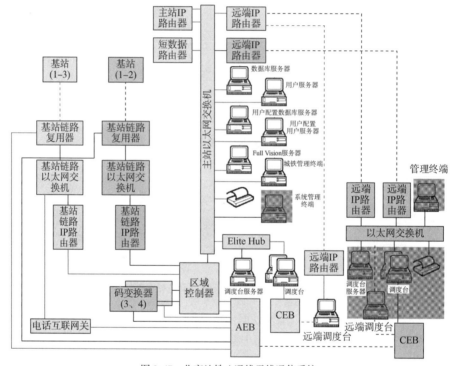

图 9-47　北京地铁八通线无线通信系统

3. 北京地铁 5 号线、10 号线无线通信系统

北京地铁 5 号线南起宋家庄,北至天通苑北(原太平庄北),设基站 19 个、控制中心 1 个、车辆段 1 个、停车场 1 个、直放站一套。

10 号线无线通信系统是在 5 号线系统基础上的扩容,扩容后系统如图 9-48 所示。

4. 北京地铁机场线无线通信系统

在东直门车站、将台路所、车辆基地分别设置 TETRA 数字集群移动通信基站,并分别设置光纤直放近端机,共 3 台;在三元桥站、T2 站、T3 站、东直门至三元桥区间、过五元桥隧道、北皋所、苇沟所、车辆段至 T2 站的隧道区间设置光纤直放远端机,共 9 台;在车辆基地设置 3 个调度台;在小营控制中心设置 2 个调度台。另外,在车辆基地设置网管设备,完成对系统设备的管理。如图 9-49 所示。

模块9 城市轨道交通无线通信系统维检修与典型故障

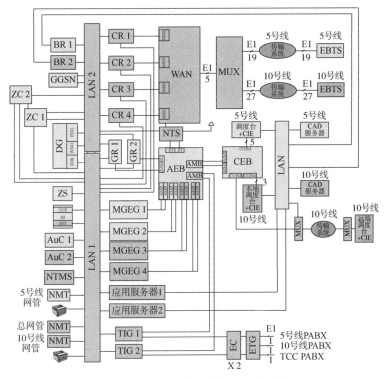

图 9-48 北京地铁 10 号线无线通信系统

LAN-以太网交换机；WAN-广域网交换机；ZC-节点控制器；GR-网关路由器；CR-核心路由器；BR-边界路由器；ZS-节点服务器；SS-系统服务器；SSS-系统统计服务器；NTMS-网络传输管理服务器；DG-数据网关；MGEG-编解码器；AEB-音频交换机；CEB-中央电子柜；TIG-电话互联网关；EC-回声消除器；ETG-电话路由网关；AUC-鉴权服务器；NMT-网络管理终端；NTS-NTP 服务器；MUX-复用器；GGSN-GPRS 网关支持节点

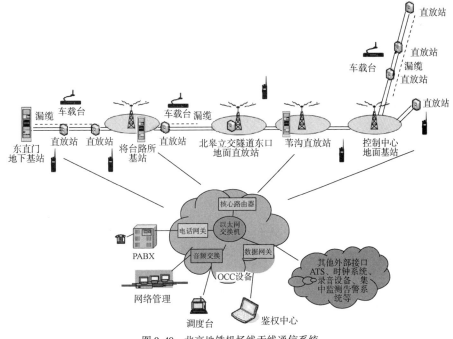

图 9-49 北京地铁机场线无线通信系统

5. 北京地铁各线路无线终端设备介绍

1) 车载电台

地铁无线移动通信系统,在列车头尾各设一部车载电台。车载电台主要由主机、电源、控制面板、天馈系统组成。车载台原理示意图如图 9-50 所示。

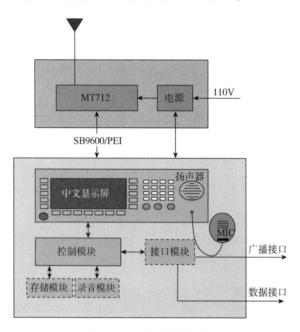

图 9-50　车载台原理示意图

2) 固定电台

在车站综控室和车辆段(停车场)运转室安装的固定台由主机、电源、控制面板、天馈系统组成,实物如图 9-51 所示。

3) 手持台

地铁无线系统的手持台大部分为 MTP850 型,少部分为 MTP700 型。MTP850 型手持台外观如图 9-52 所示。

图 9-51　固定电台实物

图 9-52　MTP850 型手持台外观

单元9.2 无线通信系统维检修

了解巡检工作中不同地点的不同验证方式,了解无线系统设备日常巡视的内容,了解无线系统测试的相关内容。

无线通信系统中的信号系统中,软件会出现问题吗?设备本身正常与故障会有哪些不同?遇到不同的问题需要我们怎样去解决?

9.2.1 无线通信系统维护

根据北京地铁无线通信系统的布局特点,站点多线路长,为了快捷准确地监控系统运行状态,应在巡检工作中根据实际情况,在不同地点采取不同方式进行验证。

1.通过网管监视系统工作状态

(1)根据操作规程打开网管监控界面,查看系统各模块及链路工作状态,可判断系统是否正常运行。

(2)该方式无法全部反映现场无线信号实际覆盖情况。

(3)常用缩略语见附录。

2.通过列车电台与中心调度台呼叫、状态信息的发送来判断系统工作状态

(1)沿运营线,利用车载电台在不同基站覆盖区呼叫中心调度台,并观测列车归属变化。该种方式可验证无线系统及全线场强覆盖状态是否正常。

(2)该种方式会长时间占用用户台,对用户台正常使用影响比较大,只适用于局部区间故障恢复后的验证。

3.利用便携台判断系统运行状态

(1)无线通信系统巡视以空中接口为切入点,使用便携台开启场强监控界面乘车沿覆盖区观测场强分布情况,与原始场强分布曲线图进行核对,以此判断基站的发射工作状态。

(2)通过便携台与集群专用场强测试软件的连接更加准确地验证场强覆盖情况,从而判断基站工作状态。

(3)便携台之间通话、信息发送验证系统运行状态。

(4)该种方式不能验证调度台工作状态。

4.利用列车头、尾电台判断运行状态

(1)利用车载电台与调度台通话实验可验证无线系统及调度台运行状态。

(2)通过列车头、尾电台之间的通话可验证无线场强覆盖及基站工作情况。

(3)该种方式会长时间占用用户台,对用户台正常使用影响比较大,只适用于局部区间故障恢复后的验证。

5.通过固定台与便携台通话实验验证系统工作状态

(1)利用固定台与便携台私密通话实验,可以验证本站场强覆盖及基站与中心链路的运行情况。

(2)该种方式只能覆盖本站区无线场强覆盖情况。

根据不同情况采取以上各种方式的不同组合,可以全面、准确地验证系统工作情况。

9.2.2 无线通信系统设备日常巡视

无线通信系统日常巡视包括中心无线设备、基站巡视、车载电台、固定台,具体工作内容如下:

1.中心无线通信设备巡视

(1)查看 Full Vision 中的设备告警信息。

(2)通过 Zone Watch 查看基站的工作状态。

(3)查看 CAD 服务器中关于调度台的信息。

(4)在直放站网关查看直放站设备工作状态。

(5)巡视检查各调度台的工作状态。

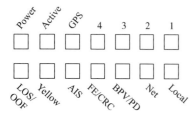

图 9-53 基站指示控制面板示意图

2.无线基站的巡视

查看基站控制器指示灯显示,如图 9-53 所示。

(1)基站控制器指示灯显示,各指示的含义见表 9-4。

基站控制器指示灯功能对应表　　　表 9-4

指　示　灯	颜　色	功　　能
电源(Power)	绿色	点亮:电源设备正常运行 熄灭:电源设备发生故障或者断电
启用(Active)	绿色	点亮:表示当前控制器处于工作状态 熄灭:表示当前控制器处于备用状态
GPS	绿色	点亮:GPS 接收机依靠接收到的卫星信号正常工作 闪烁:自由震荡 熄灭:GPS 接收机为跟踪卫星
网络(Net)	红色	点亮:TSC 处于本站集群或降级模式 熄灭:正常运行
本地(Local)	黄色	点亮:TSC 处于本站集群 熄灭:正常运行
1~4	绿色	与 E1 连接接口状态

基站正常时,只有电源、启用、GPS 三个灯均亮绿色,1~4 中有 1 个亮绿灯。

(2)查看基站环境报警单元指示灯工作状态。

(3)查看基站信道机指示灯显示状态,正常工作时只有 BR 指示亮绿灯。

(4)查看天馈设备工作状态。

①查看场强覆盖状况,根据场强测试仪或用户台测试模式的数据判断天馈系统的状态。

②查看天线接头;漏缆接头;终端负载接头;设备连接用同轴电缆接头紧固情况;各类耦合器、功分器的连接紧固情况,并利用功率计测试天线驻波比判断天馈系统的状态。

注意:在发射机正常工作时严禁断开基站天馈连接及部件。

3.车载电台巡视

(1)查看车载台电源显示状态。

(2)查看车载台界面中场强指示、通话组状态、模式显示、列车归属,判断其工作状态。

(3)利用车载台与维修用便携台私密通话验证车载台通话功能。

4.固定台巡视

(1)查看固定台电源显示状态。

(2)查看固定台界面中场强指示、通话组状态、模式显示。

(3)利用固定台与维修用便携台私密通话验证固定台通话功能。

9.2.3 无线通信系统测试

无线测试是准确判断模块状态的必要手段。由于系统模块控制关系复杂,必须严格按照以下步骤进行操作。

1.基站测试

1)测试所需仪器与设备

(1)TETRA 综合测试仪 2968 一台(附带 220V 三向电源线一条)。

(2)带有 DB9 接口的笔记本电脑一台;并安装基站调试软件,适用终端模拟软件(如超级终端等);RS232 接口设置:比特率设置为 9600bit/s;奇偶检验位设置为无;数据比特数设置为 8;停止比特位设置为 1。

(3)能够同时连接 EBTS、电脑、2968 的测试线一条。

(4)通过式功率计一台。

(5)50Ω 终端负载一个(视基站载频的不同而定)。

(6)N 型射频跳线两条。

(7)N 型 M-M 转接头一个。

(8)扳手、内六螺丝刀各一个,机柜钥匙一把。

2)测试连接图

测试连接图如图 9-54 所示。

3)测试步骤

(1)检查 GPS 接收机的锁星情况及固件版本、软件版本。

首先用测试线将电脑先后连接到 EBTS 的两个 TSC 上,如图 9-54 所示。

打开除 BR 和 TSC 之外的所有设备。

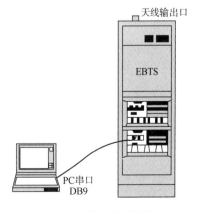

图 9-54 基站测试连接图

用测试线将电脑连接到 TSC 的服务端口上,如图 9-54 所示。

开启 TSC,当 TSC 需要用户名时,输入你的名字,密码是 motorola。通过电脑可观测到 TSC。

开始启动自检程序,无须进入配置模式。运行自检程序时,会显示 TSC 版本,在测试结果表格中分别记录下 TSC 固件版本、软件版本。

例如,Firmware version(固件版本):TSC-PR3-MON-R03.35.07

Application version(软件版本):TSC-PR3-APP-R05.32.42

在 SC>提示符下,输入 status sri<cr>。检查 GPS 接收机的锁星情况,确认基站是否工作在相位同步状态。

检查结果记录在测试结果表格的 Global Positioning System status 一栏中,如锁星情况正常,填入"pass"。

(2)基站控制器内部告警检查。

这个测试是为了确定 TSC 与 EBTS 机柜内部所有的外围设备的连接是否正确,所有外围设备的机能是否正常,是否有连接告警出现。

在 SC>提示符下,键入 reset<cr>重启 TSC。在启动程序运行时,会有"To enter configuration mode hit Return within 10 seconds"提示显示,按任意键,使 TSC 进入配置模式。默认密码为 motorola;

在 SC>提示符下,键入 test-all<cr>。确认是否所有的设备驱动器报告显示"successfully initialised"(设备驱动器、天线设备驱动器、即时程序显示系统设备驱动器、SRI/GPS 设备驱动器);

将确认结果记录在测试结果表格的 TSC Peripheral Tests and Alarms 一栏中,如未有告警出现,填入"pass"。

(3)发射机频率误差测试。

载波频率误差(<0.2%)是指在 BR 实际发射信号的载波频率与程序设定值之间的不同。

此测试可以确认信号传输的载波频率是否在 EBTS 的带宽内。

用数据线连接信道机控制器(BR)上的服务接口(DB9)、IFR 测试仪(2968)的辅助接口(DB25)和电脑的串行接口(DB9),如图 9-55 所示。

确定所有的 BR 已关闭,用一根射频跳线连接机柜顶部的 ANT1 接口与 2968 的射频接口,如图 9-55 所示。

开启被测的 BR,启动程序过程中,在显示"To enter configuration mode press any key within 10 seconds"的提示时,按任意键进入 BRC 的配置模式。这个默认密码是 motorola。

在 BRC>提示符下,键入 get tx_freq<cr>,显示信号发射频率。确认这个频率与当前基站的发射频率相同,结果记录在测试结果表格的 Tx Frequency 一栏中。

在 BRC>提示符下,输入 set tx_test_mode off<cr>,如出现"Exited to application mode"提示,则需键入 reset<cr>,重启 BR,重新进入配置模式,重复上述命令,直到出现"Stopped transmission to TRANLIN"提示,键入 key<cr>,开启了 BR 的信号传输。

在 BRC>提示符下,键入 set tx_test_mode T1<cr>。

模块9　城市轨道交通无线通信系统维检修与典型故障

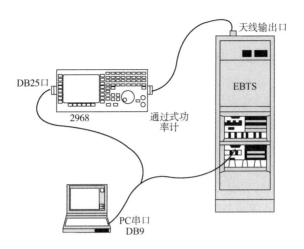

图 9-55　发射机频率误差测试连接示意图

设置综测 2968：依次进入 System，TETRA Base Station-Manual-T1 Test，按下 channel，输入 ETSI 的载波代码（在基站参数设置中可以查到）。观测综测 2968 上显示的频率误差和相位误差（平均和最高值）是否都在允许范围之内。结果依次记录在测试结果表格的 Tx Freq. Error/RMS vector error/Peak vector error 栏中。

关闭 BR，重复以上测试，测试剩余的 BR。

（4）发射机功率测试。

这个测试为测试 BR 的前向功率、反向功率和驻波比是否符合规格。

用数据线连接 BR 上的服务接口（DB9）和电脑的串行接口（DB9），如图 9-56 所示。

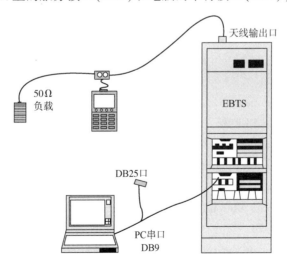

图 9-56　发射机功率测试连接示意图

确定所有的 BR 已关闭，将通过式功率计的探头串接在两根射频跳线中间，探头测前端功率选用 50W 负载，测反射功率选用 5W 负载，跳线的一端接机柜顶端 ANT1 接口，另一端接 50Ω 的终端负载（需用到一个 N 型 M-M 转接头），如图 9-56 所示。

231

开启被测 BR，进入配置模式，输入密码 motorola。在 BRC>提示符下，输入 set tx_power 75 <cr>(75 是 BR 的最大输出功率)，设置输出功率，显示回应信息 BR 传输开启，同时显示实际前端输出功率，确认得到的回应信息是否在允许范围内。在测试结果表格的 Tx power setting 一栏中填入 75，将实际前端输出功率填入测试结果表格的 Forward power 一栏中。

在 BRC>提示符下，键入 get ref_pwr<cr>，显示反射功率，确认得到的回应信息是否在允许范围内。结果记录在测试结果表格的 Reflected power 一栏中。

在 BRC>提示符下，输入 get vswr<cr>，显示驻波比，确认得到的回应信息是否在允许范围内，将结果记录在测试结果表格的 VSWR 一栏中。

从通过式功率计上读出基站天线前端输出功率、反射功率，确认读出的信息是否在允许范围内，分别记录在测试结果表格的 EBTS Antenna Power、Forward/ EBTS Antenna Power、Reflected 栏中。

关闭 BR，重复以上测试，测试剩余的 BR。

(5)接收机误码率测试。

这个测试是测量接收机的操作，分别接收 -115dBm、-85dBm 和 -50dBm 三个级别的信号。这个 get rssi 命令是允许 BR 进行射频信号接收的性能测试。性能报告的回馈内容包括每一路的接收信号强度指示(RSSI)、复合 RSSI 级别和误码率。RSSI 数据是为这些标记编码的样本所计算出来的数据。每一个样本都有标记编码的报告。每 56.67Ms(兆秒)生成一个报告。

用数据线连接信道机控制器(BR)上的服务接口(DB9)、IFR 测试仪(2968)的辅助接口(DB25)和电脑的串行接口(DB9)，如图 9-55 所示。

确定所有的 BR 已关闭，用一根射频跳线连接机柜顶部的 ANT1 接口与 2968 的射频接口，如图 9-55 所示。

设置综合测试仪 IFR2968：

—SYSTEM

—TETRA Base Station

—Set Up(System Paramaters)

—System Type=TETRA800BS

—Control Channel=as per receiver

—Base Station TX mode=Continuous all slots

—Mobile Country Code=000

—Mobile Network Code=00000

—Base Colour Code=01

—MCC-MNC-CC update=manual

—Sync to base station=pulse

—Auto sync path delay=0.00 bits

—Sync pulse offset=28064μs

—Sync pulse edge=rising

开启被测 BR，使 BRC 进入配置模式，在 BRC>提示符下，输入 get rx_freq<cr>，显示信号

接收频率。确认这个频率与当前基站的接收频率相同,结果记录在测试结果表格的 Rx Frequency 一栏中;

在 BRC>提示符下,输入:

    set tetra_format 00117 mframe\<cr>

    set tx_test_mode stop\<cr>

    key\<cr>

    set tx_test_mode T1\<cr>

在 IFR2968 上,选择 MANUAL、T1 TEST,用 channel 来输入载波代码。用 rf gen level 来设定射频的级别为-115dBm;

在 BRC>提示符下,输入 set rx_mode 1\<cr>,设置接收口为 Ant1。这个模式代号与 Rx 输入口有关,且此输入口为当前正在使用的激活状态的输入信号端口,可以设置为 1、2 或 3;

在 BRC>提示符下,输入:

    set sys_gain on\<cr>

    get rssi 1300\<cr>

这样键入是为了显示 1 个接收样本,进行 300 次测试的报告。校验测试出的每一支接收信号强度指示和误码率的读数是否都在允许范围内。结果记录在测试结果表格的 Rx1 BER(<4.0% @-115dBm)一栏中。

射频级别设置为-85dBm 和-50dBm 时,重复上述相关步骤。

当 EBTS 为地面站三分级信号传输的情况下,需把射频跳线从 Ant1 口移至 Ant2 口或 Ant3 口。再把没有用到的 Ant 口的天线恢复连接。

重复相关步骤,并在 BRC>提示符下,输入 set rx_mode 2\<cr>或 set rx_mode 3\<cr>,注意在每做完命令后时,在 BRC>提示符下键入 reset\<cr>,重启 BRC 进入配置模式。

最后关闭 BR,对于 EBTS 中其他 BR 的操作步骤与上面操作相似,不再赘述。

(6)基站台版本及告警检查。

这个测试是要确认 BR 是否都已连接到 TSC 上,校验 BR 的机能是否良好,当前是否存在链路告警。

关闭所有 BR,将机柜顶部所有 Ant 接口的天线恢复连接。将电脑连接到 BR 的服务端口,如图 9-54 所示。

如果已经处于配置模式,在 BRC>提示符下,输入命令 reset\<cr>,进入应用模式,不要进入配置模式。在 BR 从 TSC 接收下载数据的过程中校验不同的 BR 版本,第一个为 BR 硬件版本,第二个为 BR 软件版本,并记录在测试结果记录表中。

检验显示灯的状态是否正确。在无告警状态下,用密码 motorola 进入。在 BRC>提示符下,输入 get alarms\<cr>,显示内容如果为"NO ALARM CONDITIONS DETECTED",则说明没有告警信息。如果有告警出现,则会显示如"brc fru warning""gps failure"之类的信息。检验结果记录在测试结果记录表的 Internal Alarms 栏中。

关闭 BR,对另外的 BR 重复告警测试的操作过程。

测试结束后,卸下测试设备,将 EBTS 的所有线缆还原。重启所有 TSC 和 BR,待基站稳定工作后,用电脑观测记录基站状态。锁好柜门,整理清点仪器设备,准备离开。

2.用户台测试

1)适用范围

本测试规程仅适用于摩托罗拉 TETRA 数字集群设备的 MTM700 电台的性能测试。

2)测试条件

(1)测试设备。

110V 直流电源一台、车载电台(包括主机和控制盒)、IFR2968 综合测试仪。

(2)用户台测试设备连接如图 9-57 所示。

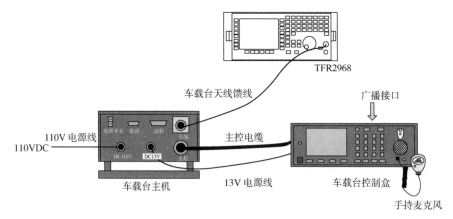

图 9-57 用户台测试设备连接

注:以下各测试项目均按照图 9-57 连接设备。

(3)测试步骤。

①IFR2968 的配。

a.系统配置。

步骤 1 开启 IFR。

步骤 2 按"Syste 移动台"模式键(等待直到数字系统在应用状态下)。

步骤 3 按"Tetra Mobile"软按键。

步骤 4 按"Setup"软按键,进入系统参数界面。

步骤 5 按"Channel Plan"或者按"system Type"软按键。

步骤 6 如果"User Defined"没有显示,按"More"软按键。

步骤 7 按"User Defined"软按键。

步骤 8 按"Frequency Band"软按键,然后按"8(800MHz)"软按键。

步骤 9 按"Offset"软按键,然后按"3(12.5kHz)"软按键。

步骤 10 按"Duplex Spacing"软按键,然后按"1(45MHz)"软按键。

步骤 11 按"Reverse Operation"软按键,然后按"0(Normal)"软按键。

步骤 12 按"Channel Block 1"软按键。

步骤 13 按"Channel Block"软按键,然后按"Include"软按键。

步骤 14 按"Lowest Channel"软按键,然后输入"2040"(这是参考值,请参照当前系统参数)。

步骤15　按"Highest Chennel"软按键,然后用数字键输入"2800"(这是参考值,请参照当前系统参数)。

步骤16　按"Lower Tx Freq"软按键,然后用数字键输入"806.0125"(这是参考频率,请参照对应线无线系统频率参数)。

步骤17　按"Duplex Offset"软按键,然后用数字键输入"45"。

步骤18　按"Channel Spacing"软按键,然后用数字键输入"25"。

步骤19　按"Return"软按键。

步骤20　校验:2至8信道阻塞被排除在外。

步骤21　按"Return"软按键。

步骤22　按"Control Channel"软按键,然后用数字键输入"2475"。

步骤23　按"Traffic Channel"软按键,然后用数字键输入"2475"。再次按"Traffic Channel"键,然后检验其已为时隙标记。按数字键"3"更改为时隙"3"。

步骤24　按"Country code"软按键。

步骤25　输入"086"(这是参考值,请参照当前系统参数),然后按"Country Code"软按键。

步骤26　按"Network Code"软按键。

步骤27　输入"137"(这是参考值,请参照当前系统参数),然后按"Network Code"软按键。

步骤28　按"Base Color"软按键。

步骤29　输入"1",然后按"Base Color"软按键。

步骤30　按"Location Area"软按键。

步骤31　输入"1",然后按"Location Area"软按键。

步骤32　按"Min Rx Level"软按键。

步骤33　输入"-120dBm",然后按"Min Rx Level"软按键。

步骤34　按"Max Tx Level"软按键。

步骤35　输入"30dBm",然后按"Max Tx Level"软按键。

步骤36　按"Base Service"软按键。

步骤37　按"Support"软按键(若此按键将会在显示屏上显示信息),校验:将会显示以下信息:

　　——Power on Registration　　　　　　Required
　　——Power off De-registration　　　　　Required
　　——Priority Cell　　　　　　　　　　　Yes
　　——Minimum Mode Service　　　　　　Never Used
　　——Migration　　　　　　　　　　　　Supported
　　——System Wide Service　　　　　　　Normal Mode
　　——Tetra Voice Service　　　　　　　　Supported
　　——Circuit Mode Data Service　　　　　Supported
　　——(Reserved)　　　　　　　　　　　Not Available

—SNDCP Service	Not Available
—AIR Interface Encryption	Not Available
—Advanced Link	Not Support

注:这些显示的信息是出厂默认值,不应改动。

步骤38 按"Return"软按键。

步骤39 按"Neighber Cell"软按键。

步骤40 校验:将会显示以下信息

—Neighbour Cell Broadcast	Not Required
—Broadcast Interval	10s
—Neighbour Cell Channel	0000
—Neighbour Cell Location Area	00001
—Neighbour Cell Identifier	01
—Slow Re-select Threshold	10dB
—Slow Re-select Hysteresis	10dB
—Fast Re-select Threshold	10dB
—Fast Re-select Hysteresis	10dB

注:这些显示信息是出厂默认值,不应改动。

步骤41 按"Return"软按键。

步骤42 校验:"Trunking Type"设置为"Message"。

步骤43 按"Call Type"软按键,从而进入"Call Type"显示界面。

步骤44 按"Private Call"软按键。

步骤45 按"Simplex Duplex"软按键,然后按"Simplex Call"软按键。

步骤46 按"Signal Type"软按键和"Direct set-up"软按键。

步骤47 按"Priority"软按键。其后,输入"00"然后按"Priority"软按键。

步骤48 把"Calling Party SSI"设置为默认值。

步骤49 按"Return"软按键。

这样就完成了系统配置设置。

b.手动测试。

步骤1 按"Manual"软按键,从而进入"Manual test"界面。

步骤2 按"Control Channel"软按键,输入"2475",然后"Control Channel"软按键(IFR "2475"=Rx 861.8875MHz.这是默认值,保持)。

步骤3 按"Traffic Channel"软按键。输入"2475",然后按"Traffic Channel"软按键。现变为时隙标记。输入"3",然后按"Traffic Channel"软按键。(注:在输入控制信道码后,载波代码自动更改)。

步骤4 按"RF Gen Level"软按键。输入"-90",然后按"dBm"数字键。

步骤5 按"Mobile Power"软按键,用软按键输入"35dBm/3.2W"。

步骤6 按"Burst Type"和"Normal"软按键。

步骤7 这样则就完成了手动测试仪器配置设置。

注：即使在关闭电源后，系统配置参数设置依然会被保留。可是，手动测试设置则无法保留，即每次关闭电源重启后需要重新进行手动测试。

②MTM700 RF 测试。

a.基站登记。

步骤1　按照图9-2所示连接设备并开启电台。

按下车载电台主机"电源开关"键，使主机加电开机。

按下车载电台前面板"电源"按键，使前面板加电开机。

步骤2　检验：在 IFR "Manual Test"屏幕上显示注册信息和"ISSI：---/----/00802006"（只是作为举例，电台不同，此号码也会相应改变）。

注：当电台开启的时候，显示的这个号码"00802006"是电台的 ID 号（ISSI）。

步骤3　填写 MTM700 性能测试记录表相关项。

b.发射机测试。

步骤1　在 IFR 手动测试模式下，按"RF Gen Level"软按键，输入"-90"，然后按"dBm"数字键。

步骤2　按电台的"PTT"，然后观察 IFR 的"Manual Test"屏：显示出功率包络、突发功率、频率误差、定时误差和向量误差。

注：必须持续按住 PTT 足够时间才能读出结果。

—Power Profile　　　　　　　　Passed
—Burst Power Required Result　33-37dBm
—Timing Error　　　　　　　　≤0.25 symbols
—Vector error　　　　　　　　Max 10% R 移动台，
　　　　　　　　　　　　　　　Max 30% Peak，
　　　　　　　　　　　　　　　Max 5% Residual.
—Frequency Error　　　　　　　+/-100Hz

步骤3　将以上显示的记录填入"MTM700 性能测试记录表"中。

步骤4　按"Clear Down"软按键，继续其他测试。

③呼叫功能测试。

在开始这些测试之前，确定：无线电台和测试设备的配置与发射机测试相同。

a.回呼。

步骤1　按住"PTT"键，按 IFR 上的"Talk Back"软按键；对着电台的麦克进行至少 3s 的讲话，然后释放"PTT"键。这样将收听到持续 3s 的语音，此语音是方才"PTT"在被释放前所形成的语音。

步骤2　按"Test Sound"软按键，用以提供 1kHz 的信号到电台扬声器。

步骤3　按"Silence"软按键，则减弱 1kHz 扬声器的音频信号。

步骤4　按"Clear Down"软按键，然后检查：在 IFR "Maunal Test"屏上显示"Cleardown Complete"的状态信息。

步骤5　填写"MTM700 性能测试记录表"相关项。

b.呼叫车载台。

步骤1　在IFR手动测试模式下,按"RF Gen Level"软按键,输入"-90",然后按"dBm"数字键。

步骤2　按"Call Mobile"软按键,然后在IFR上选择"Private Call"。校验:可以从电台扬声器中听到"嘟嘟"两声。

步骤3　按"Abort Call"软按键。

步骤4　填写"MTM700性能测试记录表"相关项。

④数字双工测试。

步骤1　在IFR手动测试模式下,按"RF Gen Level"软按键,输入"-50",然后按"dBm"数字键。

步骤2　按电台控制面板上的"模式"键,并选择"电话模式",按"确定"键。

步骤3　使用电台控制面板上的数字按键拨打任意的4位号码(如"9359"),然后按"PTT"键。

在IFR"Manual Test"屏上则显示以下结果:

—Power Profile　　　　　　　　Passed
—Burst Power Required Result　18~22dBm
—Timing Error　　　　　　　　≤0.25 symbols
—Vector error　　　　　　　　Max 10% R 移动台,
　　　　　　　　　　　　　　　Max 30% Peak,
　　　　　　　　　　　　　　　Max 5% Residual.
—Frequency Error　　　　　　+/-100Hz

将数据记录在"MTM700性能测试记录表"中。

步骤4　按"Talk Back"软按键。

步骤5　按"PTT"键对电台的麦克风进行至少3s的讲话,然后释放"PTT"键,一段延时后将从电台扬声器中听到释放"PTT"键之前所形成的语音。

⑤质量记录。

填写"MTM700性能测试记录表"。

3.基站测试仪使用方法

(1)仪表设置步骤。

步骤1　按基站测试仪右上角的开关软按键,将基站测试仪开启;

步骤2　按"Mode"键;

步骤3　按"Measure Match"键;

步骤4　按"Config"键;

步骤5　按"Freq"键;

步骤6　按右侧的向右方向按键调到Start处,输入数字806.0125,按"Enter"键;继续按向右方向键,调到"Stop"处,输入866.8875,按"Enter";

步骤7　按"Scale"键,用方向键调到"Min"处,输入数值1.0,按"Enter"键;用方向键调到"Max"处,输入数值1.8,按"Enter"键确认;

步骤8　按"Mode"键;

步骤9　按"Fault Location"键；

步骤10　按"Config"键；

步骤11　按"Distance"键，并用方向键调到"Start"处，输入数字0.0，并按"Enter"键，继续用方向键调到"Stop"处，输入数字50，并按"Enter"键；

步骤12　按"Calibrate"键，并将仪表校正头的Open头与基站测试仪的射频输出口相连，按"Open"键，听到"嘀"声后开路测试完毕-

步骤13　将校正头的"Short"头与仪表射频输出口相连，按"Short"键后听到"嘀"声，短路测试完毕；

步骤14　将校正头的"Load"头与仪表射频口相连，按仪表上的"Load"按键后听到"嘀"声后负载测试完毕。

以上步骤为对仪表的设置操作，步骤必须按顺序进行。

(2)天线测试流程。

步骤1　将馈线连接于基站测试仪的射频输出口(馈线的另一端与列车车顶天线相连)。

步骤2　将基站测试仪开启。

步骤3　按"Mode"键。

步骤4　按"Measure Match"键，显示屏会显示此时天馈驻波比的波形图。

步骤5　按方向键的向上按键，此时图形下侧数字依次为频率、驻波比。

步骤6　如果驻波比小于1.5，则满足要求；如果大于1.5，则按以下步骤继续进行。

步骤7　按"Mode"键。

步骤8　按"Fault Location"键。

步骤9　按方向键的向上按键，此时图形下侧显示的数字依次为驻波比最大值处的实际馈线距离和驻波比值。

步骤10　如果距离为0~0.2，则检查馈线与仪表是否接好，如果接触良好则重新制作底部的馈线接头。

步骤11　如果距离大于7.0，则检查天线与馈线的接触及天线安装是否稳固后重新测试，直至驻波比值符合要求。

9.2.4　其他知识

1.北京地铁5号线无线集群系统地下站时钟同步实现方式

(1)宋家庄、刘家窑、蒲黄榆、天坛东门、磁器口、崇文门等站由天坛东门引入GPS信号，分出一路给本站，再通过GPS近端模块连接到其他各站。

(2)东单、灯市口、东四、张自忠、北新桥等站由东单引入GPS信号，分出一路给本站，再通过GPS近端模块连接到其他各站。

(3)雍和宫、和平里北街、和平西桥、惠新西街南口、惠新西街北口等站由雍和宫引入GPS信号，分出一路给本站，再通过GPS近端模块连接到其他各站。

2.北京地铁13号线、八通线无线集群射频系统连接示意图

13号线、八通线无线集群射频系统连接示意图如图9-58所示。

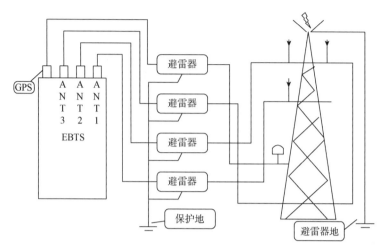

图9-58 13号线、八通线无线集群射频系统连接示意图

3.北京地铁1、2号线无线集群射频系统连接示意图

北京地铁1、2号线无线集群射频系统连接示意图如图9-59所示。

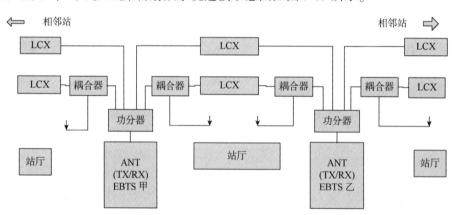

图9-59 北京地铁1、2号线无线集群射频系统连接示意图

单元9.3 无线通信系统典型故障分析

掌握无线通信系统的常见故障方法,理解无线通信系统的典型故障处理思路,掌握无线通信系统的典型故障案例。

如果城市轨道交通中无线通信系统出现问题,你会怎么做?如何着手?能够总结出哪些经典案例?

9.3.1 无线通信系统常见故障处理方法

1. 在网络管理器上发现无线基站与中心设备链路中断的故障处理

(1) 检查中心及车站设备的传输链路(120Ω 转 75Ω 平衡转换器)的接口情况。
(2) 将收发信号通路打环以判断故障位置。
(3) 传输链路正常后重新启动基站。

基站设备重启操作步骤如下：
(1) 开启 EAS。
(2) 开启 TSC。
(3) 开启 RFDS。
(4) 顺序开启 BR。

基站关闭步骤与开启步骤顺序相反。

2. 中心设备发生故障处理

详细记录故障现象及时联系设备厂家处理。

3. 车载电台故障诊断流程

车载电台故障诊断共分三部分,即整机系统诊断、软件系统诊断和车载台功能诊断。
(1) 整机系统诊断,诊断流程如图 9-60 所示。

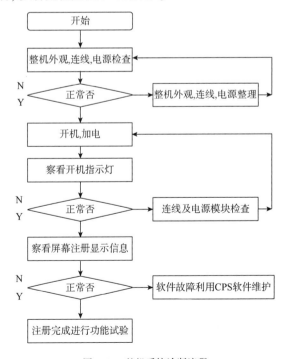

图 9-60 整机系统诊断流程

(2)软件系统诊断,诊断流程如图 9-61 所示。

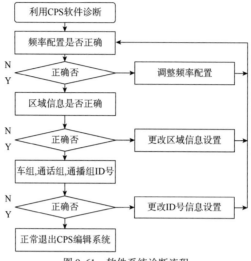

图 9-61　软件系统诊断流程

(3)车载台功能诊断,诊断流程如图 9-62 所示。

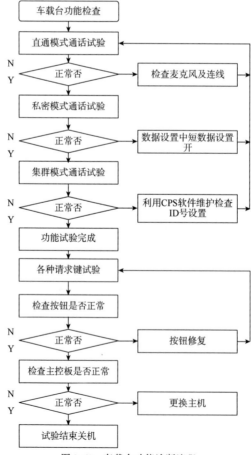

图 9-62　车载台功能诊断流程

(4)解决思路。

针对车载子系统的设备特点,在维护中应重点利用 MTM700 开机自检的程序,来解决车载子系统的各种故障。仔细观察每一步的屏幕显示,掌握系统注册时的每一个环节,认真分析各环节所代表的内容并注意判断。通过 MTM700 开机自检的程序可以很容易地区分车载子系统的故障种类。再利用车载子系统的三套故障诊断流程进一步查找,细分故障性质、详细查找故障点,可极大地提高解决车载子系统常见故障的能力。

9.3.2 无线通信系统处理思路

1. 通过中心网络管理器告警提示查找故障点

(1)通过 Full Vision 查看告警提示,进入各子系统定位至相应故障单元。
(2)通过 Full Vision 或 ZONE WATCH 查看基站状态,定位至基站故障单元。
(3)通过 TESS 软件远程登录基站,查看基站参数。

2. 通过无线空中接口判断故障点

(1)确定故障区段。
(2)可利用便携台进行功能实验和查看基站状态指示灯,判断基站是否处于广域集群模式。
(3)利用便携台场强测试模式检查空中接口状态并在故障区段测试场强数值。
(4)如必要,利用专用场强测试软件对通信不良的区段路测并与先前数据进行比较,以判断场强覆盖是否良好。

3. 单个用户台故障判断

(1)用户台硬件故障,如麦克风、扬声器、收发信机、天馈系统等。
(2)用户台软件故障,可对用户台重新进行编程。
(3)车载电台常见的故障。

4. 故障分类

(1)单机系统故障。
电台无法或反复开关机,收发不能正常工作,能登录系统但呼叫不通,不能通话,此为单机系统故障。
(2)集群模式故障。
单机直通模式可工作,开机不能注册,集群模式下不能正常工作。

5. 故障按设备性质分类

硬件故障,控制头按钮故障,控制板故障,各部分连接线故障及各种插头虚断。
软件故障,控制软件故障,编程错误。

6. 外界干扰故障或场强覆盖弱区

由于外界存在覆盖频点的干扰场强,致使系统在注册时发生干扰,造成车载电台不能在网上注册。注册后,产生误码不能进行呼叫和短数据业务的实现故障。
另外,车载电台在运行到场强覆盖弱区时也可能造成车载电台不能正常工作。

9.3.3 无线通信系统典型故障案例

案例1：用户台显示"No Group"

故障现象：用户台显示"No Group"，无法通话。

故障原因：该站无线上下行链路不平衡。

故障分析：由于直放站上下行电平偏移，移动台具有自动增益。当下行功率过高时，移动台会以较低的功率发射，不能正常登录基站。

故障处理：

(1)通过网管查看用户台所在基站各模块工作状态，显示良好。

(2)用户台监测故障区段无线场强覆盖，发现无线信号正常。

(3)由此判断无线系统下行场强覆盖良好，但上行信号无法到达基站，导致用户信息不能良好上传。

(4)通过上述步骤，判断无线链路上下行功率传输不平衡。

(5)调整下行链路功率，使上下行链路达到平衡。

注意：发现用户台在个别站出现"No Group"时，首先考虑由该站无线上下行链路不平衡造成。

案例2：某基站单站集群与广域集群频繁切换

故障现象：在网管发现某基站单站集群与广域集群频繁切换。

故障原因：传输通道影响。

故障分析：A号线和B号线无线系统采用不同的时钟源，长时间运行会由于时钟误差造成误码率高。

故障处理：

(1)通过网管查看中心及基站相应模块运行正常。

(2)通过网管检测基站误码率情况，发现误码率高。

(3)在基站通过检测基站与SDR之间的网络连接状况，发现有较严重的丢包现象，重启基站，故障现象仍然存在。

(4)由此即可断定基站与主站工作状态均正常，是由于传输通道问题造成的故障。

(5)传输通道故障后，主站与基站间误码率降低至正常值，该站处于稳定广域集群状态。

注意：当遇有个别基站在广域集群与单站集群频繁切换，首先考虑传输问题。

案例3：基站GPS经常处于失锁状态

故障现象：发现某基站GPS经常处于失锁状态。

故障原因：GPS天线及避雷器故障造成。

故障分析：由于GPS天线损坏造成卫星失锁。

故障处理：

(1)用手持GPS接收器在基站GPS天线周围接收卫星信号，接收状态正常，可判断基站GPS天线安装位置良好。

(2)用电脑TESS软件登录到基站控制器，查看卫星锁定情况，发现卫星锁定不稳定。

(3)检查GPS天馈系统，发现避雷器接地点有烧焦痕迹，更换避雷器后应恢复。

注意:天馈系统中接头的衰耗对射频传输的影响很大,在巡视过程中应加强射频接头的检查。

案例4:远端无线调度台不能呼叫段内列车

故障现象:远端无线调度台不能呼叫段内列车。

故障原因:远端调度台调制解调器故障造成。

故障分析:远端调度台是通过调制解调器与中心实现数据通信的,在工作一段时间后调制解调器会出现死机现象,导致远端调度台与中心的通信不畅通,造成故障。

故障处理:

(1)重新启动调度台应用程序不能解决,并提示连接数据库失败。

(2)退出调度台应用程序后关闭调度台工作站。

(3)将CIE(调度台接口设备)和MODEM(调制解调器)断电,检查所有线缆连接情况,做必要的紧固。

(4)CIE和MODEM断电5min以上再送电。

(5)启动调度台工作站并且可以正常进入调度台工作界面,故障处理完毕。

提示:为了避免此故障的发生应定期对调制解调器进行巡查,出现故障及时重启。

案例5:行至地下站车载电台呼叫不通

故障现象:列车运行至地下车站经常出现车载电台呼叫不通现象。

故障原因:耦合器故障。

故障分析:由区间内列车运行时产生的电磁波,通过漏缆干扰无线基站的天馈系统,微带耦合器的抗干扰能力弱,容易烧毁,腔体耦合器抗干扰能力较强,能够在地下基站使用。更换耦合器后没有再次发生类似故障。

故障处理:

(1)现场查看设备时发现无线基站信道机(BR),PA灯点亮,由于多个车站都发生类似故障,由此怀疑天馈部分故障。

(2)测试基站天线,发现驻波比超出指标范围,因此之前判断正确。

(3)基站天馈系统中还串接有功分器和耦合器,因此需将各部分分段测试驻波比。

(4)经测试发现,不接耦合器时测试指标正常,判断耦合器问题造成故障,更换同型号耦合器运行1h后再次出现同样的故障。

(5)经分析后怀疑原耦合器(微带)不适合在此使用,更换为腔体耦合器后,故障排除。

注意:由于迷流造成干扰,在耦合器端口出产生直流电,从而烧毁耦合器。

案例6:调度台界面出现"CIE与CEB连接中断"

故障现象:调度台界面出现"CIE与CEB连接中断"。

故障原因:电缆接头故障。

故障分析:根据中断点对电缆及接头进行逐一排查。

故障处理:

(1)重启调度台软件和操作系统,故障现象仍存在。

(2)重启CIE及调度台软件,故障现象仍存在。

(3)重启CEB的COMI板,故障现象仍存在。

(4)查找 CEB 至 CIE 之间的电缆接头,发现 CIE 侧电缆接头接触不良。

(5)清洗接头后故障排除。

注意:遇有调度台界面出现"CIE 与 CEB 连接中断"时,依次排查电缆接头、电缆及对端电缆接头。

案例 7:列车在使用过程中无归属

故障现象:列车在使用过程中无归属。

故障原因:短数据路由器故障。

故障分析:短数据路由器中无列车信息或短数据路由器本身故障。

故障处理:

(1)添加列车试验车载电台,发现车载台不能发送状态信息。

(2)在中心查看短数据路由器数据库时发现没有故障列车信息,添加该列车信息后,列车显示及状态信息正常。

注意:列车不能正常发送状态信息时,直接查看短数据路由器内列车数据信息是否正确。

案例 8:远端调度台,出现"CIE 至 CEB 连接错误"

故障现象:远端调度台,出现"CIE 至 CEB 连接错误"的提示。

故障原因:CIE 至 CEB 接口及链路故障。

故障分析:CIE 本身故障,CEB 的 COMI 板故障,CIE 至 CEB 接口及链路故障。

故障处理:

(1)负责人员检查 CIE 至中心设备的 422 链路是否正常。

(2)若传输链路正常,则检查计算机机箱处的 MOXA 连接是否正常。

(3)若连接正常,则检查中心 CEB 机柜内部对应的 MOXA 是否连接正常。

注意:出现"CIE 至 CEB 连接错误"的提示,说明 CIE 至中心设备之间链路存在故障。

案例 9:固定台或车载台显示"不在服务区"

故障现象:已编程的固定台或车载台显示"不在服务区"、信号指示灯亮红灯。

故障原因:数据库无用户信息。

故障分析:UCM 数据库中未添加用户资源。

故障处理:

(1)说明天馈系统存在故障,此时需检测天线、馈线的连接是否正确。

(2)测试天线端口的驻波比,看数值是否正常。

(3)检查主站设备 UCM 服务器的 Radio 及 Radio user 选项的 ID 号否添加正确。

注意:

(1)使用基站测试仪测试天馈系统的驻波比,看驻波比是否小于 1.5。

(2)查看此设备在系统中是否已经注册。

案例 10:车载台显示不正常或不断自动发起呼叫

故障现象:车载台显示不正常或不断自动发起呼叫。

故障原因:车载台软件故障。

故障分析:软件存储介质出现不正常现象。

故障处理:
(1)重启车载电台。
(2)如果仍无效,检查呼叫按键及其他功能按键是否有粘连情况。
(3)重新对车载电台控制盒进行编程或更换车载电台控制盒。
注意:此故障的应急处理办法可对控制盒进行重新编程,如有备件可予以更换。

案例11:车载台无法开机
故障现象:车载台无法开机。
故障原因:电源故障。
故障分析:电源模块损坏。
故障处理:
(1)检查控制面板开关按键是否正常。
(2)检查电源线及车内空开是否打开。
(3)如仍然无法开机则更换主机。
注意:遇此故障应首先检查空开保险,再对电源模块进行排查及更换。

案例12:所有调度台不能正常使用
故障现象:所有运行中的调度台都不能正常使用。
故障原因:CEB板卡故障。
故障分析:CEB板卡烧毁或某器件烧毁。
故障处理:
(1)重启调度台应用程序及工作站,故障仍存在。
(2)检查调度台连接电缆,紧固接头,故障仍存在。
(3)复位CEB机柜中的所有调度台相关COMI板后,故障排除。
注意:所有调度台均不能使用,需首先查找公共部分。

案例13:城市轨道交通某线路ZC显示异常,显示:imp01
故障现象:城市轨道交通某条线路ZC显示异常,提示:
imp01
UniPlus+v.3.1(xm68k H.1)
login:/ect/ps_test/ps_test.sh:Pmstat output shows temperature(s)abnormally high:
Pmstat:0.0 0.0 4.0 37 0.0 0.0 3.8 37 0.0 0.0 5.0 40
故障原因:电源模块故障。
故障分析:环境温度过高,造成电源对蓄电池充电时充电电流过大。
故障处理:
(1)经分析故障提示,为ZC电源模块充电电流过大导致温度升高。
(2)复位故障电源模块后,故障恢复。
注意:高温情况下应严格控制环境温度。

案例14:调度台提示与服务程序的连接断开
故障现象:调度台提示与服务程序的连接断开。

故障原因:调度台应用程序错误。

故障分析:检查应用程序及操作系统运行是否正常。

故障处理:重启调度台应用程序,各项功能试验正常,故障排除。

注意:调度台应用程序运行在 Windows 平台,长时间运行会造成错误积累及死机,须定期重启调度台工作站,降低错误积累对系统正常运行的影响。

案例 15:城市轨道交通某线路 UCS database server 故障,主机液晶屏显示 RUN F31F,Full Vision 显示节点断开

故障现象:城市轨道交通某线路 UCS database server 故障,主机液晶屏显示 RUN F31F,Full Vision 显示节点断开,此时维护终端 UCS 子系统不能登录。

故障原因:UCS database server 故障。

故障分析:UCS database server 操作系统或应用程序出错。

故障处理:

(1)重新启动 UCS database server,并启用其内部应用程序。

(2)检查系统内其他服务器,发现工作状态正常,UCS 子系统可以正常登录,故障排除。

注意:出现此类故障应及时查看网管告警。

案例 16:直放站网管监测不到远端机

故障现象:北京地铁某线路直放站网管监测不到远端机,远端机覆盖区没有无线信号。

故障原因:电源供电故障。

故障分析:设备电源中断造成直放站远端机不能被监控。

故障处理:

(1)现场查看直放站远端机,发现没有电源输入;检查电源模块,发现没有电源指示。

(2)检查机房内区间电源空开上下口电压,正常。

(3)检查电源线,发现电源线被剪断,重新焊接后供电正常,故障排除。

注意:网管无法监控直放站状态且该直放站场强覆盖区域无信号,主要原因为直放站供电异常。

案例 17:列车在某站区间内通话不良

故障现象:列车在某站区间内通话不良。

故障原因:无线覆盖弱场。

故障分析:基站状态正常,即可判断为无线覆盖弱场原因。

故障处理:

(1)使用手持台开启场强测试功能,对某站区间的场强进行测试;发现有小于-105dBm 的区段。

(2)再使用摩托罗拉专用测试软件 SCOUT 对此区段进行路侧,定位弱场强区段地点。

(3)分析弱场强区域的物理环境,得出沿某站线路周围新建有多处高楼,使电磁波的传播受到遮挡所致。

(4)需加装光纤直放站补盲。

注意:通过故障现象首先应判断基站是否良好,再对场强覆盖进行测试。

实训任务

本模块主要从以下几个方面对学生的学习进行评估：①学生能够正确第做好巡检工作内容的工作流程；②学生能够对无线通信系统的工具和设备进行正确的使用与测试；③学生能够掌握无线通信系统常见的故障排查方法；④学生可以熟练使用解决故障的处理方法，牢记经典案例的先后步骤。

相关工作任务单详见书后模块9实训工单。

思考与练习

1. 在不同地点执行巡检维护时，如何对系统运行状态进行快捷准确的监控？
2. 简述无线通信系统设备日常巡视内容。
3. 画出车载电台故障诊断的整机系统诊断流程图。
4. 列举无线通信系统常见故障方法。

附录1 课程标准

课程名称:城市轨道交通无线集群系统与设备维护
适用专业:城市轨道交通通信信号技术专业

一、课程概述

(一) 制定依据

本标准依据《城市轨道交通通信信号技术专业人才培养方案》中对《城市轨道交通无线集群系统与设备维护》课程培养目标的要求制定。

(二) 课程作用

通过本门课程的学习,使学生了解城市轨道行业中无线集群移动通信的概况及技术,掌握无线集群移动通信的特点、方式、功能、无线集群移动通信的多址技术及信道控制方式;掌握轨道交通无线集群系统的体制及应用;掌握城市轨道交通中的无线数字集群系统的组成、工作原理、功能,掌握无线数字集群系统的设备检修及故障处理;掌握城市轨道交通信号系统中无线传输技术及设备的维护。

本课程符合城市轨道交通通信信号技术专业高技能人才培养目标和专业相关技术领域职业岗位(群)的任职要求;本课程对学生职业能力的培养以及职业素养的养成起着主要支撑和明显的促进作用,其前导课程为城市轨道交通网络技术基础、城市轨道交通通信信号概论、城市轨道交通传输系统维护,同时也可以为进一步学习好《城市轨道交通联锁系统运行与维护》《城市轨道交通列车自动控制技术》《城市轨道交通专用通信设备维护》等提供最好的帮助。

(三) 课程设计思路

本课程主要是掌握城市轨道交通无线传输的基础知识、移动通信的基础知识以及无线传输的抗干扰因素;了解集群移动通信的特点和网络结构、以及集群移动通信的功能及集群移动通信技术;掌握数字集群移动通信系统中 TETRA 的基本知识和软件操作;了解 PDT、iDEN、GoTa、GT800 以及它们的体制特点;掌握城市轨道交通空间无线信号的覆盖设施;理解车-地通信系统、轨旁 AP、波导管以及地铁无线传输设备的维护、检修与故障分析,并在学习过程中培养学生的职业技能。

(四) 课程内容确定的依据

课程内容确定依据见附图1、附图2。

二、课程目标

(一) 总体目标

《城市轨道交通无线集群系统与设备维护》以城市轨道交通网络技术为基础,学习城市轨道交通通信技术专业的无线集群系统与设备的相关知识与技能。

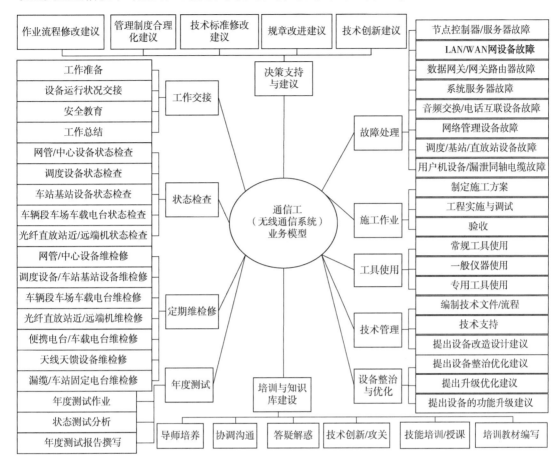

附图1 通信工(无线通信系统)业务模型

学习完本课程后,学生应当能够按照无线集群系统中的应用软件进行调度台的使用、网管软件的维护以及对相关的基础设备的维护、故障诊断和处理作业,包括:

(1)按照通信检修人员的作业标准,对无线集群调度的基础设备进行日常维护;

(2)能够判断并处理各类型设备突发故障;

(3)能够参与设备的施工,测试和调试。

(4)能够对车-地通信系统、轨旁AP、波导管以及地铁无线传输设备的维护、检修与故障分析。

(二)具体目标

1.能力目标

(1)能够理解并运用无线传输的基本知识,分析无线传输通信方式、抗干扰因素。

(2)能够熟知集群移动通信系统的基本知识。

(3)能够分析城市轨道交通行业内数字集群移动通信的技术及应用。

(4)能够认知TETRA并应用。

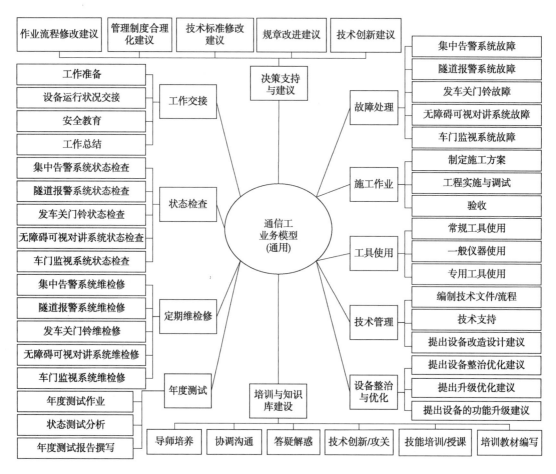

附图2 通信工业务模型(通用)

(5)能够正确判断地铁无线设备的故障,进而维护和检修。

2.知识目标

(1)了解无线传输的基本概念,包括无线传输通信方式、分类以及无线传输的抗干扰因素。

(2)掌握集群移动通信系统,包括常规通信基础知识、集群移动通信的特点和网络结构以及集群移动通信的功能。

(3)掌握集群移动通信技术,包括多址方式(频分多址、时分多址、码分多址、混合多址、空分多址以及随机多址)、信道控制方式、信令技术。

(4)掌握数字集群移动通信系统的相关知识及应用。

(5)掌握城市轨道交通中无线集群系统的使用方法,特别是TETRA的网络机构、业务和接口、TETRA的复用及多址方式、集群方式。

(6)熟悉城市轨道交通信号系统的无线传输技术,熟悉地铁无线设备及无线传输设备的维护和检修。

3.素质目标

(1)培养学生的分析及理解能力,培养学生爱岗敬业的职业素颜及团结协作的团队精神。

(2)注重遵章守纪、积极思考、耐心细致、勇于实践和网络安全意识等职业素质的养成。

(3)培养学生诚实守信、敬业爱岗的良好职业道德素养。

(4)培养学生的语言表达能力和对事物分析判断的能力。

三、课程内容和要求

教学时间安排: __72__ 学时

学习目标

1.了解线路构造和技术状态对铁路运输效率及行车安全的影响;掌握轨道平顺的技术标准。

2.了解站场设备布置的基本原理和各种车站布置图的采用条件。

3.掌握绘制车站平面图的技能。

学习模块	知识要求	技能要求	参考学时
1.无线传输基本概念	重点掌握无线传输的基本概念,掌握无线传输的通信方式;了解无线通信和移动通信的分类;熟知影响无线传输的干扰因素以及改善的方法	能正确画出无线通信系统的模型图。能够画出地铁中无线通信子系统的连接设备图,并对各个子系统的通信系统示意图进行设计	8
2.集群移动通信系统	理解集群移动通信系统的基本知识,掌握通信系统的一般模型;掌握模拟通信系统;掌握数字通信系统的模型;了解集群移动通信的特点和网络结构,理解集群移动通信的信令,并掌握信令的分类与信令格式;理解集群移动通信的功能,并能够根据集群移动通信的入网掌握集群移动通信系统的维护	能正确区分模拟通信系统与数字通信系统的异同;针对集群移动通信的功能和特点,掌握集群通信系统的基本结构,熟练关于集群系统的网络管理软件的基本操作和维护	8
3.数字集群通信系统关键技术	了解调制与编码技术,了解频分多址、时分多址、码分多址、混合多址、空分多址、随机多址等几种多址技术,了解多信道共用的基本概念;掌握几种移动通信系统的信道控制方式;掌握集群移动通信系统的信令	能正确理解集群移动通信系统中用到的多址技术,能正确掌握集群移动通信系统的信道控制方式,能正确掌握集群移动通信系统中用到的信令并能正确画出相应信令的格式	8
4.数字集群通信系统及其在城市轨道交通中的应用	重点掌握 TETRA、PDT、iDEN 的特点、结构、业务功能及技术标准,了解和掌握 GoTa、GT800 的网络结构和技术标准	能正确画出各种数字集群移动通信系统的网络图,能正确区分各种数字移动通信系统的应用范围,能正确区分各种数字集群移动通信系统	6
5.TETRA 及其应用	重点掌握 TETRA 的特点、结构、业务功能及技术标准,了解和掌握 TETRA 在我国城市轨道交通中的应用	能正确画出 TETRA 的框图;能正确识别、区分各种数字移动通信系统的设备,了解相应的设备维护、故障处理流程	6

续上表

学习模块	知识要求	技能要求	参考学时
6.GoTa 及其应用	重点掌握 GoTa 的特点、结构、业务功能及技术标准,熟悉 GoTa 系统方式与 TDMA 方式、CDMA 方式的技术区别,认识 GoTa 呼叫控制过程、技术指标和功能实体	能根据维护标准对无线设备进行简单的日常维护,为轨道交通运营安全提供支持	6
7.GT800 及其应用	了解 GT800 的发展历程和意义,重点掌握 GT800 的技术创新,熟悉 GT800 的帧结构特点以及方式与 GoTa 帧结构的区别。掌握 GT800 的语音编码技术、快速呼叫方式等,熟悉 GT800 的网络结构	能通过查阅技术文档、说明书等,正确使用 GT800 的手持终端、车载终端等	6
8.城市轨道交通信号系统的无线传输技术	了解地铁空间无线信号的基本覆盖设施,熟悉漏缆、天线、波导管等常用无线传输设备的结构、分类及特性;对功分器、耦合器、基站、交换机以及调度台等相关无线传输设备进行认识,并且要掌握车-地通信系统的构建模型图,能够复述车-地通信系统的工作原理及工作过程	掌握漏缆的接续方法;能够画出车-地通信系统的模型,能够配置交换机,熟练使用调度台。	12
9.城市轨道交通无线通信系统维检修与典型故障	了解巡检工作中不同地点的不同验证方式,了解无线系统设备日常巡视的内容。了解无线系统测试的相关内容。掌握无线通信系统的常见故障方法,理解无线通信系统的典型故障处理思路,掌握无线通信系统的典型故障案例	通过巡检工作的内容,能够判断无线通信系统的常见故障,并根据常见故障的分析判断,找出典型故障处理思路,解决无线通信系统的故障问题	12
总计			72

学习组织形式与方法:
教学模式:教学做一体
实施地点:多媒体教室及学校通信实训室
教学手段:多媒体教学、实物教学
教学方法:小组合作、教师引导与学生自主研讨相结合

学业评价:
评价原则:过程性评价为主。
过程评价(平时成绩)分为优秀(85分以上)、良好(75~84分)、及格(60~74分)、不及格(59分以下)四个等级打分,占终结评价的60%。
期末书面闭卷考试占终结评价的40%。在试卷中对能力层次要求控制的分数比例原则是:识记20%,领会20%,简单应用35%,综合应用25%。试卷中各能力层次易、中、难的比例大致控制在15:70:15的幅度内

四、课程实施条件

(一)师资条件

教师团队由校内具备现场实践经验的双师型教师和现场聘请的兼职教师组成。

(二)实践教学条件

1.校内实训条件

实训项目	对应课程的相关目标	实训设备及技术要求	台套数	场地面积(m^2)	场地环境要求	学时
项目1	漏缆的接续	漏缆若干,接头若干,通信工具箱	10	50	无	2
项目2	无线对讲设备操作	对讲机	20	200	无	1
项目3	调度台操作	无线集群系统调度台及软件	5	50	无	2

2.校外实践条件

(1)实践主题。

实地参观地铁通信设备、无线集群系统设备

(2)实践的主要内容、目的。

通信机房设备、无线集群系统、网管软件运用的参观

(3)实践的地点、管理/技术条件等。

地铁综控室、通信设备机房。

(4)实践与课程相关内容的关系。

实践课程的主要目的是能让学生掌握设备在实际环境中的应用。

(三)教学资料

(1)建议使用的教材。本课程的学习建议选用教材《城市轨道交通无线集群系统与设备维护》(人民交通出版社股份有限公司出版,张荐、宋团主编,2021年出版)。

(2)推荐教学参考资料:本教材配套动画、PPT、任务单。

(3)主要教学软件、数字化教学素材:PPT、动画。

(4)主要参考期刊:《城市轨道交通研究》《铁路通信信号》。

(5)主要参考网站:相关地铁网站。

(四)实施教学建议

1.把握行业的最新发展,在教学中体现行业的最新成果

在《城市轨道交通无线集群系统与设备维护》的教学中,注意把城市轨道交通行业的无线集群系统设备的新动态、新理论、新规范,要求教师注意无线集群系统研究领域的新发展、新成果,鼓励教师参加各种专业会议,收集无线集群系统发展的前沿资料,增加教师的学识、加强信息交流和沟通,拓宽学生的视野,提高学习兴趣。

2.教师深入现场,熟悉生产实际

城市轨道交通专业是一门实践性很强的专业,它要求专业教师必须熟悉城市轨道交通

的通信设施与通信流程,教学才能讲解生动,丰富讲授内容,做到理论联系实际。因此,课程组教师无论是带领学生现场参观、实习,还是进行科研调研,都要十分注意观察学习,向现场师傅请教。深入现场,把有用的材料、图片搜集回来,编入到电子课件中,以取得更好的直观教学效果。

(五)课程资源的开发与利用

逐步开发建设课程教学辅助资源,不断完善教学录像、电子课件、网页课件、案例库、习题集、教学标准等信息化资源。

五、评价与考核

1.评价原则以过程性评价为主

过程评价(平时成绩)分为优秀(85分以上)、良好(75~84分)、及格(60~74分)、不及格(59分以下)四个等级打分,占终结评价的60%。

过程评价(平时成绩)=考勤情况+作业展示+教学实操参与。各分项所占成绩根据实际设定比例。

(1)考勤情况:通过学生的上课情况来记录。

(2)作业展示:通过学生展示自己的作业过程,考核学生的表达、展示能力。

(3)教学参与:主要考核学生课堂参与状况,如出勤、纪律、回答问题、笔记等。

2.期末书面闭卷考试占终结评价的40%

在试卷中对能力层次要求控制的分数比例原则是:识记20%,领会20%,简单应用35%,综合应用25%。试卷中各能力层次易、中、难的比例大致控制在15∶70∶15的幅度内。

六、其他说明

本课程计划安排72学时,可以根据学生自身基础及学习能力做适当调整,可不断更新课程资源,课程内容应密切结合现场实际及时更新。

附录2 无线通信系统常用缩略语

缩略语	中文含义	缩略语	中文含义
AAA	Authentication(认证)、Authorization(授权)、Accounting(记账)	BR	收发信机
AAU	自动应答单元	BREW	无线二进制运行环境
AC	鉴权中心	BS	基站
ACELP	代数码激励线性预测	BSC	基站控制器
ACS	区域通信系统	B-TrunC	宽带集群通信
ADM	数据库管理器	CAD	计算机辅助设计
AEB	音频交换机	CADI	计算机辅助调度台界面
AFC	自动售检票系统	CCD	调度台配置数据库
AIE	空中加密接口	CCI	通信控制接口
AIMI	AMB复用接口板	CDM	调度台数据库管理器
ALOHA	1968年美国夏威夷大学的一项研究计划的名字,也写作Aloha,一般指ALOHA协议或称ALOHA技术、ALOHA网	CDMA	码分多址
AMB	音频交换板	CEB	中央电子柜
AMPS	高级移动电话系统	CEN	通信、电子、导航
AMR	音效调制解调器主机板	CIE	调度台接口设备
APB	详情通报	CNE	中心网络设备
API	应用程序设计接口	COIM	调度员接口模块
APP server	应用服务器	CORAL	调度台的一个品牌
ARO	自动请求重发	COR-PSK	相关相移键控
ASK	幅移键控	CP	循环前缀
ASSI	短数据化名系统身份	CPS	用户设计软件
ATIA	空间通信	CPS	TETRA用户编程软件
ATS	字符传送服务	CTCSS	连续语音控制静噪系统
AUC	鉴权中心	DAC	调度台客户端
AVL	自动车辆定位系统	D-AMPS	数字先进移动电话服务
BAS	楼宇自动化系统	DAS	调度台服务器
BCH	广播信道	DC	调度终端
BER	误码率	DDI	内部直拨号
BIM	基础接口模块	DIMETRA	数字集群欧洲标准

续上表

缩略语	中文含义	缩略语	中文含义
DMO	直通模式	GGSN	网关 GPRS 支持节点
DMR	数字移动无线电	Giga Ethernet	千兆以太网
DPDM	直流配电模块	GIS	地理信息系统
DSP	数字信号处理	GMSC	网关移动交换中心
DTE	数据终端设备	GNSS	全球导航卫星系统
DTMF	双音多频	GoTa	开放式集群架构
DWS	可拨号的宽带业务	GPS	全球定位系统
e NB	e-UTRAN NodeB 公司	GSM	全球移动通信系统
EAS	环境报警系统	GSSI	短用户群呼识别码
EBTS	增强型基站	GTSI	TETRA 系统中组身份
EBTS	增强型基站收发器系统	GUI	图形用户界面
eCPRIA	增强型通用公共无线电接口	HA	归属地代理
EIC	欧洲集成中心	HLR	归属位置寄存器
ET	加密工具	ID	鉴别号码；标识
ETS	欧洲技术标准	iDEN	集成数字增强型网络
ETSI	欧洲电信标准化协会	INM	工业网络管理标准
EVRC	增强型可变速率编解码器	Intranet/Internet	内部网/互联网
FAS	火灾报警系统	IP	网络协议
FAT	工厂认可测试	IPN	瞬时专用网络
FBMC	基于滤波器组的多载波	ISA	工业标准结构
FDD-LTE	分频双工长期演进	ISDN	综合业务服务网
FD-LTE	同 FDD-LTE	ISO	国际标准化组织
FDMA	频分多址接入	ISSI	短用户单呼识别码
FFN	全功能节点	ITSI	个人 TETRA 系统身份
FHC	固定头跑车	ITUD	国际电信联盟发展部门
FHC DC	直流固定头跑车	ITU-R	国际电信联盟无线电通信组标准化组织
FIFO	先入先出	KEK	加密键
FNE	固定网络设备	LAN	局域网
FR	频率响应	LBS	基于位置的服务器
FR	帧中继	LCSclient	定位服务客户端
FRAD	帧中继打包与释放	LED	发光二极管
FRS	帧中继服务器	LEO	有效的网络连接
FSK	频移键控	LODI	可用项目列表
FTP	文件传输协议	LOMI	登录界面组件
GCR	通用货物费率	LTE	长期演进

附录2 无线通信系统常用缩略语

续上表

缩略语	中文含义	缩略语	中文含义
M-16QAM	基于 Matlab 的正交幅度调制	OFDMA	正交频分多址接入
MAC	介质访问控制	OLE	对象链接与嵌入
MC	消息中心	OMC	操作维护中心
MCCH	主控信道	OMM	操作维护模块
MDI/MDIX	介质有关接口/MDI 交叉	OSI	开放式系统互联
MDS	多媒体调度系统	PABX	专用自动交换分机
MEO	主要设备操作	PBX	用户级交换机
MGEG	一种 MGEG 路由器	PC	个人计算机
MIC	介质接口连接器	PCF	分组控制功能
MIMO	多输入多输出	PCM	脉冲编码调制
MMI	人机接口	PCRF	策略和计费规则功能
MMSC	多媒体服务中心	PCU	分组控制单元
MPC	多媒体个人计算机	PDC	分组数传信道
MS	移动用户终端,移动台	PDCH	分组数据汇聚协议
MSC	移动交换中心	PDE	定位实体
MSK	最小频移键控	PDG	分组数传网关
MSS	交换子系统最大报文长度	PDH	准同步数字系列
MT	移动终端	PDN-GW	分组数据网关
MTBF	平均故障时间	PDS	分组数据服务器
MUX	多路复用器	PDSN	分组数据服务节点
MVB	多功能车辆总线	PDSS	分组数据服务子系统
MVB EMD	多功能车辆总线-经验模态分解	PDU	协议数据单元
NCC	网络控制中心	PDU	电源分配单元
NCH	通知信道	PEI	外围设备接口
NGFI	下一代前传网络接口	PGW	PDN 网关或分组数据网关
NIC	网络接口卡	PHR	功率余量
NM	网络管理器	PHS	个人手持电话系统
NMC	网管中心	PIP	包接口端口
NMT	北欧移动电话系统	PLL-QPSK	锁相环四相相移键控
NMT	网管终端	PLMN	公共陆地移动网
NOMA	非正交多址接入	PrC	预置中心
NSM	网管系统	PRI	主速率接口
NSS	网络子系统	PS	便携电台
OAM	操作维护管理	PSTN	公用电话网
OFDM	正交频分复用技术	PSU	电源装置

259

续上表

缩略语	中文含义	缩略语	中文含义
PTP	精确时间协议	SNDCP	子网相关会聚协议
PTT	谈话按键	SNMP	简单网络管理协议
QAM	正交振幅调制	SPI	智能电话接口
QCELP	Qualcomm 码激励线性预测	SPM	超级位置模型
QPSK	正交相移键控	SS	软交换
OQPSK	正交四相相移键控	SSI	短数据用户身份
QSIG	电台管理	STS	安全令牌服务
RADIUS	远程访问拨号用户服务	SWDL	软件下载
RAN	无线接入网	SwMI	交换机与管理器结构
RCM	无线控制管理	TACS	全入网通信系统
RDT	电台调度终端	TCP	传输控制协议
RF	射频	TD-CDMA	时分同步码分多址接入
RFDS	频率分配系统	TD-LTE	时分双工长期演进
RFS	服务就绪	TDM	时分复用
RSS	收发信机服务软件	TDMA	时分多址
RSSI	信号强度指示	TD-SCDMA	时分同步码分多址
SAC	SAC Manager 是由威视讯达公司自主研发的屏幕控制系列管理软件	TEA	空中加密标准
SCDMA	同步码分多址	TEI	TETRA 设备标识
SCF	交换控制功能	TESS	TETRA 基站服务程序
SC-FDMA	单载波频分多址	TETRA	泛欧集群无线电
SCK	静态密码键	TG	通话组
SCKN	静态密码	TGCC	一种波导管连接器型号
SDH	同步数字体系	TGW	中继网关
SDR	短数据路由器	TIAS	行车综合自动化系统
SDTS	短数据传输服务	TIG	电话网关
SG	信号网关	TIG	终端网络门户
SGSN	服务 GPRS 支持节点	TMO	集群模式操作
S-GW	服务网关	TRAU	码型转换器和速率适配单元
SIM	客户识别模块	TRW	通话组资源窗口
SLIP	串行线路接口协议	TSC	基站控制器
SLM	基站链路复用器	UCS	用户配置服务器
SM	系统管理员	UDP	用户数据报协议
SMR	信号掩模比	UMTS	通用移动通信系统
SMSGW	短消息服务网关	VGCH	音频段信道

续上表

缩略语	中文含义	缩略语	中文含义
VLR	访问位置寄存器	Wi-MAX	802.16 标准的同义术语
VOD	视频点播	Wi-Fi	IEEE 802.11 标准的同义术语
VPN	虚拟专用网络	Wi-iDEN	集成数字增强型 Wi 网络
VSB	残留边带调制	X.21	X.21 协议
VSELP	适量和激励线预测	XCDR	码变换器
VSWR	驻波比	ZAMBI	中央电子柜接口板
VU	音量调整单元	ZC	区域控制器(呼叫处理和路由转换)
WAN	广域网	ZCM	区域配置管理器
WAP	无线应用协议	ZM	区域管理器
WCDMA	宽带码分多址	ZMLAN	本区局域网管理
Web	全球广域网	ZTE PDS	中兴 PTT 调度服务器

参考文献

[1] 郑祖辉,丁锐.数字集群移动通信系统[M].3版.北京:电子工业出版社,2008.

[2] 葛晓虎,赖槿峰,张武雄.5G绿色移动通信网络[M].北京:电子工业出版社,2017.

[3] 李兆玉,何维,戴翠琴.移动通信[M].北京:电子工业出版社,2017.

[4] 续欣.卫星通信网络[M].北京:电子工业出版社,2018.

[5] 许书君.移动通信技术及应用(高职)[M].西安:安电子科技大学出版社,2018.

[6] 张喜云.通信技术基础(高职)[M].西安:安电子科技大学出版社,2018.

[7] 张海君,郑伟,李杰.大话移动通信[M].2版.北京:清华大学出版社,2015.

[8] 赵春雨.短距离无线通信技术及应用[M].北京:电子工业出版社,2015.

[9] 西奥多·S.拉帕波特.无线通信原理与应用[M].2版.北京:电子工业出版社,2012.

[10] 彭利标.移动通信设备[M].3版.北京:电子工业出版社,2014.

[11] 钟章队.铁路数字移动通信系统(GSM-R)无线网络规划与优化[M].北京:清华大学出版社,2012.

[12] 杨维.移动通信中的阵列天线技术[M].北京:北京交通大学出版社,2005.

[13] 聂立文,吴婷.城市轨道交通无线集群系统与设备维护[M].北京:电子工业出版社,2017.

模块 1 实 训 工 单

专业班级		姓名		学号	
任务描述			预期目标		
任务名称	无线传输的认知		知识目标:认知无线传输的基本概念、通信方式及分类;影响无线传输的干扰因素以及改善的方法。		
任务编号	1				
知识类型	认知型		能力目标:能正确画出无线通信系统的模型图。		
完成时间	2 学时		素质目标:具有刻苦学习、努力钻研的精神,自主学习的能力		
知识认知					

1.根据下图,说出移动通信的组成并完成下表。

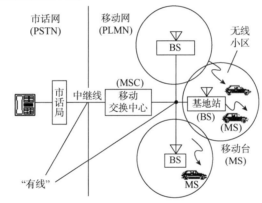

组成部分	英文缩写	英文全称	功能
移动台			
基地站			
移动交换中心			

2.根据所学知识,总结无线通信传输的干扰因素和消除方法。

能力认知

1.根据所学知识并查阅资料填写以下表格。

比较项目	有线传输	无线传输
布线		
扩展性		
衰减		
施工难度		
移动性		
成本		

续上表

2.根据所学知识并查阅资料填写以下表格。根据所填表格,比较相关性能指标后,说出光纤通信与微波通信的适用场景。

比较项目	光纤通信	微波通信
传输媒介		
抗自然灾害能力		
灵活性		
建设费用		
建设周期		
传输速率		

素质提升

1. 查阅资料,明确移动通信的分类标准有哪些,制作PPT并与大家交流分享。

2. 扫二维码阅读"中兴通讯地铁通信系统总体解决方案",结合所学知识,阐述北京地铁通信系统有哪些子系统。

学习效果评价		
评价指标	自我评价	教师评价
1.知识学习效果		
2.能力目标达成度		
3.素质提升效果		

本模块最终评价:

教师签名:　　　　　年　　月　　日

本模块个人学习总结与反思:

注:1.自我评价、教师评价和最终评价都采用等级表示,即填写优、良、中等、及格和不及格。
　　2.最终评价可以作为本课程总评价的参考数据之一。

模块 2　实 训 工 单

专业班级		姓名		学号	
任务描述				预期目标	
任务名称	集群移动通信系统认知			知识目标：认识模拟通信与数字通信系统的差别、集群移动通信系统的特点、信令和网络结构。	
任务编号	2			能力目标：能够区分模拟通信与数字通信的异同，能够正确操作集群系统的设备。	
知识类型	认知型			素质目标：严谨的工作作风、认真学习的态度，时刻注重专业知识的积累和未来工作能力的提升	
完成时间	2 学时				
知识认知					

1.根据所学知识，完成下列表格。

名称	定义	工作过程	特点
模拟通信系统			
数字通信系统			

2.查阅资料，简述集群通信系统的组成以及数字集群通信技术体制的种类和发展。

3.通过查阅资料，简述集群移动通信的信令分类与信令格式。

能力认知

1.根据所学知识画出一般通信系统的模型图。

2.根据所学知识并查阅资料，请对比模拟通信系统与数字通信系统的优缺点，并指出它们的适用场合。

续上表

素质提升
1.查阅资料,简述集群通信的工作方式有哪几类、工作过程如何。制作PPT并与大家交流分享。
2.查阅资料,归纳总结集群移动通信的组网形式有哪些,并提炼出集群移动通信的功能有哪些。

学习效果评价		
评价指标	自我评价	教师评价
1.知识学习效果		
2.能力目标达成度		
3.素质提升效果		
本模块最终评价: 教师签名: 年 月 日		
本模块个人学习总结与反思:		

注:1.自我评价、教师评价和最终评价都采用等级表示,即填写优、良、中等、及格和不及格。

2.最终评价可以作为本课程总评价的参考数据之一。

模块3 实训工单

专业班级		姓名		学号	
任务描述				预期目标	
任务名称	无线数字集群通信关键技术认知			知识目标:认识几种多址技术、多信道共用的基本原理,信道控制方式。	
任务编号	3				
知识类型	认知型			能力目标:能够区分不同多址技术的优缺点。	
完成时间	2学时			素质目标:具有求知欲、刻苦学习、求真的进取精神	
知识认知					

1.根据所学知识,简述调制技术、编码技术的种类和原理。

2.查阅资料,简述多址技术的定义及分类。

能力认知

1.根据所学知识画出频分多址、时分多址、码分多址的示意图。

2.根据所学内容,写出数字信令格式及解释每个部分的作用。

续上表

素质提升
1.查阅资料,总结集群移动通信信道控制的种类,制作PPT并与大家交流分享。
2.扫二维码阅读"信令"的相关知识,归纳总结"信令"的相关知识。

学习效果评价		
评价指标	自我评价	教师评价
1.知识学习效果		
2.能力目标达成度		
3.素质提升效果		

本模块最终评价:

　　　　　　　　　　　　　　　　　　　　　　　教师签名:　　　　　年　月　日

本模块个人学习总结与反思:

注:1.自我评价、教师评价和最终评价都采用等级表示,即填写优、良、中等、及格和不及格。
　　2.最终评价可以作为本课程总评价的参考数据之一。

模块 4　实 训 工 单

专业班级		姓名		学号	
	任务描述			预期目标	
任务名称	城市轨道交通数字移动通信体制的认知		知识目标:TETRA、PDT、iDEN、GoTa、GT800 的特点、结构、业务功能及技术标准。 能力目标:能够区别 TETRA、iDEN、GoTa、GT800 的优缺点。 素质目标:高度的安全意识,刻苦钻研、谨慎的态度		
任务编号	4				
知识类型	认知型				
完成时间	2 学时				
		知识认知			

TETRA、PDT、iDEN、GoTa、GT800 的特点、结构、业务功能及技术标准是什么?

能力认知

1.根据所学知识并画出 TETRA、GT800 网络配置图。

2.画出 GoTa 组成结构图。

269

续上表

素质提升
1.查阅资料,调研常用的数字集群系统并对它们进行优劣对比,制作PPT并与大家交流分享。
2.调研你所在城市数字集群系统的典型应用。

学习效果评价		
评价指标	自我评价	教师评价
1.知识学习效果		
2.能力目标达成度		
3.素质提升效果		

本模块最终评价:

教师签名:　　　　　年　月　日

本模块个人学习总结与反思:

注:1.自我评价、教师评价和最终评价都采用等级表示,即填写优、良、中等、及格和不及格。

2.最终评价可以作为本课程总评价的参考数据之一。

模块 5 实 训 工 单

专业班级			姓名		学号	
任务描述				预期目标		
任务名称	认知 TETRA 数字集群系统的应用			知识目标:TETRA 的特点、结构、业务功能及技术标准。		
任务编号	5			能力目标:能画出 TETRA 的框图;识别、区分数字移动通信系统的设备,掌握设备维护、故障处理流程。		
知识类型	认知型、操作型			素质目标:注重专业知识的积累和未来工作能力的提升,促进知识技能的吸收和转化		
完成时间	4 学时					
知识认知						

1.根据车载台控制盒的结构组成,完成控制盒的功能介绍及操作演示。

2.简述 TETRA 的业务功能。

能力认知

1.根据所学知识并查阅资料,画出 TETRA 在城市轨道交通中作为调度指挥的网络结构图。

2.查阅资料,列举数字集群系统主用控制中心设备以及各部分的功能。

续上表

素质提升
1.查阅资料,调研自己所在城市的轨道交通集群系统,并制作PPT并与大家交流分享。
2.扫二维码阅读"TETRA数字集群与模拟集群",结合视频,用实验室设备进行小组成员角色扮演。

学习效果评价		
评价指标	自我评价	教师评价
1.知识学习效果		
2.能力目标达成度		
3.素质提升效果		

本模块最终评价:

教师签名:　　　　　年　　月　　日

本模块个人学习总结与反思:

注:1.自我评价、教师评价和最终评价都采用等级表示,即填写优、良、中等、及格和不及格。
　　2.最终评价可以作为本课程总评价的参考数据之一。

模块 6 实 训 工 单

专业班级		姓名		学号	
任务描述			预期目标		
任务名称	GoTo 数字集群通信系统及其应用		知识目标：GoTa 的特点、结构、业务功能及技术标准。		
任务编号	6		能力目标：对 GoTa 无线设备进行简单的日常维护。		
知识类型	认知型、操作型		素质目标：具有团结协作、互帮互助的精神、努力钻研的精神，自主学习的能力		
完成时间	2 学时				
知识认知					

1. 根据所学知识，简述 GoTa 的发展历程及其特点。

2. 简述 GoTa 方式与 TDMA 方式、CDMA 方式的技术区别。

能力认知

1. 根据下图，阐述 GoTa 各组成部分的业务功能。

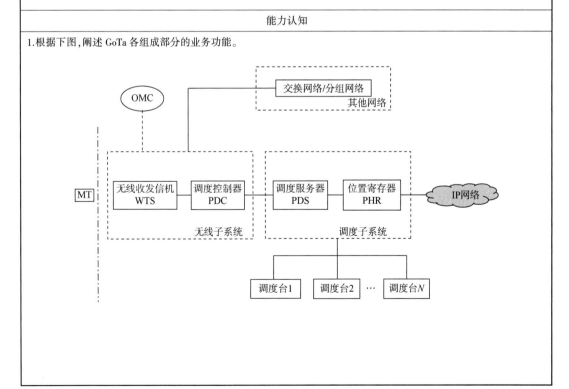

续上表

2.简要描述 GoTa 的关键技术。
素质提升
查阅资料,总结 GoTa 的常用功能,并分小组进行演示。

学习效果评价

评价指标	自我评价	教师评价
1.知识学习效果		
2.能力目标达成度		
3.素质提升效果		

本模块最终评价：

教师签名：　　　　年　月　日

本模块个人学习总结与反思：

注：1.自我评价、教师评价和最终评价都采用等级表示,即填写优、良、中等、及格和不及格。
　　2.最终评价可以作为本课程总评价的参考数据之一。

模块 7 实 训 工 单

专业班级		姓名		学号	
任务描述				预期目标	
任务名称	GT800 数字集群通信系统及其应用			知识目标:GT800 的发展历程、技术、帧结构;GT800 系统的网络结构。	
任务编号	7			能力目标:正确使用 GT800 的手持终端、车载终端的操作及常见故障维护。	
知识类型	认知型、操作型			素质目标:培养学生自我学习的习惯、探索科技知识的应用能力	
完成时间	2 学时				

知识认知
1.根据所学知识,总结 GT800 的帧结构及网络结构。   2.查阅资料,阐述发展 GT800 的意义。

能力认知
1.根据所学知识并查阅资料,阐述 GT800 的业务功能。   2.简要叙述 GT800 的关键技术。

续上表

素质提升
查阅资料,总结 GT800 的有关知识点,并制作 PPT 与大家交流分享。

学习效果评价		
评价指标	自我评价	教师评价
1.知识学习效果		
2.能力目标达成度		
3.素质提升效果		
本模块最终评价: 教师签名:　　　　　　　　　年　　月　　日		
本模块个人学习总结与反思:		

注:1.自我评价、教师评价和最终评价都采用等级表示,即填写优、良、中等、及格和不及格。

2.最终评价可以作为本课程总评价的参考数据之一。

模块 8 实训工单

专业班级		姓名		学号	
任务描述			预期目标		
任务名称	城市轨道交通信号系统的无线传输技术		知识目标:地铁空间无线信号的基本覆盖设施,漏缆、天线、波导管等常用无线传输设备的结构、分类及特性;对功分器、耦合器、基站、交换机以及调度台等无线传输设备的知识。 能力目标:漏缆的接续方法;画出车-地通信系统的模型,能够配置交换机,熟练使用调度台。 素质目标:学生养成对高精密仪器设备进行正确操作的行为规范,培养高度的责任心		
任务编号	8				
知识类型	认知型、操作型				
完成时间	4学时				
知识认知					
1.根据所学知识,总结漏缆、天线、波导管的结构、分类及特性。 2.查阅资料,总结功分器、耦合器、基站、交换机以及调度台的结构和功能。					
能力认知					
1.根据所学知识并查阅资料,阐述调度台的功能。 2.根据所学内容,完成漏缆的制作。					

续上表

素质提升
1.查阅资料,调研自己所在城市中车-地通信的网络连接,制作PPT并与大家交流分享。
2.扫二维码阅读"深圳地铁11号线试行5G车地通信",阐述车地通信的原理及实现方法。

学习效果评价		
评价指标	自我评价	教师评价
1.知识学习效果		
2.能力目标达成度		
3.素质提升效果		
本模块最终评价: 教师签名: 年 月 日		
本模块个人学习总结与反思: 		

注:1.自我评价、教师评价和最终评价都采用等级表示,即填写优、良、中等、及格和不及格。

2.最终评价可以作为本课程总评价的参考数据之一。

模块 9 实 训 工 单

专业班级		姓名		学号	
任务描述			预期目标		
任务名称	无线通信系统维检修与典型故障		知识目标:无线系统设备日常巡视的内容;无线通信系统的典型故障处理思路;无线通信系统的常见故障方法。		
任务编号	9				
知识类型	认知型、操作型		能力目标:判断无线通信系统的常见故障,分析判断,解决故障问题。		
完成时间	4 学时		素质目标:在工作中解决无线通信系统的故障能力,沉重冷静、分析问题、逻辑归纳、解决问题的能力		
知识认知					

1. 根据下图,阐述地铁无线通信系统的组成及功能。

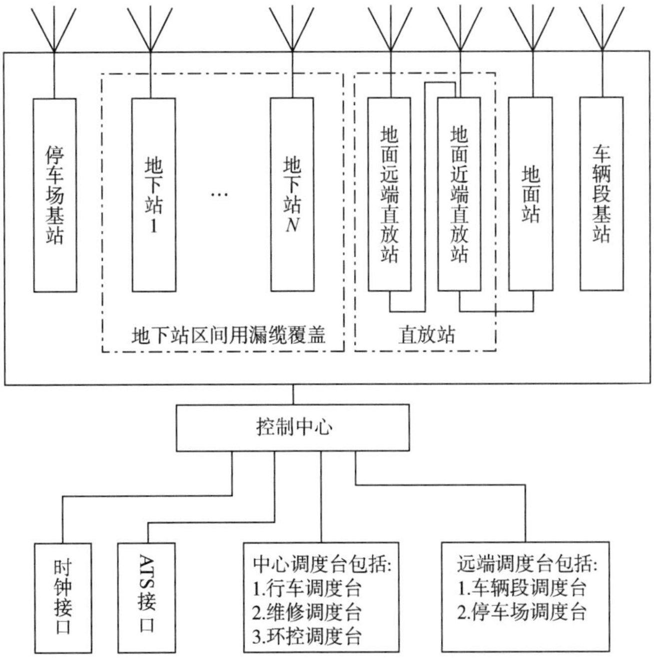

[图:地铁无线通信系统结构图，包含停车场基站、地下站1…地下站N（地下站区间用漏缆覆盖）、地面远端直放站、地面近端直放站（直放站）、地面站、车辆段基站，均连接至控制中心；控制中心下接时钟接口、ATS接口、中心调度台（包括:1.行车调度台 2.维修调度台 3.环控调度台）、远端调度台（包括:1.车辆段调度台 2.停车场调度台）]

2. 查阅资料,简述无线通信系统的典型故障处理思路。

续上表

专业班级		姓名		学号	
能力认知					
1.根据所学知识并查阅资料,列举针对城市轨道交通无线系统设备,日常巡视的内容有哪些。 2.查阅资料,根据日常巡检工作的内容,分析无线通信系统的常见故障如果处理。					
素质提升					
1.查阅资料,调研自己所在城市出现的地铁故障的典型案例,制作PPT并与大家交流分享。 2.扫二维码观看"12·12行车安全重大事故,北京地铁事故案例教育精编版",阐述心得体会。					
学习效果评价					
评价指标		自我评价			教师评价
1.知识学习效果					
2.能力目标达成度					
3.素质提升效果					
本模块最终评价: 教师签名:　　　　　年　月　日					
本模块个人学习总结与反思:					

注:1.自我评价、教师评价和最终评价都采用等级表示,即填写优、良、中等、及格和不及格。
　　2.最终评价可以作为本课程总评价的参考数据之一。